Professional Music

Markus Fritsch / Peter Kellert / Andreas Lonardoni

Arrangieren und Produzieren

Instrumentenkunde

Satztechnik

Arrangiertechnik

Groovekatalog

Stilistikübersicht

Grifftabellen

Besetzungen

Notation

D1639873

LEU-VERLAG

Ergänzende Literatur aus dieser Serie:

Peter Kellert - Markus Fritsch, Harmonielehre und Songwriting
ISBN 3-928825-23-2

Peter Kellert - Andreas Lonardoni, Improvisieren
ISBN 3-89775-019-8

4. überarbeitete Auflage 2005

© 1995 by LEU VERLAG, 51429 Bergisch-Gladbach, Herweg 34, www.leu-verlag.de

Lektorat: Wolfgang Leupelt
Umschlag, Layout: Martina Seefeld, 73529 Schwäbisch Gmünd
Notensatz: Wolfram Seifert, 53804 Much
Überarbeitete Auflage A5: Irene Bock, 73525 Schwäbisch Gmünd
Druck: Druckhaus Gummersbach

Printed in Germany 2005

ISBN 3-928825-22-4

Einleitung

Teil 1   Allgemeines

Teil 2   Die Grundlagen

Teil 5 Der Produzent   217

There's No Business Like
Showbusiness

Die Buchreihe Professional Music gibt jedem interessierten Musiker einen umfassenden Einblick in musikalische Bereiche wie Arrangieren, Produzieren, Harmonielehre und Songwriting. Unser Ziel war es dabei, die teilweise trockenen theoretischen Themen so praxisnah und stilunabhängig, so weit dies möglich und sinnvoll war, zu behandeln.

Das vorliegende Buch aus dieser Reihe trägt den Titel "Arrangieren und Produzieren" und befaßt sich eingehend mit zwei Themen, die wahrscheinlich zu den interessantesten Teilgebieten der Musik gehören: Arrangieren und Produzieren.
Wie arbeitet ein Arrangeur und über welche Kenntnisse muß er verfügen?
Was ist die Aufgabe eines Produzenten?
Was verbindet diese beiden Berufe in der Praxis?

All jene, die sich diese Fragen schon einmal gestellt haben, werden bestimmt auf die eine oder andere Antwort stoßen. Eine andere Frage, die wir uns als Autoren stellten war, ob man mit Hilfe eines Buches Arrangieren und Produzieren lernen kann? Die Antwort war ziemlich einfach: Natürlich nicht. Wir haben deshalb versucht, gemäß dem Motto dieser Kapitelüberschrift der Aufgabe gerecht zu werden, aus acht Jahrzehnten Showbusiness das herauszufiltern, was ein angehender Arrangeur an nötigen Grundlagen und theoretischem Wissen braucht, um die eigene Kreativität in die Praxis umsetzen zu können. "Arrangieren und Produzieren" vermittelt nämlich nicht nur die wichtigen Arrangier- und Satztechniken, die ein Arrangeur benötigt, um für die gängigsten Besetzungen und Stilistiken schreiben zu können.
Es beschreibt und erklärt auch alle musiktheoretischen Belange wie Notation, Formen, Instrumentenkunde, Stilkunde und vieles mehr. Dadurch wird "Arrangieren und Produzieren" zum Lehrwerk und gleichzeitig zum Nachschlagewerk.

Zur Arbeit mit diesem Buch

Es ist keinesfalls notwendig, das vorliegende Buch "Arrangieren und Produzieren" von vorne bis hinten durchzuarbeiten. Die einzelnen Kapitel sind alle so angelegt, daß sie unabhängig voneinander durchgearbeitet werden können. Für alle Neulinge auf dem Gebiet des Arrangierens wird es mit Sicherheit interessant sein, zunächst etwas Allgemeines über das Arrangieren zu erfahren. Andere, die schon über gewisse Grundkenntnisse bezüglich der Instrumenten- und Notenkunde verfügen, können problemlos in das Kapitel über die Satztechniken einsteigen.
Auf der Begleit CD sind die wichtigsten Elemente des Arrangierens dokumentiert. Dies sind: Rhythmen (Groovelexikon), Sounds (Soundkatalog) und Satztechniken. Es konnten natürlich nicht alle Instrumente in den Soundkatalog aufgenommen werden. Wir haben deshalb jeweils nur die wichtigsten aus jeder Instrumentengattung ausgewählt. Die Satztechnikbeispiele haben wir einmal mit Klavier eingespielt, um ein möglichst neutrales Klangergebnis zu bekommen, in einer zweiten Version spielt eine Rhythmusgruppe, um den Gesamtsound besser zu hören.

Viele Begriffe und Bezeichnungen in diesem Buch sind in englischer oder italienischer Sprache. Weil diese Begriffe mittlerweile fester Bestandteil der Musiksprache sind, haben wir nicht alle erklärt bzw. übersetzt. Im Anhang gibt es deshalb ein kleines Wörterbuch mit allen notwendigen Übersetzungen.

Jetzt können wir nur noch viel Spaß beim Lesen und Lernen wünschen.

Markus Fritsch   Peter Kellert

Beruf: Der Arrangeur

Bevor wir uns an die Arbeit machen, sollten wir uns zuerst kurz mit dem Berufsbild des Arrangeurs befassen. Es sind immer wieder dieselben Fragen, die einem in diesem Zusammenhang gestellt werden.
Wie wird man Arrangeur und was sind die besten Voraussetzungen, um einer zu werden? Was macht ein Arrangeur? Woher kommen die Aufträge und wie hoch sind die Gagen?

Da es keine verbindlichen Richtlinien gibt, was die Ausbildung oder die Honorare in der Musikbranche angeht - letztere richten sich im allgemeinen nach dem Marktwert und dem Bekanntheitsgrad der jeweiligen Person - läßt sich keine dieser Fragen präzise und verbindlich beantworten. Dennoch werden wir versuchen, anhand von Erfahrungswerten einige "Berufsgeheimnisse" zu lüften.

Komponist → Arrangeur → Auftraggeber = Aufnahme /Aufführung

Der Arrangeur ist das wichtigste Bindeglied zwischen einem Komponisten und dessen Komposition und den Musikern bzw. den Orchestern, die diese Musikstücke aufführen oder aufnehmen. Seine Aufgabe besteht also darin, eine bereits existierende Komposition für jede Art von Besetzung und in jeder Stilistik bearbeiten zu können.
Im günstigsten Fall darf ein Stück rhythmisch und harmonisch etwas "aufpoliert" werden, um es an aktuelle Trends anzugleichen oder um einem alten Stück eine neue "Farbe" zu verleihen. Für eine solche Aufgabe sollte ein Arrangeur möglichst viel über die verschiedensten Stilistiken wissen. Es wird auch häufig verlangt, daß für eine Komposition ein neuer Ablauf festgelegt wird. Oft werden Einleitungen, Mittel- und Schlußteile erst vom Arrangeur komponiert. Dies gilt vor allem für Medleys und ähnliche Werke, bei denen mehrere Stücke zu einem Stück zusammengefaßt werden. Neben Rhythmik-, Harmonie- und Notationskenntnissen setzt dies voraus, daß ein Arrangeur mit den Regeln der Formenlehre und mit einfachen Kompositionstechniken vertraut ist. Des weiteren sollte er über umfassende Kenntnisse verfügen, was die technischen und klanglichen Möglichkeiten der verschiedenen Instrumente anbelangt.

Guter Geschmack und handwerkliches Können werden von ihm genauso erwartet wie Geduld und die Gabe, das Unmögliche möglich zu machen. Diese doch etwas erschreckende Vielfalt an notwendigem Wissen sollte aber nicht abschrecken, sondern vielmehr für jeden angehenden Arrangeur eine Herausforderung darstellen. Ein Großteil der erwähnten Anforderungen kann erlernt werden. Nur was den musikalischen Geschmack betrifft, darüber läßt sich bekanntlich nicht streiten. Zwei wichtige Voraussetzungen sollte dennoch jeder Arrangeur erfüllen:
Er sollte die Grundlagen der Harmonielehre beherrschen und ein wenig Klavier spielen können oder zumindest ein Tasteninstrument zur Hand haben.
Diese Fülle von Aufgaben bringt es zwangsläufig mit sich, daß sich viele Arrangeure lieber auf ein bestimmtes Gebiet, das ihnen liegt, spezialisieren.
Ein Gedanke, den man sich schon möglichst frühzeitig machen sollte.

Die Auftragslage Ein sehr wichtiger Punkt ist natürlich die Auftragslage. Woher bekommt ein Arrangeur seine Aufträge? Der Großteil der Arrangeure ist mit Sicherheit freiberuflich tätig. Das heißt, daß er sich als Arrangeur einen Namen gemacht und einen festen Kundenkreis geschaffen hat. Zu seinen Kunden gehören Bandleader, Verlage, Orchesterleiter, Plattenfirmen und Rundfunkanstalten. Die Aufträge, die man von solchen Kunden in der Regel bekommt, nennt man Spezialarrangements, weil sie meistens für einen bestimmten Zweck und für eine spezielle Besetzung geschrieben werden müssen. Diese Arrangements werden dann häufig nur einmal, für eine Sendung, eine Aufnahme oder eine Aufführung verwendet. Eine weitere Möglichkeit besteht darin, eine feste Anstellung, zum Beispiel bei einem Verlag, zu bekommen. Arrangeure, die bei einem Verlag beschäftigt sind, müssen sogenannte Druckarrangements erstellen. Diese werden dann für keine bestimmte Besetzung geschrieben, sondern sollen für möglichst viele verschiedene Besetzungen spielbar sein. Kunden dieser Arrangements sind hauptsächlich Tanz- und Galabands. Da die Rechte der Stücke, die für eine solche Druckausgabe bestimmt sind, meistens bei den jeweiligen Verlagen liegen, bekommt der Arrangeur den sogenannten Bearbeiterpunkt von der GEMA.

Bevor man sich auf den Weg macht, um nach Aufträgen zu suchen, sollte man sich aber sicher sein, daß man der bevorstehenden Aufgabe auch gewachsen ist. Um das herauszufinden, kann man beispielsweise einige verschiedene Arrangements vorbereiten und vervielfältigen. Diese fertigen Arrangement können dann einer "Bewerbung" beigelegt werden. So kann sich der hoffentlich zukünftige Kunde bereits ein Bild von dem machen, was ihn erwartet.

Sehr hilfreich, aber leider nicht immer realisierbar, wäre noch eine Demoaufnahme des eigenen Arrangements. Die folgende kleine Tabelle zeigt eine Auswahl möglicher Kunden, die eigentlich jeder in seiner näheren Umgebung finden müßte.

1. Musikschulen
Musikschulen haben alle kleine Ensembles und Spielkreise, die gerne frische und aktuelle Literatur spielen.

2. Tanz-, Show- und Galabands
Solche Bands freuen sich immer, wenn sie einen "alten Schinken" wie "Strangers in the Night" und dergleichen in einer originellen Version vorfinden. Ihre Kontaktadressen bekommt man aus den Veranstaltungsanzeigen der Tagespresse oder über Künstleragenturen.

3. Vereine
Im deutschen Vereinswesen gibt es zahlreiche Mitglieder, die sich der klingenden Muse verschworen haben. Blasmusikvereine, Chöre, Akkordeonorchester und Volksmusikvereine sind nur einige aus einer langen Liste. Auch sie sind dankbare Kunden für originelle Arrangements. Die Adressen stehen im Vereinsregister.

4. Rundfunkanstalten und Theater
Wenn man nicht selber in einer großen Stadt lebt, so ist die nächste größere Stadt mit Sicherheit nicht allzuweit entfernt. Ein Versuch lohnt sich, wenn man sich reif genug dafür fühlt. Die besten Chancen hat man, wenn man ein persönliches Gespräch mit einem Programmdirektor oder anderen Verantwortlichen führen kann. Bewerbungsunterlagen wie Info und Demoband nicht vergessen.

5. Tonstudios
Im Branchenbuch der Bundespost stehen die Adressen von Tonstudios und Produktionsfirmen. Die Erfahrung hat uns gelehrt, daß gerade in solchen Studios wo Musik produziert wird, ein Mangel an guten Arrangeuren herrscht. Diese Liste mit möglichen Auftraggebern sollte sich nun jeder selbst vervollständigen und seiner Umgebung entsprechend ergänzen. Hier lohnt es sich einmal mehr, eine Kartei anzulegen. Und immer daran denken: Ein persönlicher Kontakt schafft die beste Voraussetzung für einen Auftrag.

Allgemeines

Der Versuch, in das komplexe Gebiet des Arrangierens Systematik zu bringen und Ordnung zu schaffen, hat sich als nicht ganz einfach erwiesen. Denn es gibt sehr viele wichtige Teilgebiete, über die ein Arrangeur Bescheid wissen muß, um seiner Aufgabe gerecht zu werden. Im folgenden sind diese Teilgebiete einzeln aufgelistet, um einen Überblick zu schaffen:

1. Stilistik

Die Unart alles beim Namen nennen zu müssen, schafft nirgends so viel Verwirrung wie in der Musik. Unzählige Stile und Stilistiken mit ihren zahlreichen Varianten erfordern viele "Schubladen". Wir haben hier deshalb nur die großen Schubladen geöffnet, um das Ganze möglichst überschaubar zu halten. Man kann diesen Bereich gleich in zwei große Gruppen unterteilen. Zum einen in die Stilrichtungen, die auf folkloristische Musik zurückzuführen sind wie beispielsweise der Blues, jede Art von lateinamerikanischer Musik und Klassik im Sinne von "Ernster Musik". Zum anderen in die populären Strömungen dieser Stile wie Rhythm & Blues, Dixieland, Oper, Operette, Bebop, Schlager u.v.m. Das Groovelexikon (ab Seite 82) und die Stilistikliste (Seite 12) sollen hierfür als Nachschlage- und Studienwerk dienen.

2. Besetzungen

Mit Besetzung ist die Zusammenstellung der Musiker zu einer bestimmten musikalischen Formation gemeint. Neben der Möglichkeit, daß sich ein Arrangeur seine eigenen Besetzungen zusammenstellen kann, gibt es noch eine ganze Reihe von Standardbesetzungen wie zum Beispiel die Big Band, die man kennen muß. In der Besetzungsliste auf Seite 18 können die wichtigsten Gruppierungen nachgeschlagen werden.

3. Instrumente

Selbstverständlich muß ein Arrangeur die Instrumente kennen, für die er schreibt. Hier gibt es neben den gebräuchlichen Instrumenten jede Menge "Exoten", die zwar nur selten verwendet werden, aber man sollte dennoch ihre wichtigsten Eigenheiten kennen. Tabellen mit den Stimmungen und Tonumfängen der Instrumente finden sich immer in den jeweiligen Kapiteln.

4. Notation

Arrangieren hat nicht nur etwas mit Kreativität zu tun, sondern ist auch mit sehr viel Schreibarbeit verbunden. Was in der Sprache die Schrift ist, ist in der Musik die Notation. Ein Arrangeur muß daher alle vorhandenen Zeichen beherrschen. Darüberhinaus muß er alle Form-, Vortrags-, Phrasierungs- und Dynamikzeichen kennen und über Partitur- und Stimmen-Layout Bescheid wissen.

5. Satztechnik

Unter Satztechnik versteht man die Harmonisierung eines gegebenen oder eines selbstgewählten Melodietons. Dies kann durch einfaches Hinzufügen eines Akkordes geschehen oder durch Konstruieren eines Klanges nach bestimmten Gesetzmäßigkeiten. Einen zweistimmigen Satz zu schreiben gehört ebenso zu den Aufgaben wie das Erstellen von mehrstimmigen "Voicings". Wir haben zwar die wichtigsten Techniken besprochen, haben aber darauf verzichtet, den klassischen Kontrapunkt zu erwähnen. Es empfiehlt sich in jedem Fall, diese auch für Arrangeure wichtige Technik zu erlernen. Im Anhang auf Seite 229 sind Lehrbücher zum Thema Komposition und Kontrapunkt aufgeführt.

6. Arrangiertechnik

Ein Arrangeur hat fast immer die Aufgabe, den Ablauf eines Stückes und die damit verbundene Arrangementform festzulegen. Er muß in der Lage sein, Melodie und Rhythmus so zu verändern, daß das Stück zwar nicht verfremdet wird, aber erkennbar einer anderen Stilistik zugeordnet werden kann. Oftmals muß der Arrangeur auch kleine kompositorische "Eingriffe" vornehmen, nämlich dann, wenn er eine Einleitung, einen Mittelteil oder einen Schluß für sein Arrangement schreiben muß. Das gilt vor allem bei Arrangementformen wie dem Medley.

Ein Lehrbuch kann zwar diese Grundlagen bis zu einem gewissen Punkt vermitteln, es kann aber nicht die Routine und die jahrelange Erfahrung weitergeben, die viele Arrangeure haben. Neben dem Studium dieses Buches empfiehlt es sich deshalb, Musik zu hören und, falls möglich, die zugehörigen Partituren zu studieren. Eine weitere gute Übung ist es, zwei Versionen eines Titels im Vergleich anzuhören. Am besten die Originalfassung und eine arrangierte Version davon.

Es lohnt sich in jedem Fall, die großen (und natürlich auch die kleinen) Arrangeure der Vergangenheit und der Gegenwart genauestens unter die Lupe zu nehmen. Auf diese Weise lernt man am meisten über deren Satz-, Arrangier- und Instrumentationstechniken. Im Anhang dieses Buches sind einige Arrangeure und ihre bekanntesten Arbeiten erwähnt. Man kann anhand dieser Beispiele das Original mit dem Arrangement vergleichen.

Verschiedene Stilistiken

Das nun folgende Kapitel soll helfen, ein paar der wichtigsten Informationen zu den verschiedenen Stilistiken zu bekommen. Die Sammlung ist sicherlich noch nicht komplett, zumal es von jeder Stilistik zahlreiche "Ableger" und Varianten gibt. Instrumentierung, Besetzung und wichtige Vertreter sollen deshalb Grundlage und Anregung für weitere, eigene Recherchen sein.

New Orleans Jazz

Der New Orleans Jazz (Oldtime Jazz) ist die älteste bekannte Jazzform. Entstanden ist er um 1890 im Vergnügungsviertel von New Orleans, dem "Storyville", und wurde zu dieser Zeit nur von schwarzen Musikern gespielt. Typisch im New Orleans Jazz ist die Kollektivimprovisation der Melodieinstrumente. Obwohl der "Two Beat" mit betonter Zählzeit eins und drei noch im Vordergrund steht, weist er gelegentlich schon die rhythmischen Merkmale späterer Jazzstile, nämlich die betonten Off-Beats, auf.

Instrumente:
Eine "Oldtime Jazzband" besteht aus Melodie- und Rhythmusgruppe, wobei die Standardbesetzung folgendermaßen aussieht: Kornett/Trompete, Posaune, Klarinette, Banjo/Gitarre, Tuba (später Kontrabass), Drums. Das Piano kam in den darauffolgenden Jahren hinzu.
Bekannte Vertreter sind:
Louis Armstrong (Trompete, Gesang), "King" Oliver (Kornett), Jelly Roll Morton (Piano).

Dixieland Jazz

Dixieland Jazz war der erste Versuch weißer Musiker, Jazz zu spielen. Er entstand um 1900. Mit Dixieland wurden zu dieser Zeit die Südstaaten bezeichnet, was wohl an den "schwarzen" New Orleans Jazz erinnern sollte. Auch im Dixieland steht die kollektive Improvisation der Melodieinstrumente im Vordergrund. Rhythmisch ist er dem Marsch mit seinen vier gleichmäßig betonten Zählzeiten am ähnlichsten. Um 1920 wurde dann der Dixieland Jazz durch den Chicago Stil verdrängt. Die Besetzung des Dixieland Jazz ist weitgehend identisch mit der des New Orleans Jazz.
Bekannte Vertreter sind:
Nick La Rotta (Kornett), Tom Brown (Posaune).

Chicago Jazz

Chicago Jazz oder Chicago Stil, wie er auch genannt wird, entstand um 1920 in Chicago und wurde hauptsächlich von weißen Musikern gespielt. Der Chicago Jazz wird als Bindeglied zur Swingmusik betrachtet. Die kollektive Improvisation wurde erstmals durch Einzelsolos abgelöst. Rhythmisch steht der "Four Beat" mit vier gleich betonten Zählzeiten im Vordergrund. Die Besetzungen des Chicago Stils sind ähnlich denen des Dixieland Jazz.
Die bekanntesten Vertreter sind:
Bix Beiderbecke (Trompete), Benny Goodmann (Klarinette), Bud Freeman (Saxophon).

Country und Western Country & Western ist eigentlich keine richtige Stilistik, sondern vielmehr der Sammelbegriff für verschiedene Musikrichtungen wie beispielsweise Country Music, Country Rock, Bluegrass und Hillbilly. Ursprünglich war Country Music die ländliche weiße Volksmusik in den USA, mit Ursprung in Alabama und West Virginia. Die typische Besetzung solcher Country Bands ist: Gitarre, Banjo, Fiddle, Dulcimer, Autoharp und Hackbrett.

Ähnlich wie beim Blues und Jazz hat die kommerzielle Verbreitung dieser Volksmusik zu einigen stilistischen Varianten geführt. Als Verkaufsbezeichnung wurde der Begriff Country & Western gewählt. Zentrum des Geschehens war und ist Nashville/Tennessee. Heutzutage ist, was die Besetzung betrifft, fast jedes populäre Instrument in der Country & Western Musik zu finden.

Wichtige Instrumente sind: E-Gitarre, Steel- und Slide-Gitarre, Elektrogeige, Mandoline, Keyboards, Drums, Vocals.

Musikalisch reicht die Palette des Country & Western von Schlagersängern wie Kenny Rodgers und John Denver über Rockbands wie The Byrds und The Eagles bis hin zu Garth Brooks, Bob Dylan und Lynyrd Skynyrd.

Als authentische Countryinterpreten gelten Hank Williams und Johnny Cash.

Blues Der Begriff Blues dient uns hier als Oberbegriff für verschiedene Stilistiken, die es im ursprünglichen Blues gibt, wie den Memphis Blues, Chicago Blues, Texas Blues, Mississippi Blues, Country Blues, British Blues.

Des weiteren gibt es zahlreiche Stile, die ihren Ursprung dem Blues zu verdanken haben und teilweise mehr Popularität erlangt haben als der Blues selbst: Soul, Funk, Discofunk, Rock'n' Roll, Rhythm & Blues, Jazz und einige mehr.

Wir wollen uns aber zunächst dem ursprünglichen Blues und seiner Entwicklung zuwenden, soweit diese noch nachvollziehbar ist. Zentrum der Entstehung waren die Baumwollfelder im Mississippi-Delta. Wahrscheinlich waren die Worksongs der schwarzen Sklavenarbeiter die ersten echten Bluessongs. Als die Sklaverei 1865 abgeschafft wurde, zog es die Arbeiter aus dem Delta in die Städte. Aus dem Delta Blues wurde der City Blues mit seinen verschiedenen Zentren wie Memphis und Chicago. Neue Bluesstile wurden einfach nach den Städten und Gegenden benannt, in denen sie entstanden sind. Was sich vor allem geändert hat, waren die Besetzungen. Die Workssongs wurden noch im Chor, ohne instrumentale Begleitung, gesungen. Gleichzeitig entwickelte sich die Form des Sologesangs, der meistens von der Gitarre, später auch vom Klavier begleitet wurde. Erst in den Städten entstanden die typischen Bluesbands, die es heute noch gibt. Im Vordergrund steht aber immer noch der Gesang und die Gitarre.

Typische Besetzungen sind:
Gitarre, Kontrabass (später E-Bass), Drums, Vocals, Piano und die Bluesharp.

Bekannte Vertreter sind Muddy Waters, Albert King, John Lee Hooker, Eric Clapton, B.B. King und Steve Ray Vaughan.

Rhythm & Blues R & B ist eine afroamerikanische Popmusik, die nach dem zweiten Weltkrieg in Großstadtghettos wie Harlem entstand. R & B ist eine Mischung aus Blues und Tanzrhythmen wie etwa Boogie Woogie, Harlem Jump und Stomp. Viele bekannte Bluesmusiker wie B.B. King entwickelten diesen neuen Stil mit.

R & B wurde in der Nachkriegszeit sehr bekannt und beliebt, nicht nur beim schwarzen Publikum. Der Grund war sicher der, daß diese Musik sehr schnell, temperamentvoll und tanzbar war. Zur typischen Bluesbesetzung kamen noch Saxophon und Trompete hinzu.

Populäre Vertreter dieser Stilrichtung sind:
Otis Redding, Sam & Dave, Stevie Wonder, Ray Charles.

In den achtziger Jahren erlebte diese Musik durch den Film "Blues Brothers" eine wahre Renaissance.

Soul In den sechziger Jahren wurde der Begriff R & B von der neuen Bezeichnung Soul abgelöst. Es war allerdings mehr als nur eine Namensänderung. Typische Soulmerkmale tauchten schon früher bei R & B Künstlern wie Ray Charles auf. Ihre Songs waren sehr vom Gospel, einer religiösen Liedform, beeinflußt. Soul ist die Mischung aus Gospel und Rhythm 'n' Blues. Marktführend war das Motown Label, bei dem fast ausschließlich farbige Interpreten unter Vertrag waren. Michael Jackson und Stevie Wonder veröffentlichten ihre ersten Platten auf diesem Label.
Die typische Besetzung besteht aus:
Gitarre, E-Bass, Drums, Keyboards, Vocals, Saxophon, Trompete, Posaune.
Bekannte Soulstars: Ray Charles, James Brown, Aretha Franklin und Wilson Pickett.

Rock 'n' Roll Rock 'n' Roll hat sich Ende der fünfziger Jahren aus R & B und Country & Western entwickelt. Was Blues und Soul für die schwarze Bevölkerung war, wurde der Rock 'n' Roll für die Weißen. Er löste die größte musikalische Revolution des zwanzigsten Jahrhunderts aus und bildete den Ausgangspunkt für die Entwicklung der Popmusik.
Die typische Besetzung ist:
Gitarre, Kontrabass (später E-Bass), Drums, Piano, Saxophon.
Berühmte Rock 'n' Roll Stars waren: Elvis Presley, Bill Haley, Chuck Berry, Jerry Lee Lewis und Little Richard.

Funk Auch der Soul erfuhr noch eine Steigerung. Gegen Ende der sechziger Jahre entstand eine neue schwarze Popmusik, deren Markenzeichen ausgeklügelte Bass- (Slapbass) und Drumgrooves waren. Mit dem Funk waren die Schwarzen wieder einmal ihrer Zeit und vor allem den Weißen voraus. Diese Musik lieferte später die Basis für den Discosound der siebziger Jahre. Man spricht deshalb auch vom Discofunk.
Viele "echte" Funkbands schwammen auf dieser Disco-Erfolgswelle mit und zerstörten sich so ihren Ruf als echte Funkbands.
Die Besetzung ist:
Gitarre, E-Bass, Drums, Keyboards, Vocals, Saxophon, Trompete und Posaune.
Bekannte Vertreter sind Earth, Wind and Fire, Tower of Power, Parliament, Level 42 und Johnny Guitar Watson.

Rap und Hip Hop Als weitere Entwicklungen dieser Musik können die Stilistiken Rap und Hip Hop angesehen werden. In beiden Stilistiken steht der rhythmische Aspekt deutlich im Vordergrund. Viele Rapbands bestehen daher nur aus Drumcomputer und Sängern, wobei der Gesang auf reinen Sprechgesang reduziert ist.
Wichtige Vertreter sind:
MC Hammer, Bobby Brown, Grandmaster Flash, Ice T, Run DMC.

Jazz Jazz ist eine Musikform, die sich aus der Verschmelzung von Blues mit afrikanischer Rhythmik entwickelt hat. War er früher Sprachrohr für die Schwarzen, so hat er sich im Laufe der Jahre und der Entwicklungen auf alle Bereiche der Musik ausgeweitet.
Nahezu jeder Musikstil hat irgendwann Jazzelemente verwendet, um neue Klangfarben zu erhalten. Genauso haben umgekehrt die Jazzmusiker versucht, die verschiedensten Stile in ihre Musik einfließen zu lassen. Eines der interessantesten Ergebnisse ist die Fusion von Latin Music mit Rockmusik. Neben einer Vielzahl von Jazzstilistiken haben vor allem der Swing und der Bebop ein breites Publikum gefunden.
Die einzelne Erörterung der Vielzahl von Strömungen würde verständlicherweise den Rahmen des Buches sprengen. Im Literaturverzeichnis finden sich deshalb Hinweise zu Büchern, die sich ausgiebig mit diesem Thema befassen.
Wir wollen hier nur auf die charakteristischen Merkmale der ursprünglichen Jazzmusik eingehen: ternäre Rhythmik, Walking Basslinien, Improvisation der einzelnen Musiker und komplexe Harmonik.

Die typische Besetzung für Swing und Bebop ist das "klassische" Jazz Quintett, bestehend aus: Trompete, Saxophon, Klavier, Bass und Drums. Im modernen Jazz gibt es kein Instrument, das noch nicht zum Einsatz kam. Es wäre also unnötig, alle hier aufzuzählen.

Bekannte Vertreter der Bebop- und Swing Ära sind:
Count Basie, Duke Ellington, Dizzy Gillespie, Charlie Parker, Miles Davis und John Coltrane.

Jazz-Rock und Fusion

Entstanden ist diese Musik in den siebziger Jahren als Synthese aus Rock, Jazz und Funk. Auslöser war das erfolgreiche Miles Davis Album "Bitches Brew" (1970). Das Konzept dieser neuen Miles Davis Band war eine rockorientierte Rhythmusgruppe und eine modale Jazzharmonik für lange, intensive Improvisationen. Bands wie Weather Report, Return To Forever oder Herbie Hancock's Headhunter blieben mehr den Jazzelementen treu, während im "rockigen" Bereich Musiker und Bands wie Larry Carlton, Lee Ritenour, die Brecker Brothers oder Tom Scott für kommerzielle Verbreitung sorgten.

Es gibt keine typische Besetzungen für Jazz-Rock und Fusion. Die Instrumente, die am häufigsten verwendet werden, sind: Gitarre, Keyboards, E-Bass, Drums, Vocals, Saxophon und Trompete.

Rockmusik

Der Begriff Rockmusik wird als Oberbegriff für Musiker und Bands verwendet, die sich in irgendeiner musikalischen Form auf den Rock 'n' Roll beziehen. Im Laufe der Jahre sind eine Menge von diversen Untergruppierungen wie etwa Hard Rock, Heavy Rock, Pop Rock, Classic Rock, Country Rock, Punk Rock usw. entstanden.

Bekannte Bands sind The Beatles, The Who, Huey Lewis, Rolling Stones, Deep Purple, Bon Jovi.

Die Besetzung ist in der Regel: Gitarre, E-Bass, Drums, Keyboards, Vocals und Saxophon. Aber auch in der Rockmusik wird viel mit eher "untypischen" Instrumenten experimentiert. So haben die Beatles bereits 1965 eine indische Sitar in ihren Songs eingesetzt. Spezielle Beispiele sind bei den entsprechenden Instrumenten erwähnt.

Heavy Metal

Die "Schwermetall Musik" ist die lautere und "brutalere" Version des Hard Rock. Varianten sind Speed Metal, Trash Metal oder Hard Core.

Zur Besetzung dieser sehr gitarrenorientierten Musik gehören: Gitarre, Bass, Drums, Vocals und manchmal Keyboards.

Bekannte Bands sind: Iron Maiden, Scorpions, Metallica und Guns n' Roses.

Filmmusik

Diese Sparte zählt sicher zu den interessantesten Aufgaben sowohl für den Komponisten wie auch für den Arrangeur. Der Reiz dabei liegt nicht in der Qualität der Musik selbst, sondern in ihrer Funktion zum Bild und zur Handlung. Die musikalische Palette der Filmmusik reicht von Solostücken einzelner Instrumente über Computerklänge und Geräusche bis hin zu symphonischen Werken. Auch stilistisch ist alles denkbare möglich, von Zwölftonmusik über Heavy Metal bis zum einfachen Kinderlied. Die Aufgabe, die einem Arrangeur zufällt, wird in diesem Zusammenhang auch Instrumentation genannt.

Zu den wichtigsten TV- und Filmkomponisten gehören:
John Williams, Jerry Goldsmith, Mike Post, James Horner, Harold Faltermayer, Hans Zimmer und Henry Mancini.

Populäre Musik

Populäre Musik soll hier als Oberbegriff für verschiedene Bereiche kommerzieller Musik stehen, wie zum Beispiel Muzak, Easy Listening, Middle of the Road, AV, Schlager, Volkstümliche Musik, Popmusik und ähnliches. Als Arrangeur sollte man immer versuchen, die gerade aktuellen Trends und Strömungen in der populären Musik zu erkennen und in seinen Arrangements, falls nötig, zu verarbeiten, um so den aktuellen Publikumsgeschmack zu treffen.

Easy Listening   Easy Listening war ursprünglich die Verkaufsbezeichnung für kommerzielle Musik, die keiner Stilistik eindeutig zuzuordnen war. Obwohl Easy Listening Musik die höchsten Verkaufszahlen hat, sind viele Künstler über eine Nennung in dieser Sparte nicht sehr glücklich. Easy Listening wird nämlich häufig gleichgesetzt mit anspruchslos.
Freiwillig oder unfreiwillig und mehr oder weniger davon betroffen sind: Neil Diamond, Paul Anka, Barbara Streisand, Howard Carpendale u.a.

Popmusik und Middle Of The Road   Ähnlich wie mit Easy Listening verhält es sich mit der Popmusik. Mit diesen Begriffen werden Gruppen und Künstler bezeichnet, die sich stilistisch zwischen Rockmusik und Schlager bewegen. Daher kommt auch die Bezeichnung MOR - Middle of the Road. Die Themen ihrer Songs handeln zumeist von Liebe und Jugend und die Arrangements sind so angelegt, daß die Musik eine möglichst große Zielgruppe findet. Die Rockeinflüsse beschränken sich dabei meistens auf das Outfit der Musiker und den Rhythmus.
Angefangen hat es Ende der sechziger Jahre, als die Rockmusik ihren Schrecken bei der älteren Generation verloren hatte. Musiker wie David Cassidy wurden deshalb nicht nur zum Schwarm der Jugend, sondern eroberten auch Mütterherzen.
Typische Vertreter sind: Sweet, Slade, Smokie, David Cassidy, The Osmonds, Abba, Madonna, Michael Jackson und zeitweise auch die frühen Beatles.

Volksmusik   Unter dem Begriff Volksmusik versteht man Musik, die ihren Ursprung hauptsächlich in ländlichen Regionen hat. Wichtiger Bestandteil der Volksmusik ist das Volkslied und der Volkstanz. Durch mündliche Überlieferung der einzelnen Volksgruppen ist die Volksmusik heute in zunehmendem Maße auch in der populären Musik vertreten.
Typische Beispiele für Interpreten, die mit dieser Musik kommerziellen Erfolg haben, sind: Naabtal Duo, Heino, Wildecker Herzbuben oder Zillertaler Schürzenjäger.
Instrumente und Besetzung sind von Kultur zu Kultur verschieden. So ist zum Beispiel die Balalaika Bestandteil der russischen -, die Bouzouki der griechischen Volksmusik.

AV Musik - Muzak   AV ist die Abkürzung für Audiovisuell. Gemeint ist damit Musik, die speziell als Hintergrund für Bilder gemacht wird. Bilder im Sinne von Filmen, Dia-Shows oder ähnlichem. Im Gegensatz zur Filmmusik weiß der Komponist oder Arrangeuer aber vorher nicht, welche Funktion seine Musik zum Bild haben wird. Er muß also eine Musik schreiben, die für möglichst viele Situationen funktioniert. Sogenannte "Recorded Librarys" kaufen dann diese Musik und bieten sie dann in Form von CDs oder anderen Tonträgern den entsprechenden Kunden an.
Mit Muzak bezeichnet man funktionelle Musik. Es handelt sich dabei um Hintergrundmusik, die in Büros, Flughäfen, Kaufhäusern, Bahnhöfen und anderen, meist öffentlichen Orten läuft. Die Muzak Corporation in den USA ist eine der größten Firmen, die solche Musikprogramme zusammenstellt und vertreibt. Daher kommt auch der Name für diese Musikrichtung.
Muzak Songs sind in der Regel bekannte Titel und Evergreens, die zu gefälligen Instrumentalfassungen umarrangiert wurden. Es ist meistens keine bestimmte Stilistik mehr zu erkennen. AV-Musik und Muzak wird aus Kostengründen häufig mit Computern und Synthesizern produziert.
Einige Musiker haben sich trotzdem auf diesem Gebiet einen Namen gemacht, obwohl sie vielleicht nicht die Absicht hatten, reine Gebrauchsmusik zu schreiben: Yanni, Vangelis, Jean Michel Jarre.

Latin Music   Unter dem Begriff Latin versteht man Folklore aus Mittel- und Südamerika und den karibischen Inseln. Samba, Bossa Nova, Tango, Rumba, Reggae, Salsa und Calypso sind die bekanntesten Vertreter der Latin Music. Auch die lateinamerikanischen Tänze (Cha Cha Cha, Beguine, Mambo, Lambada...) haben ihren Ursprung in der Latin Music.

Charakteristisch für die Latin Music ist die Verwendung der verschiedensten Perkussionsinstrumente, wie zum Beispiel Congas, Bongos, Maracas, Timbales und Cowbell. Rhythmen und Basslinien sind in der Latin Musik weitestgehend festgelegt.

Bekannte Vertreter sind: Gal Costa, Beth Carvalho (Samba), Astrud Gilberto, Antonio Carlos Jobim (Bossa Nova), Astor Piazzolla (Tango), Bob Marley (Reggae), Tito Puente, Fania All Stars (Salsa).

Klassische Musik

Eigentlich bezieht sich der Begriff Klassik auf eine bestimmte Stil- und Zeitepoche in der Musik (1780-1820). Er wird aber heute als Sammelbegriff für jede Art von sogenannter Kunstmusik oder Ernster Musik verwendet.

Der etwas lächerliche Begriff Ernste Musik - die Komponisten haben gewiß nicht nur ernste Absichten, wenn sie ans Werk gehen - wird heute nur noch selten gebraucht und soll wohl den scheinbar existierenden Unterschied in der Qualität der Kompositionen zwischen populärer Musik und klassischer Musik ausdrücken. Was die Bandbreite der Stile und der Instrumente dieser Musik angeht, so trifft dasselbe wie schon für die Filmmusik zu. Es gibt sogar schon Komponisten wie Edgar Varese und John Cage, die mit elektronischen Instrumenten experimentieren.

Wichtige Komponisten sind und waren:

Wolfgang Amadeus Mozart, Johann Sebastian Bach, Igor Stravinsky, Maurice Ravel und Hans Werner Henze, um nur einige wenige zu nennen.

Bühnenmusik, Musical

Bühnenmusik ist die Musik, die das Geschehen bei Theaterstücken dramaturgisch unterstützt. Sie hat somit eine ähnliche Funktion wie die Filmmusik.

Beim Musical dagegen stehen ganze Songs im Vordergrund, deren Texte in der Regel die Geschichte erzählen und somit die Handlung tragen. In beiden Gattungen ist jede Art von Stilistik und Instrumentierung möglich.

Wichtige Komponisten sind:

Leonard Bernstein (Westside Story), Andrew Lloyd Webber (Cats) und George Gershwin (Ein Amerikaner in Paris).

Das Musik- und Tonarchiv

Hier noch ein hilfreicher Tip. Um möglichst viel über die vielen verschiedenen Stilistiken zu erfahren, hilft nur eines, und das ist Hören. Eine lohnenswerte Sache ist daher das Anlegen eines Musik- und Notenarchivs. Das heißt: Alle zugänglichen Tonträger sammeln und nach Stil und Besetzung sortieren. Eine zusätzliche Hilfe ist das Sammeln von Partituren und Arrangements von diversen Stücken. Im klassischen Bereich gibt es zu jedem wichtigen Werk eine sogenannte Taschen- oder Studienpartitur. Von Big Band Aufnahmen sind in der Regel auch die Partituren erhältlich.

Im Bereich Rock und Popmusik gibt es seit einiger Zeit "Rock Scores" mit den kompletten Partituren der jeweilige Aufnahmen. Im Anhang stehen die wichtigsten Bezugsadressen für derartige Arrangements.

Sinn und Zweck eines solchen Archivs liegen auf der Hand. Eines Tages wird es sicher von großem Nutzen sein, wenn man kurz in eine bestimmte Aufnahme hineinhören kann, um zu erfahren, wie eine Country Band oder eine Big Band klingen muß. Den Sound einer bestimmten Besetzung kann man am besten anhand einer Partitur studieren.

Verschiedene Besetzungen

Nach den Stilen und Stilistiken und deren populärsten Vertretern wollen wir uns nun mit den verschiedenen Instrumentalbesetzungen befassen. Es handelt sich um Bands und Orchester, die meistens stilunabhängig arbeiten und daher zu einem besonders wichtigen Kundenkreis der Arrangeure gehören. Das Repertoire dieser Bands besteht meist aus Fremdkompositionen, für die es nur wenig geeignete Arrangements, die zur Unterhaltung bei den verschiedensten Anlässen gespielt werden, gibt. Die Besetzungspalette reicht vom Solokünstler bis hin zum großen Orchester.

Der Solokünstler

Er arbeitet überwiegend mit Orgel, Keyboard, Drumcomputer oder Playbacks. Für die Aufnahme eines Playbacks muß in der Regel ein komplettes Arrangement erstellt werden. Ansonsten gehören die Tätigkeiten für den Solokünstler zu den einfacheren Aufgaben eines Arrangeurs. Meistens wird nur eine Melodiestimme mit Akkorden benötigt. Man muß lediglich die Titel, die er in seinem Repertoire hat, alle paar Jahre den aktuellen musikalischen Trends anpassen.

Das Duo

Ein Duo setzt sich meistens aus einem Melodieinstrument und einem Harmonieinstrument zusammen. Aber theoretisch ist auch jede andere Kombination denkbar. Meistens werden noch weitere Instrumente über einen Sequenzer zugespielt. Für ein Duo müssen in der Regel schon Einzelstimmen geschrieben werden. Die wichtigsten Duobesetzungen sind: Keyboard und Schlagzeug, Gitarre und Keyboard, Keyboard und ein Blasinstrument.

Die Combo

Bei den Combos reicht die Palette vom Trio bis zur Galaband mit mehreren Bläsern. Hier wird einem Arrangeur bereits einiges an Wissen und Erfahrung abverlangt. Die Bläser haben meistens eine konkrete Soundvorstellung, wie die Stücke im Satz klingen sollen.
Typische Combobesetzungen sind Combos ohne Bläser: Trio und Quartett in der Besetzung Drums, Bass, Gitarre und Keyboard.
Die drei bzw. vier Musiker solcher Combos übernehmen meistens auch den Gesangspart. Häufig spielt jeder der Musiker noch zusätzlich ein Blasinstrument. Combos mit Bläsern: Die Besetzung wie oben, jedoch mit eigenem Bläsersatz. Dieser besteht in der Regel aus zwei bis vier Bläsern: Trompete und Tenorsaxophon (Altsaxophon). Trompete, Tenorsaxophon und Posaune. Zwei Trompeten, Tenorsaxophon und Posaune. Zwei bis drei Trompeten und Posaune (reiner Blechsatz).

Die Big Band

Eine Big Band verfügt über komplette Bläsersätze, den Saxophonsatz, den Trompetensatz und den Posaunensatz. In professionellen Big Bands kann der Arrangeur davon ausgehen, daß die Altsaxophonisten auch Querflöte und die Tenorsaxophonisten auch Bb-Klarinette spielen können. Man spricht hier auch von "doppeln". In einigen Fällen werden noch weitere Holz- und Blechbläser in den entsprechenden Sätzen eingesetzt, beispielsweise Klarinette, Flügelhorn und F-Horn.
Die Standardbesetzung einer solchen Big Band besteht aus: Fünf Saxophonen – zwei Tenorsaxophone, zwei Altsaxophone und ein Baritonsaxophon. Vier bis fünf Trompeten, wobei die meisten Trompeter auch Flügelhorn spielen. Drei Posaunen, eventuell mit Bass-Posaune als vierter Posaune. Rhythmusgruppe mit Gitarre, Piano/Keyboard, Bass, Drums und Perkussion.

Das Blasorchester

Auch die guten alten Musikvereine gehören immer häufiger zu den Kunden der Arrangeure. Spielten sie früher meist nur volkstümliche Musik, so umfaßt ihr Repertoire heute popsymphonische Werke aus Musicals und aktuelle Titel aus den Hitparaden, häufig in Form von Medleys.
Da die Anzahl der Musiker in einem Blasorchester variabel ist - ein kleines Blasorchester hat fünfundzwanzig Mann und ein großes bis zu sechzig – wird die Besetzung nach Stimmen gemacht. Das heißt, daß jede Stimme mehrfach besetzt sein kann.

Die normale Besetzung eines kleineren Blasorchesters ist:

Trompete I, II und III in Bb | Flügelhorn I und II in Bb
Klarinette I und II in Bb | Flöten in C
Posaune I und II | Tenorhorn I und II in Bb
Horn I, II und III in Eb | Tuba in Eb und in Bb
Verschiedene Schlaginstrumente
Ab 30 Musikern: auch Saxophone.

Das Akkordeonorchester

Ähnlich wie die Musikvereine haben sich auch die Akkordeonorchester stilistisch erweitert. Vom Rocktitel bis zum klassischen Werk kann alles intoniert werden. Für den Arrangeur ist das eine besonders schwere Aufgabe, da es sich um lauter gleichklingende Instrumente handelt. Ein Akkordeonorchester ist in der Regel vierstimmig besetzt, wobei wiederum jede Stimme mehrfach besetzt sein kann. Jede der Stimmen übernimmt dabei eine bestimmte Tonlage. Manchmal wird noch das sogenannte Elektronion, ein elektronisch verstärktes Akkordeon, eingesetzt. Für den Bassbereich gibt es noch eine spezielle Bassorgel, die wie ein Keyboard gespielt wird.

Das Symphonieorchester

Viele Städte verfügen bereits über kleine Symphonieorchester. Diese Orchester sind häufig an Musikschulen oder Konservatorien angegliedert. Neben ihrem klassischen Standardrepertoire nehmen solche Orchester immer häufiger Titel aus der Popmusik in ihr Programm auf. Songs von den Beatles oder von Queen sind sehr beliebt bei diesen Orchestern. Je nach Größe eines solchen Symphonieorchesters variiert auch die Besetzung. Am häufigsten gehören dazu:

Holzbläser: Flöten, Englisch Hörner, Oboen, Klarinetten, Fagotte.
Blechbläser: Hörner, Trompeten, Posaunen.
Schlagwerk: Pauken, Becken und diverse Perkussionsinstrumente.
Tasten und Saiteninstrumente: Klavier, Harfe, Celesta.
Streicher: Violinen, Bratschen, Celli und Bässe.

Der Chor

Immer mehr Chöre nehmen neben "Ännchen von Tharau" auch Titel wie "Only you" oder "Don't worry, be happy" in ihr Programm. Für Chöre zu schreiben macht sehr viel Spaß. Nahezu jeder Titel eignet sich zur Bearbeitung und man erhält - durch den Einsatz der menschlichen Stimme – interessante Klangergebnisse.
Ein herkömmlicher Chor ist wie folgt besetzt: Sporan, Alt, Tenor und Bass.

Verschiedene Instrumentalensembles

Von jeder Instrumentengattung gibt es noch spezielle Ensembles. Je nach Bauweise decken die verschiedenen Instrumente den Tonbereich zwischen Sopran und Bass ab. Ein paar der gängigsten Ensembles sind:
Streichquartette, Blechbläserensembles, Saxophonensembles, gemischte Bläserensembles, Gitarren- und Mandolinenorchester, Blockflötenkreise.

Es gibt auch noch eine Vielzahl von kleinen, gemischten Besetzungen, sogenannte Kammerorchester. Da es kaum Standardbesetzungen gibt, erfährt der Arrangeur im Falle eines Auftrages, um welche Kombination es sich handelt. Egal für welche Art von Besetzung ein Arrangement erstellt werden muß, über eines muß sich der Arrangeur immer im klaren sein:
Viele dieser Bands und Orchester sind zum größten Teil Laien- bzw. Amateurbands. Man sollte daher nicht an die spieltechnischen Grenzen der Musiker gehen, wenn man eine Stimme schreibt. Eine Faustregel besagt: Kaum ein Zuhörer hört, ob eine Instrumentalstimme schwer oder kompliziert notiert ist, er hört nur, ob sie richtig und schön gespielt wird. Das bezieht sich vor allem auf die Tonhöhe bei den meisten Blasinstrumenten. Wir haben deshalb bei der nun folgenden Besprechung der einzelnen Instrumente immer auf den normalen und auf den sogenannten extremen Tonumfang hingewiesen.

Instrumentenkunde

Eines der wichtigsten Gebiete, das ein Arrangeur beherrschen muß, ist die Instrumentenkunde. Es mag zunächst unmöglich erscheinen, alle Instrumente, die es gibt, zu kennen und auch noch über deren Notation, Bauweise, Tonumfang und Stimmung Bescheid zu wissen. Um doch einen möglichst umfangreichen Einblick zu geben, haben wir das Thema Instrumente in drei Bereiche unterteilt. Zunächst untersuchen wir die Tonerzeugung der einzelnen Instrumente. Danach unterteilen wir die wichtigsten Instrumente in sogenannte Gattungen. Die Instrumentengattung befaßt sich mit der Bauweise und der Bespielbarkeit. Später dann werden die verschiedenen Instrumente in einzelne Sektionen unterteilt. Dabei handelt es sich um Gruppierungen wie Bläsersätze, Rhythmusgruppe und Streichensembles. In diesem Zusammenhang werden dann Tonumfang, technische Probleme und Notation erklärt.

Die Tonerzeugung

Aerophone (Luftklinger)

Hierzu zählt man alle Instrumente, deren Ton durch eine in Schwingung versetzte Luftsäule erzeugt wird. Diese Luftsäule kann wie bei der Orgel mechanisch erzeugt werden oder durch direktes Blasen in das Instrument, wie bei der Trompete. Zu den Luftklingern zählen alle Blasinstrumente, die Orgel und die Harmonikainstrumente, wie das Akkordeon und die Mundharmonika.

Chordophone (Saitenklinger)

Bei diesen Instrumenten wird der Ton dadurch erzeugt, daß eine Saite durch Zupfen oder Anschlagen in Schwingung versetzt wird. Dies kann mechanisch erfolgen, wie beim Klavier, oder direkt mit dem Finger, wie bei der Gitarre. Zu den Saitenklingern gehören die Zupf- und Streichinstrumente sowie die verschiedenen Tasteninstrumente.

Idiophone (Selbstklinger)

Idiophone sind Instrumente aus Holz oder Metall, deren Körper einen Eigenklang besitzt. Der Ton wird durch Anschlagen des Körpers erzeugt. Zu den Idiophonen gehören Becken, die Triangel, Xylophone, Klanghölzer und das Tamburin ohne Fell.

Membranophone (Fellklinger)

Ein Fell, das meistens über einen Resonanzkörper gespannt wird, dient zur Tonerzeugung bei den Membranophonen. Zu ihnen gehören unter anderem die meisten Trommeln, das Tamburin mit Fell und die Congas.

Elektrophone (Elektroklinger)

Zu den Elektrophonen gehören alle Instrumente mit elektronischer Klangerzeugung. In erster Linie sind dies Tasteninstrumente wie der Synthesizer, die elektronische Orgel, Keyboards und das E-Piano.

Die Instrumentengattungen

Blasinstrumente

Die große Familie der Blasinstrumente wird in zwei Gruppen unterteilt, in Blechbläser und Holzbläser. Ausschlaggebend für diese Unterteilung ist die Beschaffenheit des Mundstückes. Die Blechbläser verwenden ein Metallmundstück, während die Holzbläser ihren Ton mit einem hölzernen Rohrblatt erzeugen. Einzige Ausnahme sind die Flöten, die statt eines hölzernen Rohrblattes ein Art Mundstück haben. Bei den Holzbläsern wird noch zwischen Einzelrohr- und Doppelrohrmundstücken unterschieden.
Die wichtigsten Blechbläser sind: Trompeten, Posaune, Fanfaren, Hörner und Tuben.
Die wichtigsten Holzbläser sind: Flöten, Klarinetten und Saxophone (Einzelrohr), Fagott und Oboe (Doppelrohr). Ein weiteres Blasinstrument, das nicht zu den oben erwähnten gehört, ist die Mundharmonika.

Saiteninstrumente

Saiteninstrumente werden in Zupf- und Streichinstrumente unterteilt. Zupfinstrumente werden entweder mit dem Finger gezupft oder mit einem kleinen Plastikblättchen, das man Plektrum nennt, angeschlagen. Bei den Streichinstrumenten wird die Saite mit einem Bogen (arco), der über die

Saiten streicht, in Schwingung versetzt. In manchen Situationen werden aber auch Streichinstrumente mit Fingern gezupft (pizzicato).

Die wichtigsten Zupfinstrumente sind: Gitarre, E-Bass, Mandoline, Zither, Harfe und die verschiedenen exotische Saiteninstrumente, wie Ukulele, Balalaika, Saz und Bouzouki.

Wichtige Streichinstrumente sind: Violine, Bratsche, Cello und Kontrabass.

Tasteninstrumente

Bei den Tasteninstrumenten wird der Ton mit Hilfe einer Taste erzeugt. Diese Taste bewegt einen kleinen Hammer, der eine Saite in Schwingung versetzt. Bei den elektronischen Tasteninstrumenten wird durch den Tastendruck ein elektronischer Kontakt und somit der Ton erzeugt. Diese elektronischen Tasteninstrumente werden auch Keyboards genannt. Bei der Orgel und dem Akkordeon wird mit Hilfe dieser Taste Luft in eine Pfeife abgelassen, die dann wiederum den Ton erzeugt. Die wichtigsten Tasteninstrumente sind:

Mit Hammer: Klavier, Flügel, Cembalo, Spinett.

Elektronisch: Synthesizer, Elektropiano, Elektronium.

Mit Luftsäule: Orgel, Akkordeon.

Schlaginstrumente

Als Schlaginstrumente werden alle Fell- und Selbstklinger bezeichnet. Ihr Ton wird dadurch erzeugt, daß ein fester Gegenstand oder die Hand des Spielers gegen den Instrumentenkörper oder gegen das Fell schlägt. Man spricht auch von Perkussionsinstrumenten. Ein wichtiges Merkmal der Schlaginstrumente ist ihre Stimmung. Einige Instrumente, wie die Trommeln und die Pauken, lassen sich durch Spannen und Lockern der Felle in ihrer Tonhöhe ändern. Bei anderen Instrumenten ist die Tonhöhe nicht veränderbar. Eine weitere Gruppe hat gar keine definierte Tonhöhe.

Die wichtigsten Schlaginstrumente sind: Trommeln, Becken, Vibraphon, Xylophon, Congas, Triangel, Glockenspiel und verschiedene exotische Schlaginstrumente, wie Cabassa, Tamburin, Kastagnetten, Maracas und Cowbell.

Effektgeräte

Elektronische Effektgeräte sind zwar keine Instrumente, sind in ihrer Anwendung aber fest mit ihnen verbunden. Von den E-Gitarristen, Keyboardern und Bassisten werden sie häufig eingesetzt. Wir werden zwar nicht auf die Bauweise dieser Geräte, aber auf einige wichtige Sounds eingehen, die mit ihrer Hilfe erzeugt werden.

1. Der Verzerrer

Der Verzerrer (Distortion) wird in erster Linie von den Gitarristen eingesetzt. Seine Funktion ist es, das Signal zu übersteuern. Der Verzerrer kommt vor allem in der Rock- und Popmusik zur Anwendung. Er wird für das Melodiespiel genauso wie für die Akkordbegleitung verwendet.

2. Das Echo

Der Echo- oder Delayeffekt kann von allen Instrumenten verwendet werden. Es handelt sich um einen Nachhalleffekt, bei dem Echozeit und Echolänge regelbar sind. Während Gitarristen, Keyboarder und Bassisten meistens ein Delay im Gepäck haben um den Sound somit direkt einzusetzen, wird er für Bläser und andere Instrumente nachträglich zugemischt, entweder im Studio bei einer Aufnahme oder in der Livesituation von einem Saalmischpult aus.

3. Der Chorus

Auch der Chorus ist ein Effekt, der hauptsächlich von Bassisten, Gitarristen und Keyboardern eingesetzt wird. Durch eine regelbare Phasenverschiebung des Signals entsteht ein schwebender Klang, der das Instrumentensignal angenehm hervorhebt und so etwas transparenter macht.

4. Reverb

Das Reverb ist ein Halleffekt. Man kann mit ihm verschiedene Raumsituationen simulieren. Hier gilt das gleiche wie beim Delay. Gitarristen, Keyboarder und Bassisten verwenden ihn meist direkt, während er für andere Instrumente nachträglich hinzugemischt wird.

Über alle Effekte, die zum Einsatz kommen, sollte der Arrangeur die Musiker und Toningenieure genau informieren. Dies geschieht in der Regel durch einen entsprechenden Hinweis in den Noten.

Die Partitur - Aufbau und Layout

In einer Partitur sind alle Einzelstimmen eines Arrangements untereinander aufgelistet. Alle Systeme haben die gleiche Taktzahl pro Seite. Eine Partitur bietet somit den besten Überblick über das gesamte musikalische Geschehen in einem Arrangement. Es empfiehlt sich deshalb, auch für kleinere Besetzungen immer eine Partitur zu schreiben. Eine Partitur hat noch weitere Vorteile:

a Die Stimmen bzw. die Instrumente stehen übersichtlich untereinander. Einzelne Stellen und auch Fehler können so leichter gefunden und ausgebessert werden.

b Eine Partitur ist für den Dirigenten zum Einstudieren eines Stückes unersetzlich.

c Verlorengegangene Einzelstimmen können jederzeit neu aus der Partitur herausgeschrieben werden.

d Will man nach einiger Zeit ein Arrangement überarbeiten, kann man das anhand der Originalpartitur. Die Urfassung wird vorher durch Kopie archiviert.

In guten Musikaliengeschäften gibt es die verschiedensten Arten von Partiturpapier. Die folgenden stehen in der Regel zur Auswahl.

a Partiturvorlagen mit bereits gekennzeichneten Instrumenten (am linken Rand).

b Partiturvorlagen mit einer Kombination von gekennzeichneten Instrumenten und freien Stellen für eventuelle Erweiterungen.

c Partiturvorlagen ohne Instrumentenkennzeichnung.

Partiturbögen gibt es natürlich auch in den verschiedensten Größen mit unterschiedlicher Anzahl an Notensystemen. Die Palette reicht vom Comboblock mit acht Notensystemen bis zum großen Bogen für Symphonieorchester mit dreißig und mehr Notensystemen.

Folgende Hinweise müssen außer den Noten grundsätzlich in einer Partitur enthalten sein.

a Notenschlüssel müssen in jeder neu angefangenen Notenzeile und auf jeder neuen Seite stehen.

b Dasselbe gilt für Vorzeichen und Tonartwechsel.

c Vor jeder Notenzeile muß die entsprechende Abkürzung für das jeweilige Instrument stehen.

d Alle dynamischen und tempobezogenen Hinweise müssen in einer Partitur vermerkt sein. Diese stehen immer unter der jeweiligen Notenzeile.

e Alle Spielanleitungen wie con Sordino, arco und pizzicato, spezielle und zusätzliche Instrumentenangaben und alle Angaben zu elektronischen und spieltechnischen Effekten werden grundsätzlich über die Notenzeile geschrieben.

f Artikulationszeichen werden entsprechend ihrer Vorschrift entweder über oder unter die Noten gesetzt. Sie müssen aber in jedem Fall in die Partitur eingetragen werden.

g Angaben wie Titel des Stückes, Name des Komponisten, Seitenzahl und Name des Arrangeurs, müssen auf jeder Partiturseite neu vermerkt werden und zwar immer am oberen Seitenrand.

Die geschlossene Partitur

Bei der geschlossenen Partitur können mehrere Stimmen, auch wenn sie von verschiedenen Instrumenten gespielt werden, in eine Notenzeile geschrieben werden. Auf diese Weise erhält man den bestmöglichen Überblick über ein Voicing.

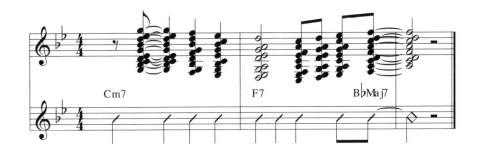

Man kann auch einzelne Sätze geschlossen schreiben und diese in einer kleinen Partitur untereinander setzen. Auf diese Weise erhält man den bestmöglichen Überblick über ein Voicing innerhalb einer Instrumentengruppe.

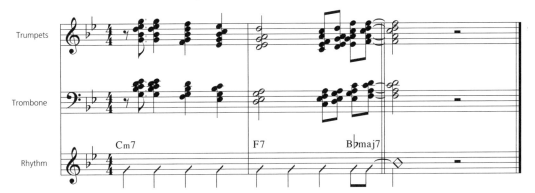

Eine geschlossene Partitur wird immer klingend geschrieben. Die Einzelstimmen werden erst später für die entsprechenden Instrumente transponiert, wenn sie herausgeschrieben werden. Die geschlossene Partitur wird vor allem bei Arrangements für kleinere Besetzungen angewandt.

Die offene Partitur In dieser Partiturform bekommt jede Einzelstimme eine eigene Notenzeile. Es gibt zwei Möglichkeiten eine offene Partitur zu notieren. Entweder als C-Partitur, in ihr werden die Instrumentenstimmen klingend notiert, oder als transponierte Partitur, in der die Einzelstimmen bereits in die richtige Tonart der jeweiligen Instrumente umgeschrieben wurden.

In der Praxis ist es üblich, nur transponierte Partituren zu schreiben. Es scheint zwar zunächst nicht ganz einfach, hat aber eindeutige Vorteile. Erstens sieht man den Tonumfang der einzelnen Instrumente viel besser und vermeidet so unnötige Rangefehler. Zweitens muß man sowieso spätestens dann transponieren, wenn man die Einzelstimmen für die Musiker herausschreibt. Es gibt zwar noch sogenannte Kopisten, die einem diese Arbeit abnehmen, doch auch in diesem Fall ist es besser, wenn die Stimmen schon transponiert sind. Denn wenn erst der Kopist transponiert, muß der Arrangeur seine Arbeit erneut nach eventuellen Fehlern untersuchen, vom zusätzlichen Kostenfaktor ganz abgesehen.

Klingend

Transposed

Die Grundlagen

Im Kapitel Grundlagen werden alle notwendigen Zeichen und Begriffe erläutert, die ein Arrangeur kennen und beherrschen muß, um ein Arrangement musikalisch zu gestalten. Mit Hilfe dieser Zeichen und Begriffe werden Form und Ablauf eines Stückes gekennzeichnet. Ferner wird mit ihrer Hilfe auf Tempoänderungen und Lautstärkeänderungen hingewiesen. Selbst das Problem, dem Musiker eine genauere klangliche Vorstellung eines Stückes zu vermitteln, kann mit Hilfe von speziellen Zeichen nahezu gelöst werden. Darüberhinaus gibt es Zeichen und Begriffe, die die Musiker darauf hinweisen, daß ihr solistischer Einsatz gefragt ist.

Die vier Hauptnotationsarten

Gemeint sind damit die einzelnen Instrumentalstimmen, die jeder Musiker zum Spielen vorgelegt bekommt. Diese Stimmen werden für kleine Besetzungen meistens direkt geschrieben. Für größere Besetzungen und Orchester oder dann, wenn ein Dirigent mitarbeitet, wird zuerst eine Partitur erstellt, die alle Stimmen enthält (siehe auch Seite ...). Aus dieser Partitur werden dann die Einzelstimmen herausgeschrieben.

Das Leadsheet

Das sogenannte Leadsheet kann als Notenvorlage für nahezu jede Art von Stilistik verwendet werden. Ein Leadsheet enthält alle wichtigen Informationen, die ein Musiker benötigt, um ein Musikstück spielen zu können. Im Normalfall sind das: Die Melodie, die Akkordsymbole, die Form mit allen Wiederholungszeichen, eine Tempoangabe und ein Hinweis zur Stilistik.

Swing Thing

Leadsheet mit Slashes In manchen Leadsheets werden statt der Melodie Querstriche eingezeichnet, die die Anzahl der Viertelschläge pro Takt anzeigen. Diese Querstriche nennt man "Slashes" (engl. = Strich, Schlag). Solche Leadsheets werden in der Hauptsache für Begleitstimmen, also für die Rhythmusgruppe geschrieben.

Voraussetzung für das Spiel nach einem Leadsheet ist allerdings eine gewisse Stilsicherheit der Musiker. Das heißt, die Musiker sollten über die wichtigsten Merkmale der verlangten Stilistik Bescheid wissen. Trotzdem kommt es nicht selten vor, daß man sich als Arrangeur oder Komponist auf die Kreativität seiner Musiker verläßt. Bei Aufnahmen im Tonstudio beispielsweise bekommen die Studiomusiker häufig "nur" Leadsheets vorgelegt und haben so die Möglichkeit, ihr Wissen über Stilistik und Instrumentaltechnik in das Stück mit einzubringen.

Swing Thing

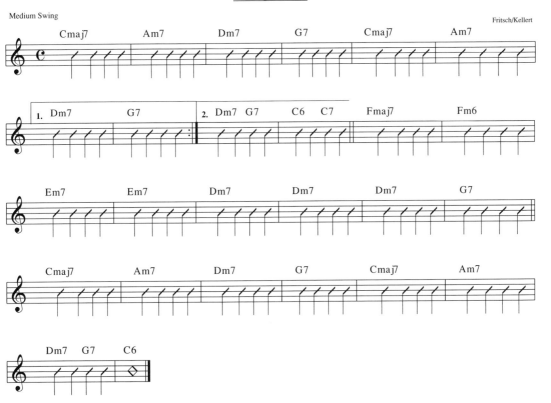

Leadsheet mit Akzenten Der Arrangeur macht bei dieser Notationsform Angaben zu speziellen rhythmischen Akzenten und wichtigen Pausen, für das entsprechende Instrument. Meistens sind es Akzente, die von anderen Instrumenten mitgespielt werden (Abbildung nächste Seite).

Swing Thing

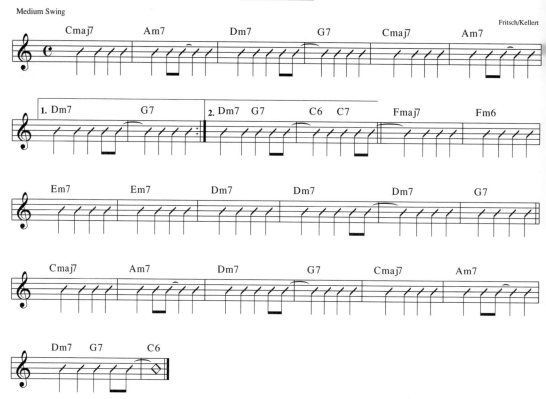

Die ausnotierte Stimme
Die ausnotierte Stimme muß alles enthalten, was der Musiker wissen muß, um seinen Part spielen zu können. Alle melodischen Teile sind notiert und mit Vortragszeichen versehen. Alle Akkorde werden vollständig ausnotiert. Sämtliche dynamischen Vorgänge müssen deutlich zu erkennen sein. Für den Arrangeur ist diese Art der Notation zwar die aufwendigste, gleichzeitig aber auch die sicherste, um seiner klanglichen Vorstellung Ausdruck zu geben. Man muß besonders darauf achten, daß alles, was notiert wird, für die Musiker auch spielbar ist. Nicht selten kommt es vor, daß ein Gitarrist einen Akkord nicht greifen kann oder ein Schlagzeuger nicht genügend Arme und Beine hat, um den gewünschten Rhythmus spielen zu können. Es muß auch darauf geachtet werden, daß der Tonumfang der Instrumente nicht überschritten wird. Diese möglichen Fehlerquellen werden bei der Besprechung der verschiedenen Instrumentengattungen besonders berücksichtigt und erklärt.

(Abbildung nächste Seite).

STEP BY STEP

Die teilweise ausnotierte Stimme

Nicht immer ist es nötig, eine Stimme komplett auszunotieren, vor allem dann nicht, wenn sich Takte mehrmals wiederholen. In diesem Fall arbeitet man mit sogenannten "Faulenzern" oder mit der Bezeichnung "simile".

Faulenzer

Simile

Diese Art der Notation wird wahrscheinlich am häufigsten verwendet, denn sie stellt eine gelungene Kombination aus Leadsheet und ausnotierter Stimme dar. Nur die wesentlichen Teile werden ausnotiert und dann mit Hilfe von Faulenzern oder "simile"-Angaben auf die folgenden Takte übertragen.

Spieltechnische Angaben

Es handelt sich hierbei um Angaben und Hinweise, die sich auf bestimmte spieltechnische Anforderungen beziehen, die von jedem Instrument verlangt werden und somit in den jeweiligen Stimmen auftauchen können. Wünscht ein Arrangeur eine dieser Techniken, so muß er deutlich in der Partitur und in den Einzelstimmen darauf hinweisen.

Fill In

Ein Fill in, oder kurz Fill genannt, ist ein kleiner, meist solistischer "Einwurf" eines Instrumentes. Ein Fill verbindet melodische Phrasen miteinander und "füllt" somit Lücken, die durch Pausen, bei einem Themenwechsel oder Wiederholungen entstehen. Ein Fill in dauert selten länger als zwei Takte. Während einer der Musiker ein Fill spielt, wird der Grundrhythmus nicht unterbrochen. Das heißt, alle anderen Instrumente spielen weiter.
Da es sich beim Fill in um einen solistischen Beitrag handelt, muß es nur dann ausnotiert werden, wenn dem Arrangeur ein ganz spezielles Fill vorschwebt.

4-taktige Phrase mit Fill

Break Ein Break ist, ähnlich wie ein Fill in, ein kleiner solistischer "Lückenfüller", allerdings mit dem Unterschied, daß die restlichen Instrumente pausieren. Durch die so entstehende "Leere" hat ein Break mehr musikalische Intensität als das Fill in. Auch ein Break dauert selten länger als zwei Takte und verbindet oft zwei Formteile in einem Stück miteinander.

Auftakt oder Pick Up Ein Auftakt ist ein unvollständiger Takt am Anfang eines Stückes und wird von einem oder von mehreren Instrumenten gespielt. Er kann aber auch mitten in einem Stück vorkommen. Ähnlich wie schon das Fill in und der Break, leitet er in einen neuen Teil oder eine Wiederholung über. Ein Auftakt dauert nicht länger als einen Takt und gehört thematisch bereits zur Melodie des Stückes. Einzige Ausnahme ist der rein rhythmische Auftakt.

Auftakt

Drums Pick Up

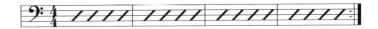

Stop Time Stop Time ist eine Arrangiertechnik, bei der die Rhythmusgruppe den durchgehenden Rhythmus unterbricht und statt dessen gemeinsam mit den Melodieinstrumenten bestimmte Akzente innerhalb eines Taktes setzt. Meistens liegen diese Stop Time-Akzente auf der Zählzeit Eins oder auf den Zählzeiten Eins und Drei.
Andere rhythmische Akzente sind natürlich auch denkbar. Die bei der Stop Time-Technik entstehenden Pausen werden entweder von der Melodie, einem Solo oder häufig auch von einem Fill in "ausgefüllt". Diese Technik kann in jedem Formteil eines Songs vorkommen.
Beispiele hierfür wären: Die Intro von "Blue Suede Shoes", die Intro und der Verse von "Jailhouse Rock", die Intro von "Rock around the clock" oder die Bridge von "Route 66".
Meistens erkennt man das Stop Time Feel schon an der Notation. Wenn nicht, weist der Vermerk "Stop Time" die Musiker darauf hin. Soll nach einer Stop Time Stelle wieder "normal" weitergespielt werden, kann dies auf mehrere Arten angezeigt werden. Zum einen tut man dies mit dem Vermerk "play as before" oder einfach durch die Angabe der ursprünglichen Grooveangabe wie z.B. "Swing".

Stop Time à la Jailhouse

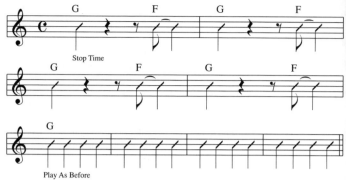

Stop Time Blues mit Swingteil

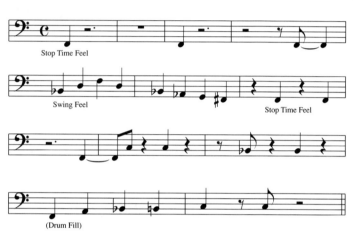

Solo Ein Solo ist ein musikalischer Einzelvortrag, der dem jeweiligen Instrumentalisten über einen längeren Zeitraum die Möglichkeit bietet, sich und sein Instrument alleine vorzustellen. Ein Solo weicht von der ursprünglichen Melodie ab und wird entweder vom Solisten frei erfunden oder aber vom Arrangeur ausnotiert. Die Länge eines Solos kann frei bestimmt werden. In Jazzsongs zieht es sich meist über die gesamte Form, während ein Solo in Rock- und Popsongs und anderen Stilistiken, je nach Form, 8 bis 16 Takte lang ist. Ein solcher solistischer Vortrag kann von der Rhythmusgruppe oder von einem Backgroundsatz, wie etwa Bläser oder Streicher, unterstützt und begleitet werden. In manchen Fällen, wie häufig beim Schlagzeugsolo, spielt der Solist auch unbegleitet.

Songform und Arrangementform

Mit dem Begriff Songform wird der Aufbau, die Gliederung und der Ablauf eines Musikstücks bezeichnet. Jeder Song ist aus einigen kleineren und größeren Formteilen zusammengesetzt, die im gesamten die Songform ergeben. Solche Formteile sind Intro, Vers, Refrain und andere. Ein Formteil selbst besteht wiederum aus kleinen musikalischen Segmenten wie zum Beispiel dem Motiv. Um den Aufbau einer Songform besser zu verstehen, wollen wir ihre Entstehung bis in den kleinsten Baustein zurückverfolgen.

Formsegmente

Das Motiv Ein Motiv ist die kleinste zusammenhängende musikalische Einheit und ist selten länger als zwei Takte.

Ein solches Motiv wird nun vom Komponisten oder vom Arrangeur bearbeitet. Die wichtigsten Möglichkeiten der Bearbeitung sind:

Augmentation Augmentation bedeutet Dehnung. Das Motiv wird entsprechend eines bestimmten Notenwertes verlängert.

Diminution Die Diminution ist das genaue Gegenteil der Augmentation. Die Notenwerte und somit das Motiv werden jetzt entsprechend verkürzt.

Variation Bei einer Variation werden Teile des Motives rhythmisch und melodisch verändert. Das Ergebnis sollte aber immer so sein, daß das ursprüngliche Motiv noch zu erkennen ist.

Spiegelung Bei der Spiegelung wird das Motiv um seine Achse gespiegelt. Diese Spiegelung erfolgt entsprechend der Intervalle des Motivs. Die folgende Abbildung
zeigt eine aufsteigende chromatische Tonreihe und die entsprechende Spiegelung in der Abwärtsbewegung.

Motiv nach der Spiegelung.

Krebs Unter der Bezeichnung Krebs versteht man, daß das Motiv rückwärts, also
von hinten, gespielt wird.

Wiederholung Bei der Wiederholung wird das Motiv zweimal oder auch mehrmals gespielt.

Sequenz Ähnlich wie bei der Wiederholung wird das Motiv hier mehrmals gespielt, jedoch jedesmal auf einer anderen Tonstufe. Man kann diatonisch, also entsprechend der Tonart, oder chromatisch, indem man die Intervallabstände für
alle Töne gleich wählt, sequenzieren.

Diatonisch

Chromatisch

Um das Motiv zu verlängern, kann man mehrere "Bearbeitungen" des Motives aneinanderreihen. Das Motiv besteht dann aus mehreren sogenannten
Teilmotive.

Man kann auch verschiedene Motive miteinander "verknüpfen". Das erste
Motiv bekommt jetzt als Anschlußglied ein neues Motiv. Man kann das gut
veranschaulichen, indem man dem ersten Motiv die Funktion der "Frage"
überträgt und dem Anschlußglied die Funktion der "Antwort".

Die Phrase Eine Phrase ist eine musikalisch in sich geschlossene Einheit. Für einen sinn-vollen musikalischen Vortrag ist es wichtig, daß solche Phrasen gut zu erken-nen sind. Man spricht in diesem Zusammenhang auch von Phrasierung. Ist ei-ne Phrase nicht deutlich zu erkennen, markiert man diese mit Hilfe des Phra-sierungsbogen. Eine Phrase kann aus einem oder mehreren Motiven bestehen.

Durch die Verknüpfung der Formsegmente Motiv, Teilmotiv und Anschluß-glied entstehen dann die Formteile wie zum Beispiel der Vers oder die Stro-phe. Da die Entstehung eines Formsegmentes von musikalischen Belangen wie Melodik, Harmonik, Rhythmik und diese wiederum im Falle eines Songs mit Text vom Textinhalt und vom Versmaß abhängig sind, kann man sich leicht vorstellen, welche Vielfalt an unterschiedlichen Formteilen und somit an Songformen es gibt. Als nächstes wollen wir nun die einzelnen Formteile näher betrachten.

Die Formteile Formteile sind thematisch in sich geschlossene Teile. Werden mehrere Form-teile zusammengefügt, erhält man die endgültige Songform. Folglich kann ei-ne Songform je nach Stil und Inhalt in Länge und Umfang stark variieren. Ein Song setzt sich in der Regel immer aus mehreren Haupt- und Nebenteilen zu-sammen, die dann durch Wiederholung und Variation die Gesamtform erge-ben. Diese Haupt- und Nebenteile nennen wir Formteile.

Zur Kennzeichnung der Formteile werden zunächst Großbuchstaben von A-Z verwendet. Es gibt keine eindeutige Regel, die besagt, welcher Formteil mit welchem Buchstaben versehen wird. Hauptteile wie Strophe und Refrain wer-den in der Regel mit A und B gekennzeichnet. Weisen diese Teile in der Wie-derholung kleine Änderungen auf, wird der Buchstabe mit einem ' versehen. Also beispielsweise Strophe 1 = A, Strophe 2 = A', Strophe 3 = A'' usw.

Die folgende Tabelle zeigt alle gängigen Formteile, ihre Namen und ihre Kennzeichnung aus der Arrangier- und Kompositionspraxis:

Name:		Kennzeichnung:
Einleitung	- Introduktion	Intro
Strophe	- Verse	A, A',A'' etc.
Refrain	- Chorus	B, B',B'' etc.
Übergang	- Bridge	C-Z
Zwischenspiel	- Interlude	Interlude
Anhang	- Coda	Coda, Outro

Verse (Strophe), Chorus (Refrain) und Hookline Verse (Strophe) und Chorus (Refrain) sind die wichtigsten Formteile in der populären Musik. Sie werden deshalb als Hauptteile bezeichnet. Ihr Inhalt ist das zentrale Thema des Songs, egal ob es sich dabei um einen instrumenta-len Song oder um einen Song mit Text handelt. Meistens existiert jedoch eine Textvorlage in Reimform, an deren Versmaß sich der Komponist beim Kom-ponieren seiner Melodien orientiert hat.
Die eigentliche Handlung des Songs spielt sich aber im Verse ab. Hier wird eine "Geschichte" meistens in mehreren Versen erzählt und ein Spannungs-bogen sowohl textlich wie musikalisch erzeugt. Die Spannung zielt auf den Refrain hin und wird dort aufgelöst.
Ein Refrain enthält im Gegensatz zum Verse textlich fast immer den selben Inhalt. Er ist also so etwas wie eine Zusammenfassung des ganzen Songs.

Meistens ist es nur der Refrain, dessen Melodie und Text sich beim Zuhörer einprägen. Melodie und Text werden mit leicht erkennbaren Melodien und Textzeilen gestaltet. Solche Melodie- und Textphrasen mit hohem Wiedererkennungswert werden als "Hookline" oder einfach als "Hook" bezeichnet. Obwohl die Hookline meistens im Refrain auftaucht, kann sie natürlich auch an jeder beliebigen anderen Stelle des Songs vorkommen.

Die Intro Intro ist die Abkürzung für Introduktion. Introduktion bedeutet Vorstellung oder Einleitung und steht folglich immer am Anfang eines Stückes. Aufgabe der Intro ist es, das nachfolgende "Hauptgeschehen" musikalisch vorzubereiten. Der Komponist orientiert sich deshalb häufig am "Material" des eigentlichen Songs. Er verwendet dafür auffällige Melodieteile oder aber eine wichtige Harmoniefolge. Es kann auch ein markanter Rhythmus aus dem Hauptmotiv sein, der in der Intro verwendet wird. Darüberhinaus kann die Intro selbstverständlich auch eine eigenständige Komposition sein. In der Regel wird die Intro sehr kurz gehalten, um nicht zu sehr vom "Hauptgeschehen" abzulenken. Intros sind meist zwei, vier oder acht Takte lang.

Die Coda Das exakte Gegenstück zur Intro ist die Coda. Eine Coda steht folglich immer am Ende des Songs. Wie die Intro, so kann auch die Coda Material des Hauptthemas enthalten oder eine eigenständige Komposition sein. Obwohl sie den Song beendet, wird in der Coda häufig noch einmal Spannung erzeugt.
Deshalb ist auch die Länge der Coda nicht so festgelegt wie die der Intro. Sie kann deutlich länger sein, vor allem dann, wenn sie in einem sogenannten Fade out endet. Das heißt, daß alle Instrumente so lange leiser werden, bis sie schließlich ganz verstummen.

Die Bridge Die Bridge ist, wie der Name schon sagt, Brücke oder Verbindung zwischen zwei Formteilen. Man unterscheidet hierbei zwei Arten. Die sogenannte Primary Bridge (PB) und die Transitional Bridge (TB). Die beiden englischen Ausdrücke lassen sich allerdings nur schwer ins Deutsche übersetzen. Primary Bridge könnte man als "Hauptbrücke" bezeichnen. Es handelt sich hierbei um einen völlig neuen Teil, der thematisch nichts mit den vorangegangenen Versen und dem Chorus zu tun hat. Auf diese Weise kommt neues musikalisches Material und somit neue Farbe in den Song. Die Primary Bridge steht meistens zwischen zwei Refrains.

A I B I A I B I PB (C) I B

Die Transitional Bridge ist eine "Übergangsbrücke". Sie ist ein kleiner, instrumentaler oder textlicher Einschub zwischen Verse und Chorus. Ihre Aufgabe ist es, die Spannung zum Chorus hin zu steigern.
Eine Transitional Bridge kann aber auch zwischen allen anderen Formteilen stehen.

Intro I A I TB I B I A I TB I B I PB I B I Coda

Die Interlude Eine Interlude ist ein instrumentales Zwischenspiel zwischen zwei Formteilen. Die Interlude hat eine ähnliche Funktion wie die Primary Bridge und ist harmonisch und melodisch meist an der Intro orientiert.

Intro I A I B I A I B I PB I B I Interlude I B I Coda

Ein wichtiges Merkmal der Formteile in der populären Musik ist ihre "Teilbarkeit" durch die Zahl Zwei. Da sie meistens aus zweiteiligen Motiven zusammengesetzt wurden, haben sie eine Länge von vier, acht, zwölf oder sechzehn Takten. Doch auch hier gilt: Ausnahmen bestätigen die Regel.

Einfache Songformen

in der Popularmusik

Wir kommen nun zu den Songformen, die aus der Verbindung der verschiedensten Formteile entstehen können. Im Laufe der Zeit haben sich aus der Vielzahl der möglichen Songformen einige Standardformen herauskristallisiert. Im folgenden wollen wir ein paar der wichtigsten Songformen näher betrachten.

Die Verseform

Besteht ein Song nur aus Versen, spricht man von der Verseform. In solchen Songs gibt es folglich keinen Refrain. Reine Versesongs sind beispielsweise "Morning has broken" von Cat Stevens, "Mackie Messer" von Kurt Weill oder "If you leave me now" von Chicago. Der Verse eines reinen Versesongs kann wiederum aus mehreren Teilen bestehen. Ein Beispiel dafür ist der Titel "Yesterday" von den Beatles, dessen Verse aus zwei Teilen besteht. Ein solcher Versesong kann durch eine Intro eingeleitet und durch eine Coda beendet werden. Die einzelnen Formteile können durch die Transitional- und die Primary Bridge verbunden werden.

A | A | A | A
A A' | A A'
Intro | A A' | TB | A A' | Coda
Intro | A | TB | A | PB | A | Coda

Die Verse-Refrain Songform

Die Verse-Refrain-Form ist die "klassische" Songform. Verse und Refrain wechseln sich hierbei ab. Wie bei der Verseform können Intro, Bridge und Coda den Ablauf ergänzen und abrunden.

A | B | A | B | B
Intro | A | B | A | B | PB | B | B | Coda
Intro | A | TB | A | TB | B | PB | B | B' | Coda

Der Blues

Auch der Blues gehört zu den Standardsongformen. Sein wichtigstes Merkmal ist neben der typischen Harmoniefolge seine meist zwölftaktige Form. Der Blues hat keinen Verse und keinen Refrain im eigentlichen Sinn. Die inhaltliche Thematik spielt sich innerhalb der zwölf Takte in der "Bluesform" ab. Spannung und Steigerung werden durch den harmonischen Spannungsbogen von Tonika, Subdominante und Dominante erzeugt. Die folgende Abbildung zeigt uns einen 12-taktigen Blues (12-bar Blues) und seine typische Akkordfolge.

C7 | F7 | C7 | C7 | F7 | F7 | C7 | C7 | G7 | F7 | C7 | C7

Der Einfluß des Blues auf die Rockmusik und einige Bereiche der Popmusik ist kaum zu überhören. Durch die Fusion mit diesen Stilistiken haben sich auch immer neue Bluesformen entwickelt, die sich nun nicht mehr so sehr an die zwölftaktige Form und die bluestypische Harmonik halten. Einige Beispiele hierfür sind Titel wie "Can't buy me love" von den Beatles oder Gary Moore's bluesorientierter Hit "Still got the Blues".

8-bar Blues   C7 | F7 | C7 | C7 | G7 | F7 | C7 | G7

10-bar Blues   C7 | C7 | F7 | F7 | C7 | C7 | G7 | G7 | C7 | C7

11-bar Blues   C7 | C7 | C7 | C7 | C7 | F7 | F7 | G7 | G7 | C7 | C7

Neben diesen hier erwähnten Standardsongformen ist natürlich auch jede andere Songform denkbar. Der Phantasie sind keine Grenzen gesetzt. Um einen besseren Überblick zu bekommen, welche Möglichkeiten einem offen stehen, ist es ratsam, möglichst viele Songs auf ihre Form hin zu untersuchen.

Komplexe Songformen
in der Popularmusik

In manchen Stücken ist der innere Aufbau von Verse und Chorus musikalisch und textlich etwas umfangreicher und komplexer. Das heißt, daß Verse und Chorus bereits aus mehreren Formteilen zusammengesetzt sind. Die folgende Form zeigt den typischen Ablauf einer komplexen Songform. Der Verse hat die Form aa und der Chorus die häufig vorkommende aaba Form.

Verse Chorus   aa   aaba

Solche Songformen wurden in der Hauptsache für sogenannte "Showtunes" verwendet. Showtunes sind Songs aus Vaudeville- und Broadwayshows und "alten" Filmen. Vor allem aus solche Filmen, die wiederum auf einem Musical beruhen wie beispielsweise viele Fred Astaire Filme und dergleichen.
Der Verse hat bei Songs mit komplexer Form meistens die Funktion der Intro (Introductional Verse) und taucht deshalb im späteren Verlauf nicht mehr auf. Der Chorus ist deshalb das eigentliche Kernstück des Songs. Meistens wurde auch nur der Chorus als eigentlicher Song beim Publikum bekannt.
Der Chorus solcher Songs diente dann auch später den Jazzmusikern als Grundlage für ihre Improvisationen. Selbst Musiker wie John Coltrane und Miles Davis hatten eine Vorliebe für Titel aus diesem Genre. Beispiele hierfür sind Songs wie "Night & Day", "How high the moon", "Blue Room", "Bewitched" oder "I got Rhythm".

Auch bei Songs mit komplexer Form haben sich im Laufe der Zeit einige Standardformen herauskristallisiert.

Verse Chorus   aa   abac
Verse Chorus   aa   abab'

Es gilt zu beachten, daß die Formteile b und c innerhalb eines Chorus auch als Bridge bezeichnet werden. Sie haben die gleiche Funktion wie die bereits erwähnte Primary Bridge. Sie bilden den musikalischen Kontrast zum a-Teil.

Rehearsal Letters und Rehearsal Numbers

Rehearsal letters und numbers sind Ziffern und Zahlen, die den Ablauf eines Arrangements genau markieren. Da ein Arrangement sehr lang und der Ablauf durchaus komplex sein kann, ist es ratsam, einzelne Teile wie Intro, Verse, Chorus, Interlude, Soli und dergleichen genau zu kennzeichnen. Zusätzlich sollten alle Takte durchnummeriert werden, so daß ein Dirigent jederzeit an jeder Stelle das Arrangement abbrechen und dort wieder einsetzen und weiterarbeiten kann.
Als Rehearsal letters werden Großbuchstaben von A - Z verwendet. Diese müssen sich allerdings nicht mit den Formziffern des oder der Songs decken. Man sollte sie also nicht verwechseln. Rehearsal letters werden zusätzlich mit Zahlen kombiniert. Diese Zahlen nennt man rehearsal numbers. Sie zeigen genau an, in welchem Takt ein entsprechender Arrangementteil beginnt. Die folgenden Abbildungen zeigen den richtigen Gebrauch solcher rehearsal letters und rehearsal numbers:

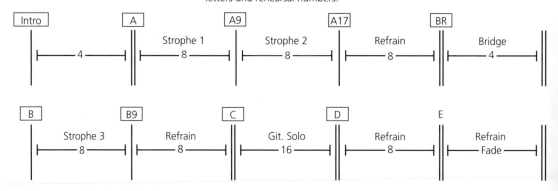

Arrangementformen   Hier beginnt die eigentliche Arbeit des Arrangeurs. Seine Aufgabe ist es nun, mit dem vorgegebenen Song und dessen Songform einen neuen Ablauf zu gestalten. Man nennt diesen neuen Ablauf die Arrangementform. Je nach Zweck und Stilrichtung muß der Arrangeur mit Hilfe von Zwischen-, Soloteilen und Endungen das Wesentliche eines Songs in eine neue Gesamtform bringen. Bei der Planung der Arrangementform müssen folgende Punkte beachtet und durchdacht werden:

1. Für welche Besetzung muß arrangiert werden?
2. In welcher Stilistik muß das Arrangement stehen?
3. Für welchen Zweck wird das Arrangement erstellt?
   Aufnahme oder Aufführung?
4. Wie lang soll das Arrangement werden?
5. Wird im Arrangement improvisiert?
6. Wenn ja, wird frei improvisiert oder muß ein Solo geschrieben werden?
7. Müssen bestimmte Formteile neu komponiert werden? Intro, Mittelteil, Bridge, Coda?
8. Müssen Teile des Songs besonders hervorgehoben oder verändert werden?
9. Werden nur bestimmte Teile wie Refrain oder Strophe verwendet (siehe Medley)?

Die Gestaltung der Arrangementform ist in der Regel dem Arrangeur frei überlassen. Im folgenden wollen wir deshalb nur ein paar der standardisierten Arrangementformen kennenlernen.

Das Medley   Eine ganz besondere Arrangementform ist das Medley, auch Potpourri genannt. In einem Medley werden mehrere verschiedene Stücke, oft auch nur Auszüge der bekanntesten Stellen dieser Stücke, zu einem neuen Stück zusammengefaßt. Am häufigsten wählt man hierfür Stücke eines Komponisten oder einer Stilrichtung aus. So entstehen sogenannte "Gershwin-Medleys" oder "Country & Western-Potpourris".
Dem Medley sehr ähnlich sind zwei andere Formen, die hier kurz erläutert werden sollen.

Die Suite   Wie das Medley, so ist auch die Suite eine Zusammenstellung aus verschiedenen Titeln. Im Gegensatz zum Medley verwendet der Komponist für eine Suite jedoch seine eigenen Stücke. Die Thematik einer solchen Suite muß nicht unbedingt einen musikalischen Ursprung haben. Häufig dienen Naturerscheinungen, Personen, Ereignisse oder ähnliches als Themenvorlage. Im Gegensatz zum Medley sind die Titel einer Suite aber in sich abgeschlossen. Zu den bekanntesten Suiten gehören "Die Planeten" von Gustav Holst, eine Suite die vielen Filmkomponisten heute noch als Anregung für ihre eigene Arbeit dient, oder die "Grand Canyon Suite" des amerikanischen Komponisten Aaron Copland. Vivaldis "Vier Jahreszeiten" ist eine Suite und selbst aus der Rockmusik gibt es einige Beispiele zu nennen: Die "Valentyne Suite" von der Gruppe Colosseum oder die "Five Bridges" von Keith Emerson und der Gruppe The Nice.

Die Ouvertüre   Eine Ouvertüre ist eine Kombination aus Intro und Medley. Sie wird für Opern, Operetten und Musicals als Eröffnungstitel komponiert und zusammengestellt und stellt eine Auswahl der musikalischen Höhepunkte des Hauptwerkes dar. Auch in der Rockmusik werden für Werke mit Musical- oder Operncharakter Ouvertüren geschrieben. Ein Beispiel wäre die Ouvertüre aus der berühmten Rockoper "Tommy" von der Gruppe "The Who".

Die Arrangierzeichen

In der Musik gibt es - wie in der Sprache - international bekannte Symbole und Begriffe, die es Komponisten, Arrangeuren und Musikern ermöglichen, sich untereinander zu verständigen. In der Musik sind das in erster Linie die Noten, mit deren Hilfe die Tonhöhen und die Tonlängen festgehalten werden. Auch bezüglich der Form gibt es wichtige Begriffe und Symbole, die den Ablauf eines Stückes beschreiben. Außer zur Orientierung dienen sie noch zur Vereinfachung der Notation. So müssen zum Beispiel bestimmte Teile, die sich mehrmals wiederholen, nicht erneut ausnotiert werden. Natürlich ist es wichtig, solche Arrangierzeichen genau zu kennen, um in einem Arrangement möglichst viele und klare Hinweise für die Musiker und den Dirigenten hinterlassen zu können.

Trennstriche

Größere thematische Abschnitte werden durch Doppelstriche voneinander getrennt. So können neue Formteile, zum Beispiel Vers und Refrain, leichter und schneller erkannt werden.

Neben den einfachen Doppelstrichen gibt es noch den Schlußstrich, der folglich nur am Ende eines Titels steht.

Die Wiederholungszeichen

Sollen Teile eines Stückes ganz oder teilweise wiederholt werden, setzt man verschiedene Wiederholungszeichen.

Das Haus

Das Haus, auch Klammer genannt, wird dann eingesetzt, wenn zwei Wiederholungen voneinander abweichen. Haus 1 wird beim ersten Durchgang gespielt, während es beim zweiten Durchgang weggelassen wird und statt dessen Haus 2 gespielt wird.

Repeat Bar und Multirest

Wenn einzelne Töne oder ganze Takte mit gleichem Inhalt wiederholt werden sollen oder wenn mehrere Takte pausiert werden soll, können die folgenden Symbole verwendet werden.

Da Capo

Der Begriff Da Capo (ital. = von vorn) wird als D.C. abgekürzt und weist darauf hin, daß das ganze Stück von vorne wiederholt werden soll. Der Hinweis steht üblicherweise unter der Notenzeile.

Dal Segno Segno heißt wörtlich übersetzt Zeichen. Gemeint ist damit das folgende Symbol.

Das Segno-Zeichen wird dann verwendet, wenn größere Teile des Songs wiederholt werden müssen, aber aus bestimmten Gründen keine Wiederholungszeichen mehr gesetzt werden können. Der Hinweis D.S. zeigt dem Musiker, daß er zurück zum Segnozeichen springen muß, um von dort aus weiterzuspielen.
Die folgenden Abbildung zeigt die Verwendung eines solchen Segnos.

Innerhalb einer D.C.- oder einer D.S.- Wiederholung werden alle andere Wiederholungszeichen berücksichtigt. Um Klarheit zu schaffen, sollte hier der Hinweis "senza rep." (senza repetitione, ital. = ohne Wiederholung) erfolgen. Wenn die Wiederholung beachtet werden soll, muß der Hinweis "con rep." (con repetitione, ital. = mit Wiederholung) erfolgen.

Kopf- oder Codazeichen Das Kopf- oder Codazeichen taucht dann auf, wenn ein Teil eines Songs übersprungen werden soll, um in die Coda zu gelangen. Es hat also eine ähnliche Funktion wie das Haus. Das Kopfzeichen sieht folgendermaßen aus:

Die folgenden Abbildungen zeigen den üblichen Gebrauch des Kopfzeichens:

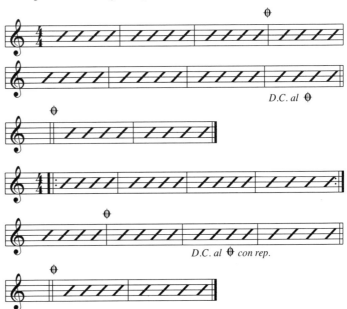

Al Fine Al Fine bedeutet bis zum Schluß. Man verwendet diesen Begriff dann, wenn der Schluß an einer anderen Stelle als am Ende des Stückes ist. Al Fine taucht fast immer in Verbindung mit D.C. oder D.S. auf (D.S. al Fine, D.C. al Fine).

Die folgenden Abbildungen zeigen einen etwas komplexeren Songablauf unter Verwendung der eben gezeigten Zeichen und Hinweise.

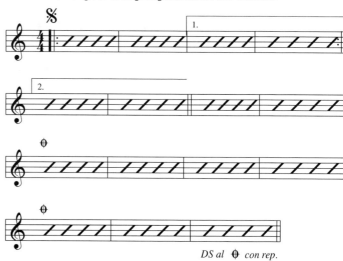

Musikalische Vortragszeichen Musikalische Vortragszeichen sind Zeichen und Hinweise, die sich auf die Interpretation eines Musikstückes beziehen. Dazu gehören alle Tempobezeichnungen, alle Dynamikzeichen für die Lautstärke, und Artikulations- und Phrasierungszeichen. Solche Bezeichnungen stehen meist in italienischer Sprache. Sie werden ausgeschrieben oder abgekürzt. Wir haben, so weit nötig und möglich, auch noch die deutsche oder die englische Übersetzung dazu geschrieben.

Dynamik und Dynamikzeichen Mit Dynamik bezeichnet man in der Musik den Lautstärkegrad einer oder mehrerer Noten. Mit Hilfe dynamischer Vorgänge kann in einem Stück die Spannung gesteigert oder gemindert werden. Bestimmte musikalische Ereignisse können in ihrer Wirkung unterstrichen und hervorgehoben werden.
Auf diese Weise werden wichtige Kontraste geschaffen, die dazu beitragen, daß Musik "lebendig" wird. Es ist die Aufgabe des Arrangeurs, diese dynamischen Vorgänge zu markieren. Wir unterscheiden dabei vier wichtige dynamische Effekte.

Terassendynamik Mit Hilfe von Abkürzungen italienischer Begriffe werden bestimmte Teile eines Stückes in verschiedene Lautstärkegrade unterteilt.
Folgende Abkürzungen werden für die verschiedenen Lautstärken verwendet:

fff – fortissimo possibile, so laut wie möglich
ff – fortissimo, sehr laut

f – forte, laut
mf – mezzoforte, halblaut
mp – mezzopiano, halbleise
p – piano, leise
pp – pianissimo, sehr leise
ppp – pianissimo possibile, so leise wie möglich
fp – fortepiano, nach starkem Hervorheben leiser werden.

Übergangsdynamik Sollen die Übergänge zwischen zwei Lautstärken fließend sein, spricht man von Übergangsdynamik. Zur Markierung solcher Übergänge verwendet man graphische Zeichen oder Abkürzungen. Die folgende Abbildung zeigt die graphische Darstellung mit dem Crescendo- und dem Decrescendozeichen. Crescendo steht für lauter werden und Decrecendo für leiser werden. Statt der Zeichen können auch entsprechende Abkürzungen verwendet werden.

cresc.   – crescendo, lauter werden
decresc. – decrescendo, leiser werden
dim.   – diminuendo, leiser werden
morendo   – ersterbend
fade out – langsam und gleichmäßig leiser werden

Echodynamik Hierbei werden einzelne Teile in einer anderen Lautstärke wiederholt.

Akzentdynamik Akzente gehören eigentlich zu den Artikulationszeichen. Trotzdem kann man sie auch als dynamische Zeichen betrachten. Sie beziehen sich auf einzelne Töne, die durch ein Akzentzeichen in ihrer Lautstärke hervorgehoben werden. Solche Zeichen stehen, je nach Notenhalsrichtung, entweder über den Notenköpfen oder aber generell über der Notenzeile.

∧ = Forzato: Ton wird sehr stark betont   > = Sforzato: Ton wird stark betont
Tonlänge bleibt erhalten   Tonlänge bleibt erhalten

Auf diese Akzente kann man auch mit Abkürzungen hinweisen.
sfz = sforzato oder sforzando   fz = forzato oder rfz = rinforzato

Um dynamische Vorgänge noch feiner und genauer auszudrücken, kann man italienischen Begriffe wie meno, molto usw. verwenden. Eine Tabelle mit diesen Begriffen und deren Erklärungen findet sich im Abschnitt über Tempoangaben.
Dynamische Zeichen und Bezeichnungen stehen immer unter der Notenzeile.
Im Doppelsystem stehen sie zwischen den Zeilen für das obere System und unter der Zeile für das untere System.

Tempobezeichnungen

Tempobezeichnungen sind notwendig, da der Wert des Notensymbols noch nichts über das tatsächliche Tempo aussagt. Der Notenwert sagt nur etwas über die Verhältnisse der Notenlängen zueinander aus. Ein Viertelnote entspricht zum Beispiel zwei Achtelnoten.

Neben einer Vielzahl von Begriffen aus dem Italienischen, die in sehr poetischer Weise ein Tempo skizzieren, wie etwa "vivace" = lebhaft, "allegretto" = bewegt oder "grave" = schwer, gibt es auch die Möglichkeit, das Tempo genau zu messen. Ein solches "Meßgerät" nennt man Metronom. Ein Metronom erzeut ein kurzes klickendes Geräusch. Dieser Metronomschlag wird nun als Maßeinheit verwendet. Metronomschläge sind Schläge pro Minute. Im Normalfall wird die Viertelnote als Zähler verwendet. Am Anfang des Stückes oder bei einer Tempoänderung steht darum folgender Hinweis.

Man kann diese Metronomschläge auch in anderen Notenwerten angeben.

Neben dieser genauen Tempobestimmung gibt es noch die oben schon erwähnten italienischen Tempobezeichnungen. Die folgende Tabelle zeigt die wichtigsten. In Klammer stehen die Metronomschläge zur Orientierung.

prestissimo – äußerst schnell
presto   – schnell (168-200 und mehr)
vivace   – lebhaft
allegro   – schnell, heiter (120-168)
allegretto – etwas bewegt, munter
moderato – mäßig bewegt, nicht zu langsam (108-120)
andantino – ruhig
andante   – gehend, ruhig (76-108)
grave   – träge gehend, schwer
adagio   – langsam
lento   – langsam
larghetto – etwas breit
largo   – breit (40-76)
larghissimo – sehr breit (01-40)

Zahlreiche Zusätze machen es möglich, diese Angaben noch feiner abzustufen. Die wichtigsten sind:

molto   – viel, sehr
un poco   – ein wenig
piu   – viel, mehr
meno   – weniger
poco a poco – nach und nach

Diese Begriffe können auch für alle dynamischen Vorgänge verwendet werden. Zum Beispiel "Poco a poco cresc".

Es hat sich mittlerweile durchgesetzt, daß die Arrangeure diese Bezeichnungen in ihrer Muttersprache schreiben. Hierfür ist jede verständliche Formulierung erlaubt. Trotz dieser Möglichkeiten muß man sich im klaren darüber sein, daß alles, was mit solchen Umschreibungen zu tun hat, unterschiedlich aufgefaßt werden kann, also keine einheitliche Verständigung darstellt. Tempobezeichnungen stehen immer am Anfang eines Stückes über der Notenzeile und gelten, falls keine Änderung auftritt, bis zum Schluß. Eventuelle Tempoänderungen stehen an der entsprechenden Stelle im Stück ebenfalls über der Notenzeile.

Tempoänderungen

Um in einem Musikstück Spannung zu schaffen, gibt es neben der schon erwähnten Lautstärkeänderung weitere, sehr wirkungsvolle Möglichkeiten, das Tempo zu ändern. Vor allem in Film- und Bühnenmusiken wird dieses Mittel eingesetzt, um beispielsweise bei Zeitverzögerungen wie eine "Verlangsamung" in der Handlung, das Tempo entsprechend zu verzögern und so zusätzliche Spannung zu schaffen. Aber auch wenn Musik nicht zu Bildern funktionieren muß, können solche Tempoänderungen zusätzliche Dynamik in die Musik bringen. Die vorgesehenen Zeichen und Bezeichnungen dafür sind:

ritardando, ritenuto - rit.	– langsamer werden
rallentando - rall.	– langsamer werden
accelerando - acc., accel., stringendo	– schneller werden
rubato	– frei im Vortrag
liberamente	– frei im Vortrag
ad libitum - ad lib.	– nach Belieben
a tempo	– im ursprünglichen Tempo

Tempohinweise stehen im allgemeinen immer über der Notenzeile.

Neue Notationsformen

Zu den altbewährten Notationsformen und Gestaltungshinweisen für Tempo und Dynamik gibt es noch neuere Notationsformen, die bestimmte rhythmische und dynamische Vorgänge beschreiben. Es lohnt sich, einen kurzen Blick auf die wichtigsten dieser Notationsformen zu werfen. Eine umfassende Auflistung ist hier nicht möglich, weil immer mehr Komponisten ihre eigenen Notationen erfinden, um ihre Musik noch besser notieren zu können.

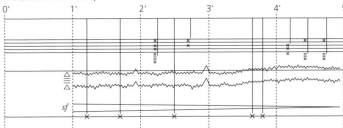

Phrasierung und Artikulation

Phrasierungs- und Artikulationszeichen zeigen den Musikern und Dirigenten, wie einzelne Töne oder kurze Phrasen interpretiert werden sollen. Jeder Musiker/Dirigent hat zwar seine eigene Auffassung von Phrasierung und Artikulation, der Arrangeur sollte aber trotzdem mit Hilfe von Phrasierungsbögen und Artikulationszeichen seine persönliche Vorstellung notieren. Es sollten jedoch nur solche Stellen markiert werden, die von gängigen Phrasierungen bzw. Artikulationen abweichen. Das Ganze läßt sich am besten an einem Beispiel verdeutlichen. Eine Viertelnote hat eine bestimmte Tonlänge. Diese Länge ist wiederum vom Tempo des Stückes abhängig. Was aber nicht heißt, daß der Ton in seiner vollen Länge erklingen muß. Man unterscheidet deshalb zwei grundsätzliche Möglichkeiten der Tontrennung:

1. Legato – gebunden; der Ton erhält seine volle Länge.
2. Non Legato – nicht gebunden;
   die Töne sind hörbar voneinander getrennt.

Artikulationszeichen   Zur Trennung und Markierung einzelner Töne werden die folgenden Zeichen verwendet.

tenuto – breit, gehalten. Die Note erhält ihren vollen Wert.

legato –   gebunden, in einem Atemzug oder ohne erneuten Anstoß oder Anschlag.

portato – getragen, weich angeschlagen oder angestoßen.

staccato – kurz, einzeln gestoßener oder angeschlagener Ton.

∧ = forzato   Die Note wird deutlich lauter betont als andere, erhält aber die volle Länge.

> = Sforzato Die Note wird lauter betont als andere, erhält aber die volle Länge.

Die folgende Abbildung zeigt ein typisches Beispiel für den Einsatz von Artikulationszeichen, wie sie häufig für Bläser – aber auch für andere Instrumente – notiert werden.

Phrasierungsbogen Zur Markierung einer zusammenhängenden Phrase verwendet man den Phrasierungsbogen. Dieser ist nicht zu verwechseln mit dem Halte- oder Bindebogen. Noten, die unter einem solchen Phrasierungsbogen stehen, müssen zusammenhängend, also "in einem Atemzug", gespielt werden. Für Streicher ist ein solcher Phrasierungsbogen gleichzeitig der Hinweis, daß der Geigenbogen nur in eine Richtung geführt wird.

Phrasierungsbögen werden in der Praxis eher selten eingesetzt, meistens dann, wenn der Verlauf einer Phrase äußerst schwer oder gar nicht zu erkennen ist. Eine weitere Möglichkeit der Trennung bietet ein kleines kommaähnliches Zeichen.

Spielanweisungen Spielanweisungen werden gemacht, um den gewünschten Charakter bzw. die Stimmung eines Musikstücks oder einzelner Teile daraus zu veranschaulichen. Wir haben auf eine komplette Auflistung dieser Spielanweisungen verzichtet, weil theoretisch jede Umschreibung einer Stimmung möglich ist. Die folgende Auflistung zeigt daher lediglich ein paar der bekanntesten und wichtigsten Bezeichnungen.

con brio – feurig
dolce – lieblich
grazioso – anmutig
maestoso – erhaben
martellato – gehämmert

Um den Musiker mit einer Spielanweisung nicht zu verwirren, ist es ratsam, sich auf einen klaren und eindeutigen Begriff festzulegen. Außerdem sollte die Spielanweisung mit anderen Hinweisen wie Tempobezeichnung und Dynamik harmonieren. Hier noch einige Beispiele, wie eine falsche Spielanweisung zu einem garantierten Lacher bei den Musikern wird:

Grave con brio - dolce prestissimo - Staccatto grazioso.

Verzierungen   Verzierungen werden gemacht, um einzelne Töne klanglich hervorzuheben und auszuschmücken. Es gibt mittlerweile mehrere allgemeingültige Zeichen, die von jedem Musiker verstanden werden. Die folgenden Abbildungen zeigen uns die "klassischen" Verzierungszeichen. In der Regel können diese von allen Instrumenten ausgeführt werden.

Vorschlagnoten   Vorschlagnoten sind Töne die kurz vor der Hauptnote gespielt werden. Die Hauptnote kann auf ihrer Zählzeit bleiben oder später gespielt werden.

Kurzer Vorschlag

Mehrere Vorschlagnoten

Arpeggio

Triller und Tremolo   Triller und Tremolo sind Verzierungen, bei denen zwei Töne in sehr schneller Folge hintereinander gespielt werden. Beim Triller ist der Zielton der diatonisch nächsthöhere Ton. Auf jeden Fall sollte der Tonumfang eines Trillers nicht größer als eine große Sekunde sein. Alle größeren Intervalle werden als Tremolo bezeichnet.

48

Vibrato   Das Vibrato wird eigentlich nicht notiert. Es handelt sich dabei um eine Ton-modulation. Ein Bläser moduliert seinen Ton durch leichtes Lippenbewegen und ein Saitenspieler durch Hin- und Herdrücken der Saite. In manchen Fällen, wenn ein extremes Vibrato verlangt wird, kann man das folgende Zeichen in Verbindung mit einer Intensitätsangabe (langsam, heftig etc.) verwenden:

Es gibt noch eine Reihe weiterer Verzierungen, die auf einigen Instrumenten gut, auf anderen weniger gut ausgeführt werden können. Wir haben im Kapitel Instrumente auf diese speziellen Ausnahmen hingewiesen und noch weitere für das jeweilige Instrument typische Verzierungen erwähnt. Einige der hier erwähnten Verzierungen haben mehrere Bezeichnungen. Das kommt daher, daß sich die Verzierungen sehr ähnlich sind, im Laufe der Zeit aber unterschiedlich benannt wurden. So sind beispielsweise ein "Fall" und ein "Drop" im wesentlichen dasselbe. Die jeweilige Benennung beruht einzig auf der persönlichen Vorliebe des Arrangeurs.

Shake   Der Shake wird in erster Linie von Bläsern ausgeführt. Der Effekt ist dem Tre-molo sehr ähnlich. Die Töne werden aber nicht angestoßen und die Abfolge der Töne ist deutlich langsamer. Der Tonumfang eines Shakes spielt sich im Terzraum ab.

Portamento und Glissando   Portamento und Glissando sind zwei Verzierungen, bei denen Töne verbun-den werden. Es gibt eine ganze Reihe Variationen davon. Generell unter-scheidet man zwischen dem "glatten", stufenlosen Portamento und dem Glissando, bei dem die Zwischentöne hörbar sind. Des weiteren können diese Effekte mit einem oder mit zwei festgelegten Tönen ausgeführt werden.

Portamento   Portamento ist die stufenlose Verbindung zwischen zwei Tönen. Es kann nur auf bundlosen Saiteninstrumenten und auf einigen Blasinstrumenten wie der Posaune ausgeführt werden.

Fall   Beim Fall "gleitet" man abwärts aus dem Ton. Der Zielton ist nicht definiert. Ein Fall kann kurz oder lang sein. Die folgenden Zeichen deuten darauf hin. Man nennt diesen Effekt auch Drop oder Spill.

Doit   Der Doit ist das genaue Gegenteil des Falls. Er geht nach oben.

Glissando   Glissando ist die schnelle Verbindung zwischen zwei Tönen. Es muß nicht so glatt sein wie ein Portamento. Die Zwischentöne können diatonisch oder chromatisch sein. Man verwendet dasselbe Zeichen wie für das Portamento. Durch den Hinweis "gliss" weiß der Musiker, welchen Effekt er spielen muß.

Rip   Ein Rip ist ein sehr schnelles Glissando oder Portamento zwischen zwei Tönen. Ausgangs- und Zielton sind genau festgelegt. Man hört diesen Effekt sehr oft bei French Horns.

Smear   Beim Smear wird ein Ton etwas tiefer angesetzt und dann zum Zielton hochgezogen. Beim langsamen Smear "gleitet" man aus dem Ton raus und ohne den Ton zu unterbrechen wieder zurück.

Slide   Beim Slide "schleift" man in den Ton hinein. Gitarristen wenden den Slide sehr häufig an.

Zur Erinnerung möchten wir noch einmal darauf hinweisen, daß nicht alle Verzierungen von allen Instrument problemlos ausgeführt werden können. So kann ein Pianist beispielsweise keinen Shake und keinen Slide machen. Derartige Probleme und weitere, spezielle Verzierungsmöglichkeiten der einzelnen Instrumente werden im Kapitel über die verschiedenen Sektionen und deren Instrumente besprochen.

Nachdem wir uns nun eingehend mit den Grundlagen wie Form und Zeichensetzung beschäftigt haben, wollen wir uns den Instrumenten zuwenden. Die folgenden Punkte zeigen noch einmal, was ein Arrangeur bezüglich der Instrumente wissen muß:

1. Bauweise und Tonerzeugung
2. Stimmung und Tonumfang
3. Spieltechnische Grundlagen
4. Schwierige und unspielbare Situationen
5. Sound des einzelnen Instrumentes
6. Sound der Instrumente in den gängigen Kombinationen.
7. Spezielle Effekte

Die Instrumente

Anstatt jedes Instrument einzeln zu besprechen, haben wir sie in spezielle Gruppen oder – besser gesagt – Sektionen unterteilt. Diese sind:

Rhythmusgruppe –	**Rhythm Section**
Blechbläser –	**Brass Section**
Holzbläser –	**Woodwinds**
Bläsersatz –	**Horn Section**
Streichersatz –	**String Section**

Für alle Instrumente gibt es Abkürzungen, die im Anhang auf Seite 227 aufgeführt sind.

Die Rhythmusgruppe

Die Rhythmusgruppe ist der musikalische Kern nahezu jeder Art von Besetzung. Die häufigste Form der Rhythmusgruppe setzt sich aus Rhythmus- und Harmonieinstrumenten zusammen. Rhythmusinstrumente sind Schlaginstrumente wie beispielsweise Becken, Trommeln und Perkussionsinstrumente, die sowohl einzeln als auch in einem sogenannten Drumset kombiniert zum Einsatz kommen. Bedient werden diese Instrumente von einem Schlagzeuger oder Drummer, wie er auch genannt wird. Die harmonische Arbeit in der Rhythmusgruppe verrichten verschiedene Saiten- und Tasteninstrumente. Bevorzugt eingesetzt werden der E-Bass, die E-Gitarre und alle Keyboardinstrumente. Aber auch Blasinstrumente, wie die Tuba oder verschiedene Hornarten, kommen in einigen Fällen zum Einsatz. In einigen Stilistiken kommt es sogar vor, daß die Rhythmusgruppe nur aus Schlaginstrumenten bzw. nur aus Harmonieinstrumenten besteht.

Die Aufgabe der Rhythmusgruppe ist es, ein harmonisches und rhythmisches Fundament für alle weiteren Sektionen einer Band, wie zum Beispiel die Solisten, die Backgroundinstrumente und die Vokalisten zu schaffen. Für den richtigen Rhythmus sorgen die Schlaginstrumente. Die Bassinstrumente legen einen harmonischen Teppich in den tiefen Tonlagen. Die Saiten- und Tasteninstrumente vervollständigen diese "Basis", indem sie mit Hilfe von Akkorden und ergänzenden rhythmischen Phrasen das Klangbild vervollständigen. Die zentrale Rolle bei den verschiedenen Rhythmusgruppenarten spielen aber der Drummer und der Bassist. Sie sind es, die die Rhythmusgruppe zusammenhalten, vor allem durch das Zusammenspiel zwischen Bass und Bassdrum. Sie sind verantwortlich für ein genaues und solides Timing. Sie sind es aber auch, die eine Gruppe swingen lassen. Wir wollen jetzt, ausgehend von der zentralen Figur des Drummers, alle Instrumente kennenlernen, die in einer Rhythmusgruppe auftauchen können. Die folgenden Punkte wurden dabei besonders berücksichtigt.

Welche Instrumente gibt es?
Wie werden sie notiert?
Wie sind sie gestimmt?
Welchen Tonumfang haben sie?
Welche Besonderheiten weisen sie auf?

Der Drummer

Der Drummer bildet das rhythmische Zentrum der Rhythmusgruppe. Seine Aufgabe ist es, mit Hilfe von Trommeln und Becken in verschiedenen Größen den Grundrhythmus zu erstellen. Früher mußte jedes Instrument noch einzeln gespielt werden. Seit der Erfindung der sogenannten Fußmaschinen ist es dem Drummer aber möglich, mehrere Instrumente gleichzeitig zu bedienen. Mit Hilfe dieser Fußmaschinen werden zwei kleine Becken und die große Trommel bedient. Theoretisch kann somit ein Drummer vier verschiedene Rhythmen gleichzeitig spielen. In der Funktion des Drummers gibt es einen wesentlichen Unterschied zwischen traditioneller und populärer Musik. In symphonischen Besetzungen wie Symphonie- oder Blasorchestern muß er dynamische Vorgänge unterstützen. Laute und leise Stellen werden vom Einsatz der Trommeln, Pauken und Becken musikalisch hervorgehoben und abgerundet. In den populären Musikstilen dagegen besteht seine Aufgabe hauptsächlich darin, das Tempo zu halten und den Grundrhythmus zu gestalten.

Die Instrumente des Drummers

Man unterscheidet zwischen zwei Arten von Schlaginstrumenten – den Fellklingern und den Selbstklingern. Die Fellklinger verfügen über einen Resonanzkörper, der mit einem Fell bespannt ist. Hierzu gehören alle Trommelarten und Perkussionsinstrumente wie Timbales und Congas. Der Ton wird erzeugt, indem mit der Hand oder einem festen Gegenstand auf das Fell geschlagen wird. Selbstklinger dagegen sind Instrumente, deren Klang aus dem verarbeiteten Material und der Bauform resultiert. Als Material wird meistens Holz oder Metall verwendet.

Bei beiden Instrumentengattungen ist die Tonhöhe nur wenig oder gar nicht veränderbar. Man kann also von keiner exakten Stimmung ausgehen. Lediglich bei den Fellklingern läßt sich durch Spannen und Lockern der Felle ein Tonhöhenunterschied erreichen. Die einzelnen Instrumente, die ein Drummer zur Verfügung hat, werden zu einem sogenannten Drumset zusammengefaßt. Ein solches Drumset variiert in der Größe, je nach Anwendung und Stilistik. Man kann aber trotzdem von einem Standardset ausgehen.
Eine solche Grundausstattung sollte folgende Instrumente beinhalten:

Stöcke

Mit Hilfe der Stöcke werden bei den Schlaginstrumenten die Töne erzeugt. Die Stöcke, auch Sticks genannt, können für die meisten Musikrichtungen verwendet werden. Stöcke gibt es in verschiedenen Stärken und in verschiedenen Holzarten.

Besen

Die Besen oder Brushes verwendet man hauptsächlich im Jazz oder dann, wenn das Drumset leise klingen soll.

Schlägel

Schlägel (mallets) werden für Pauken verwendet. Man kann aber auch am Drumset interessante Klänge mit Schlägeln bei langsamen Stellen oder dann, wenn ein Becken langsam einschwingen soll, erzielen.

Trommeln Alle Trommeln haben einen zylindrischen Korpus und sind in der Regel mit einem Schlagfell oben und mit einem dünneren Resonanzfell unten bespannt. Die kleine Trommel – man verwendet heute meistens den englischen Namen Snare Drum – hat an der Unterseite Schnarrsaiten, die am Fell anliegen und den etwas hellen, klirrenden Klang dieser Trommel erzeugen. Löst man diese Saiten, klingt die Snare Drum wie eine normale Trommel. Die Snare steht auf einem Ständer vor dem Drummer.

Die große Trommel, auch Bass Drum genannt, steht am Boden vor dem Drummer und wird mit Hilfe einer Fußmaschine gespielt. Weitere wichtige Trommeln im Drum Set sind die Tom Toms. Die Tom Toms sind mit einer Halterung auf der Bass Drum als sogenannte Hängetoms montiert oder sie stehen als Standtoms auf verstellbaren Metallfüßen rechts oder links vom Drummer. Tom Toms sind nach Tonhöhen montiert und aufgestellt. Das heißt, die höchste ist links und die tiefste rechts vom Drummer angeordnet. Die Stimmung eines Tom Tom-Sets liegt etwa zwischen c1 und G.

Becken

Becken oder Cymbals sind runde Metallscheiben, die zur Mitte hin gewölbt sind und in der Mitte eine Kuppe mit einem kleinen Loch haben. Cymbals sind Selbstklinger, die aus verschiedenen Metall-Legierungen wie Messing und Bronze gefertigt werden. Ihr Klang hängt außer vom Material noch vom Durchmesser und der Materialdicke ab. Der Einsatz der Cymbals ist so vielfältig wie ihre Beschaffenheit. Man verwendet sie zur Unterstützung des Grundrhythmus (Hi Hat, Ride), zur Markierung wichtiger Akzente (Crash) und zur Klangfüllung (Splash).

Wichtigstes Becken im Drumset ist die Hi Hat. Es handelt sich um ein Beckenpaar mit kleinem Durchmesser, das mit Hilfe einer Fußmaschine geöffnet und geschlossen werden kann. In der Regel steht die Hi Hat links vom Drummer neben der Snare. Das Ride Becken ist ein etwas größeres und dickeres Becken. Es steht normalerweise rechts vom Drummer. Akzente setzt der Drummer am häufigsten mit dem Crash Becken, ein etwas dünneres Becken mit großem Durchmesser. Zum Füllen wird ein meist sehr dünnes Splash Becken verwendet.

Alle Becken können mit den bekannten Stöcken gespielt werden. Man erhält je nach Stockart verschiedene Soundvarianten. Auch die Position, an der das Becken gespielt wird, ermöglicht verschiedene Klangfarben. Je weiter außen ein Becken gespielt wird, desto mehr schwingt es sich ein, desto voller klingt es.

Tonumfang, Stimmung, Notation

Wie schon erwähnt, wird bei Schlaginstrumenten der Ton durch Anschlagen eines gespannten Fells oder eines festen Körpers erzeugt. Aus diesem Grund kann bei Schlaginstrumenten nicht von einer eindeutigen Tonhöhe des gespielten Tones ausgegangen werden. Beim Schlagzeug werden deshalb keine gespielten Töne notiert, sondern die verwendeten Instrumente.

Jedes Instrument bekommt ein spezielles Symbol, das eine bestimmte Position im Notensystem hat. Für die Notation der Schlagzeugstimme verwendet man den Perkussionsschlüssel und folgende Notensymbole:

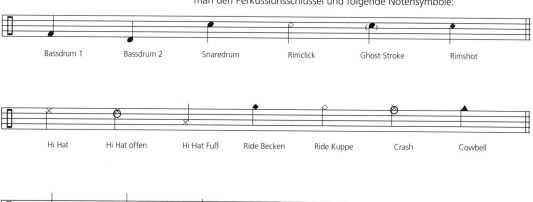

Zusätzliches Equipment

Manche Drummer verwenden neben ihrem Standardset noch weitere Instrumente. Meistens handelt es sich dabei um zusätzliche Becken und Tom Toms. Aber auch verschiedene Perkussionsinstrumente lassen sich in ein Drumset integrieren und können so mitbenutzt werden. In den meisten Fällen ist das die Cowbell. Nach Möglichkeit sollte man sich mit dem Drummer, für den man schreiben muß, in Verbindung setzten, um so herauszufinden, welches Equipment er benutzt.

Spezielle Schlagtechniken

Rimshot Beim Rimshot wird das Fell und der Kesselrand der Snare gleichzeitig angeschlagen. Der Rimshot ist ein lauter und markanter Schlag.

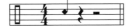

Rimclick (Side Stick) Der Drummer legt das Ende seines Stockes auf das Fell der Snare und schlägt mit der Mitte des Stockes gegen den Kesselrand. Dadurch entsteht ein klickendes Geräusch.

Stop Das Becken wird gleich nach dem Anschlag mit der Hand stumm gemacht. Es ist ein sehr guter Effekt, um Akzente zu setzen und zu unterstreichen.

Die Schlagzeugstimme Für eine Drumstimme können jederzeit die vier Hauptnotationsarten verwendet werden. Durch die Möglichkeit, jedes einzelne Instrument des Drumsets zu notieren, kann man dem Drummer auch eine komplette Stimme ausnotieren. Dies empfiehlt sich aber nur bei Stücken, in denen dem Komponisten oder dem Arrangeur ein bestimmter Rhythmus vorschwebt, der von einem der bekannten Standardrhythmen abweicht. Es ist deshalb ratsam, sich auf die wichtigsten Informationen zu beschränken, um die Schlagzeugstimme lesbar und übersichtlich zu gestalten.
Die folgenden Abbildungen zeigen Beispiele einer Drumstimme in den vier Hauptnotationsarten:
Leadsheet mit Slashes

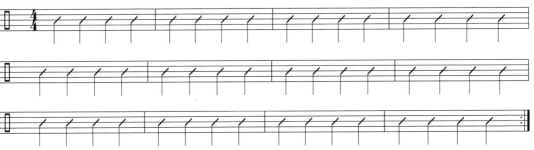

Leadsheet mit rhythmischen Akzenten

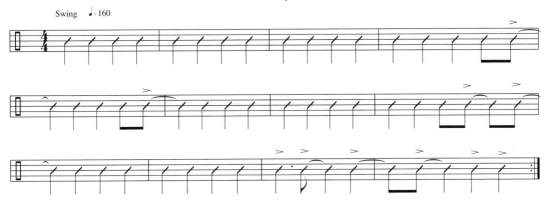

Teilweise ausnotierte Stimme

Ausnotierte Stimme

Besondere Angaben in einer Schlagzeugstimme	Die Drumstimme sollte, egal welche Notationsform gewählt wird, folgende wichtige Angaben enthalten:

Die Drumstimme sollte, egal welche Notationsform gewählt wird, folgende wichtige Angaben enthalten:

a. Tempoangabe

b Angaben zu Instrumenten, die vom Standardset abweichen. Dazu zählen auch Sticks, Besen oder Schlägel.

c. Spieltechnische Angaben wie Fill in, Break, Solo und Stop Time.

d. Stilistikangaben, wie beispielsweise Blues, Samba, Walzer etc.

Zusammenfassung

Als Arrangeur sollte man darauf achten, daß der Bassist und der Drummer eine rhythmische Einheit bilden und die Grooves sowie wichtige Akzente zusammen spielen. Das gilt besonders für das Zusammenspiel zwischen Bass und Bass Drum. Arbeitet man mit einem erfahrenen Drummer zusammen, ist es oft hilfreich, ihm bei Rhythmus- oder Fillangaben den Namen eines stilprägenden Drummers als Orientierungshilfe zu nennen. Dadurch weiß der Drummer in etwa, welche klanglichen und spieltechnischen Vorstellungen der Arrangeur hat. Weitere Beispiele einer Drumstimme sind im Groovekatalog abgebildet und erläutert.

Der Bassist Der Bassist hat seinen Namen von der Tonlage, in der sein Instrument klingt. Bassinstrumente sind Instrumente, die auf Grund ihrer Bauweise in den tiefen Lagen klingen und somit ein wichtiges harmonisches Fundament legen. Bassinstrumente gibt es in nahezu allen Instrumentengattungen. Die folgende Abbildung zeigt den Tonbereich, der üblicherweise als Basslage für Singstimmen angegeben wird.

Tonumfang Basslage

Die wichtigsten Bassinstrumente der Rhythmusgruppe sind der E-Bass und der Kontrabass. Je nach Besetzung kann aber auch das Klavier, das Keyboard und die Tuba deren Funktion übernehmen.
Wir werden uns zunächst dem E-Bass und dem Kontrabass zuwenden. Die anderen Bassinstrumente werden dann in ihren jeweiligen Instrumentengattungen noch ausführlich erklärt. In der Rhythmusgruppe hat der Bassist die Aufgabe, eine harmonische Basis zu schaffen und gleichzeitig rhythmische Akzente zu setzen oder solche zu unterstützen. Gemeinsam mit dem Drummer bildet er das musikalische "Herz" der Rhythmusgruppe. Wir werden aufgrund einiger Unterschiede in der Bauweise E-Bass und Kontrabass gesondert betrachten.

Der E-Bass Der E-Bass gehört zur Gattung der Saiteninstrumente. Er ist in seiner Form und Bauweise der E-Gitarre sehr ähnlich, hat jedoch eine längere Mensur, das heißt, der schwingende Bereich seiner Saiten ist länger. Man unterscheidet grundsätzlich zwei Typen:
Den E-Bass mit Bünden und den E-Bass ohne Bünde, den sogenannten "Fretless Bass".
E-Bässe verfügen in der Regel über vier Saiten. Die Schwingung der Saiten wird mit Hilfe eines oder mehrerer Tonabnehmer abgenommen und mittels eines Verstärkers über Lautsprecher hörbar gemacht.

Viersaiter   Fünfsaiter

Es gibt auch fünfsaitige E-Bässe, entweder mit einer zusätzlichen tiefen B-Saite oder einer zusätzlich hohen C-Saite, sowie sechssaitige E-Bässe, die über eine tiefe B- und eine hohe C-Saite verfügen. Die Saiten eines Basses werden meistens mit den Fingern gezupft oder mit einem Plektrum angeschlagen. Anfang der siebziger Jahre wurde die Slaptechnik sehr populär. Diese perkussive und sehr effektvolle Spieltechnik wird hauptsächlich in der Pop-, Funk- und Soulmusik angewandt. Sie wird später noch genau erklärt.

Der Kontrabass

Auch der Kontrabass ist ein Saiteninstrument und stammt aus der Familie der Violinen. Er ist ein bundloses Instrument und kann pizzicato, also mit Fingern gezupft - oder arco, mit einem Bogen gestrichen werden. Sein Tonumfang entspricht dem eines vierundzwanzigbündigen viersaitigen E-Basses.
Der Kontrabass war von Beginn an das wichtigste Bassinstrument in der populären Musik, wurde aber im Laufe der Zeit vom wesentlich handlicheren E-Bass verdrängt. Außer im Jazz, in der Klassik und in einigen volkstümlichen Besetzungen kommt er heute kaum noch zum Einsatz.

Tonumfang, Stimmung, Notation

Der Bass gehört zu den sogenannten transponierenden Instrumenten. Er wird im Bass- oder F-Schlüssel notiert und klingt eine Oktave tiefer als er im Notenbild notiert wird.

klingend   notiert

Die Leersaiten des Basses werden wie folgt notiert.

Die folgende Abbildung zeigt den Tonumfang, den jeder Bass hat. Die in Klammern notierten Noten zeigen den erweiterten Tonumfang der 5-saitigen und 6-saitigen Bässe sowie der Bässe mit mehr als 20 Bünden.

Die Basslinie

Den rhythmischen und melodischen Ablauf, den ein Bassist spielt, nennt man Basslinie. Da eine Basslinie zu den wichtigsten harmonischen und rhythmischen Elementen eines Musikstückes gehört, sollte ihr beim Schreiben sehr viel Aufmerksamkeit und Sorgfalt geschenkt werden.
Wir wollen ein paar der wichtigsten Standardbasslinien und ihre Entstehung näher betrachten.

Die wichtigsten Merkmale einer Basslinie

Folgende Regeln sollen dazu beitragen eine spielbare Stimme zu schaffen.
1. Der erste Ton eines neuen Taktes bzw. eines neuen Akkordes sollte immer der Grundton sein.
2. Um ein harmonisches Fundament zu bilden, sollte eine Baßstimme in erster Linie Grundton, Quinte und Oktave des jeweiligen Akkordes enthalten.
3. Eine Basslinie sollte harmonisch wie auch rhythmisch einfach und durchsichtig und der jeweiligen Stilistik dienlich sein.
4. Die rhythmische Figur sollte auch für den Drummer mit der Bassdrum spielbar sein.

Walking Basslinie Am besten läßt sich die Konstruktion einer Basslinie am Beispiel einer Walking Basslinie veranschaulichen. Eine solche Basslinie besteht fast ausschließlich aus durchlaufenden Viertelnoten, daher auch ihr Name.

Zur Auflockerung können kurze Achtelfiguren eingebaut werden.

Sogenannte "Drops", das sind kurze Läufe mit Achteltriolen, haben den gleichen Effekt.

Walking Basslinien kommen in fast jeder Art von populärer Musik zum Einsatz. Beispiele hierzu finden sich im Groovekatalog. Der Bassist spielt die vier Hauptzählzeiten. Auf den 1. und 3. Taktschlag kommt ein Grund- oder Akkordton. Auf den 2. und 4. Taktschlag kommt ein Grund-, Skalen-, Akkordton oder aber ein chromatischer Verbindungston zu der nächsten Hauptzählzeit. Zusätzlich zur Walking Basslinie sollten immer die Akkordsymbole über den Takten stehen.

Swing Walking Basslinie

Ballade und Half-Time-Feel Half-Time-Feel oder Two-Feel ist die Bezeichnung für einen Rhythmus, der durch die von Bass und Schlagzeug gespielten halben Noten ruhiger und gelassener wirkt. Wie bei der Walking Basslinie werden auf den ersten Taktschlag Grundtöne gespielt. Die zweite Halbe Note sollte immer ein Akkordton sein, also Terz, Quinte oder Septime.

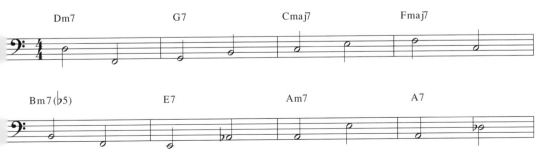

Latinbasslinien Bei lateinamerikanischer Musik wie Samba, Bossa Nova, Salsa oder den lateinamerikanischen Tänzen Rumba, Tango und Cha Cha Cha spielt der Bassist fast ausschließlich Grundtöne und Quinten der jeweiligen Akkorde. Ein besonderes Merkmal der Latinbasslinie ist eine spezielle rhythmische Figur, die konsequent durchgespielt wird.

Bossa Basslinie

Samba

Salsa

Tango

Basslinien mit spezieller Rhythmik Oft genügt es nicht, eine der Standardbasslinien zu verwenden. Der Arrangeur muß dann eine spezielle Basslinie schreiben, die dem Stück und dessen Stilistik gerecht wird. Solche Basslinien können in allen populären Musikrichtungen vorkommen. Vor allem aber bei Funk- und Fusiontiteln und in der Rockmusik. Eine solche Basslinie orientiert sich am Charakter des Stückes und wird häufig synchron zur Bass Drum des Drummers geschrieben.
Im folgenden sind einige Beispiele für solche Basslinien notiert.

Pedalbasslinie Man spricht von einer Pedalbasslinie, wenn ein tiefer Basston in einem bestimmten Rhythmus ständig wiederholt wird. Ihr Reiz liegt darin, daß die darüberliegenden Harmonien sich ändern und durch den gleichbleibenden Basston eine immer neue Farbe erhalten. Je nach Beziehung des Basstons zur Harmonie kann eine Pedalbasslinie Spannung oder Entspannung bewirken.

Ostinate Basslinie Ostinate Basslinien sind kurze, rhythmisch gleichbleibende Linien oder Phrasen – man spricht auch von einem Riff –, die unter einem musikalischen Motiv liegen.

Notationsmöglichkeiten

für eine Basslinie Es können wieder die vier Hauptnotationsformen verwendet werden. Handelt es sich um keine komponierte Basslinie, eignet sich das Leadsheet mit Akkorden und rhythmischen Akzenten. Der Bassist kann sich nach den Akkordsymbolen richten und selbst die Töne auswählen. Ein Hinweis zur Stilistik gibt ihm außerdem Aufschluß über die Rhythmik.

Leadsheet mit Slashes

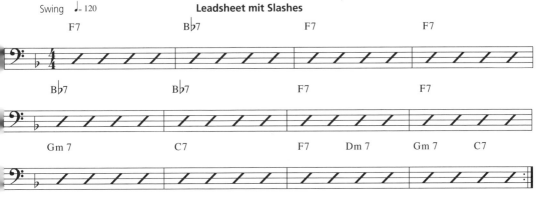

Leadsheet mit rhythmischen Akzenten

Teilweise ausnotierte Stimme

Ausnotierte Stimme

Spezielle Spieltechniken

und Effekte

Slapbasstechnik

Eine besonders interessante Spieltechnik ist die Slapbasstechnik. Sie hat sich vor allem in der Rockmusik, in Funk und Soul und in der Fusionmusik durchgesetzt. Slappen setzt sich aus vier Elementen zusammen:

1. Das Anschlagen der Saite mit dem Daumen der Schlaghand (T = Thumb).
2. Das Abdämpfen der Saiten mit der Greifhand (L = Linke Hand).
3. Das Anreißen der Saiten mit dem Zeige- und Mittelfinger der Schlaghand (S = Slap).
4. Das perkussive Anschlagen bzw. Anreißen der Saite durch Daumen oder Finger, wobei die Greifhand die Saiten abdämpft (x als Note = perkussiver Klang, kein Ton erklingt).

Die folgenden Symbole werden zur Notation einer Slapbasslinie verwendet:

Slides

Beim Slide werden zwei Töne durch Rutschen des Fingers verbunden. Dabei wird der erste angeschlagen, der zweite jedoch nicht. Dies kann sowohl von einem hohen zu einem tiefen Ton wie auch umgekehrt geschehen. Der Slide macht sich besonders gut auf bundlosen Instrumenten.

Vibrato

Beim Vibrato wird der Ton durch seitliches Verziehen der Saite in leichtes Schwingen versetzt. Dieser Effekt eignet sich vor allem bei lang ausgehaltenen Tönen (s.Seite 49).

Hammer On, Pull Off

Es handelt sich hier um eine Form der Legatotechnik. Ein Ton wird angeschlagen, während der zweite durch Aufschlagen beim Hammer On und durch Abziehen beim Pull Off erzeugt wird.

Flageolett

Flageolett-Töne sind Obertöne, die durch leichtes Auflegen des Fingers an bestimmten Stellen der Saite, genauer gesagt an den Teilungspunkten der Saite (Hälfte, Drittel, Viertel...) hörbar werden. Solche Flageolett-Töne können auf allen Saiteninstrumenten gespielt werden. Ihr Klang läßt sich mit Worten nur schwer beschreiben. Es ist ein hoher, weichklingender Ton. Man nennt die Flageoletts auch "Harmonics".
Es gibt mehrere Notationsmöglichkeiten für Harmonics. In der populären Musik hat sich die Folgende durchgesetzt. Wir werden später bei den Violinen noch weitere kennenlernen. Es empfielt sich zusätzlich "Harm." über die Noten zu schreiben.

Schweres und Unspielbares

Es ist ratsam, grundsätzlich für einen viersaitigen Bass zu arrangieren. Somit kann man sicher sein, daß die Basslinie mit jedem Basstyp gespielt werden kann. Wird ein fünf- oder sechssaitiger Bass benötigt, müssen die Besonderheiten dieser Instrumente in der Notation berücksichtigt werden. Zu große Intervalle und zu große Sprünge können bei zu hohem Tempo zum unlösbaren Problem für den Bassisten werden. Es empfiehlt sich deshalb, die Griffbrettübersicht auf Seite 226 zu studieren.

Zusammenfassung

Eine Bass-Stimme sollte folgende Punkte beinhalten: Stilangabe, Tempoangabe, Spielangabe (pizzicato, Bogen, Plektrum), Akkordsymbole. Arbeitet man mit einem erfahrenen Bassisten zusammen, ist es überaus sinnvoll, ihm bei Groove-, Rhythmus- oder Fillangaben den Namen eines stilprägenden Bassisten zu nennen. Man kann auf diese Weise seiner klanglichen Vorstellung besser Ausdruck verleihen.

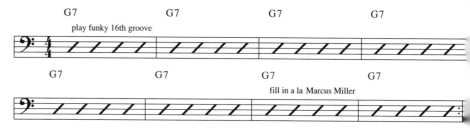

Der Gitarrist

Lange Zeit galt die Gitarre als das typische Rhythmusinstrument. Deshalb spricht man in diesem Zusammenhang auch vom "Akkorde schrubben", was wohl daher kommt, daß viele Gitarristen, wenn sie begleiten, vorzugsweise die vier Hauptzählzeiten spielen, also einen Akkord pro Taktschlag. Heutzutage ist die Aufgabe des Rhythmusgitarristen wesentlich umfangreicher und spezieller geworden. Die Arbeit des Gitarristen wird als "comping" (engl. = begleiten) bezeichnet. Seit der Erfindung der Elektrogitarre hat sich diese auch als Melodie- und Soloinstrument in fast allen Stilrichtungen durchgesetzt. Die Verwendungsmöglichkeiten dieses Instrumentes sind nahezu unbegrenzt, was auch auf die Vielfalt der Bauweisen zurückzuführen ist. Die Gitarre ist in der klassischen Musik genauso beheimatet wie in der Rock- und Popmusik oder der Folklore.

Konzertgitarre

E-Gitarre (Solidbody)

Das Instrument Die Gitarre ist wie der Bass ein Saiteninstrument. Im Gegensatz zum Bass hat sie allerdings sechs Saiten. Die Gitarre wird als Rhythmus- und Melodieinstrument eingesetzt. Man spielt sie mit den Fingern oder mit einem Plektrum.

Akustische Gitarren Akustische Gitarren sind aus Holz gebaut und verfügen über einen eigenen Resonanzkörper, der die Schwingung der Saite überträgt und verstärkt. Man muß deshalb berücksichtigen, daß die Akustikgitarre, wenn sie nicht elektronisch verstärkt wird, nur eine begrenzte Lautstärke erreicht.

Elektrische Gitarren Bei den elektrischen Gitarren wird die Saitenschwingung mit Hilfe von Tonabnehmern abgenommen und über einen Verstärker mit Lautsprecher verstärkt. Die folgende Abbildung zeigt weitere gängige Bauweisen.
Von links nach rechts: Westerngitarre, 6- oder 12-saitige akustische Gitarre mit Stahlsaiten. Semiakustik, 6-saitige Halbresonanz-E-Gitarre mit Stahlsaiten. Hollowbody, 6-saitige Vollresonanz-E-Gitarre mit Stahlsaiten.

Tonumfang, Stimmung, Notation

Wie der Bass, so ist auch die Gitarre ein transponierendes Instrument. Sie wird eine Oktave höher geschrieben als sie klingt. Die Gitarre wird im Violinschlüssel notiert.

Die sechs Leersaiten der Gitarre werden folgendermaßen notiert:

Je nach Typ und Bauweise variiert der Tonumfang der Gitarren. Eine normale klassische Gitarre hat 19 Bünde, während es mittlerweile E-Gitarren mit 24 Bünden gibt. In der folgenden Abbildung ist der gängige Tonumfang der Gitarre notiert.

Comping Möglichkeiten

Im folgenden werden wir uns die Möglichkeiten anschauen, die ein Gitarrist hat, wenn er als Rhythmusgitarrist eingesetzt wird.

Das Leadsheet

Am häufigsten wird man dem Gitarristen ein Leadsheet mit Akkordsymbolen und rhythmischen Akzenten schreiben. Er hat dann die Möglichkeit, die Griffbilder der Akkorde und den Rhythmus selbst zu wählen.

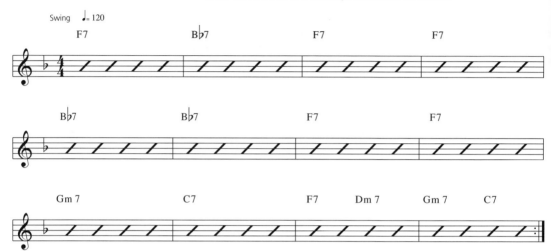

Es kommt vor, daß der Gitarrist einen ganz speziellen Akkord greifen muß. Dieser Akkord muß dann ausnotiert werden. Hier ist jedoch Vorsicht geboten. Viele Akkorde, die auf einem Klavier gut klingen und leicht spielbar sind, können auf der Gitarre weniger schön klingen oder sogar unspielbar sein.

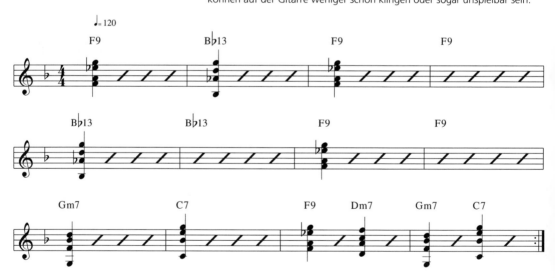

Auch spezielle Rhythmen und Kicks können in ein Gitarrenleadsheet notiert werden.

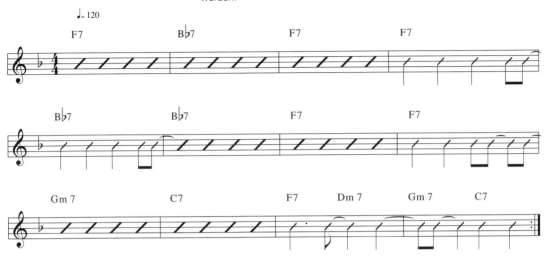

Am schwierigsten wird es für einen Gitarristen, wenn seine Begleitstimme komplett ausnotiert ist. Im Buch auf Seite 29 ist eine solche Stimme abgebildet.

Single Note Comping Eine sehr reizvolle Aufgabe ist das Single Note Comping. Hier spielt der Gitarrist ein Riff mit einzelnen Tönen, passend zu den Akkorden. Diese Art der Begleitung bringt auch eine interessante Klangfarbe in ein Arrangement. Single Note Comping klingt sehr durchsichtig und liefert einen weiteren rhythmischen Akzent im Arrangement.

Meistens genügt schon der Hinweis single note comping ad lib. Ist jedoch eine Stelle ausnotiert, muß diese selbstverständlich gespielt werden.

Bass-Stimme Doppeln Die Gitarre eignet sich hervorragend zum "doppeln" beliebiger Stimmen. Das heißt, statt den Gitarristen nur Akkorde begleiten zu lassen, kann man ihn zum Beispiel an markanten Stellen die Baßstimme mitspielen lassen.

Der Powerchord Ganz besondere Erwähnung verdient ein Akkord, der am besten auf der E-Gitarre mit Verzerrer klingt: Der sogenannte Powerchord. Der Powerchord ist ein Akkord ohne Terz. Er besteht also nur aus Grundton und Quinte. Er kommt in nahezu jedem Rocktitel zum Einsatz. Am besten klingen sie in den tieferen Lagen der Gitarre, vor allem wenn der Grundton auf der E- oder A-Saite liegt. Die folgende Abbildung zeigt die drei Powerchordtypen.

Powerchords sind sehr leicht zu greifen und eignen sich daher auch für schnellere Akkordwechsel. Ein schöner Effekt ist es, die Baßstimme mit Powerchords zu doppeln. Man erhält dadurch mehr Druck und das Arrangement bleibt durchsichtig.

Schweres und Unspielbares Je enger die Lage eines Akkordes, desto schwerer wird es für den Gitarristen, diesen zu greifen. Die folgende Abbildung zeigt eine Reihe schwer- und unspielbarer Akkorde.

Um ganz sicher zu gehen, daß man Akkorde richtig notiert hat, empfiehlt es sich, auf Seite 226 die Griffbrettübersicht zu studieren. Bei "kritischen" Akkorden ist es ratsam, immer das Akkordsymbol mit anzugeben.
Eine weitere Möglichkeit ist es, den obersten Ton eines Akkordes anzugeben und das folgende Zeichen an die Note anzufügen.

Der Gitarrist legt sich nun selbst die restlichen passenden Töne zurecht. Man nennt diese Technik "voice down". (voice = Stimme bzw. voicing = Akkord)

Eine weitere "Falle", die Gitarristen oft gestellt wird, sind zu schnelle Akkordwechsel.

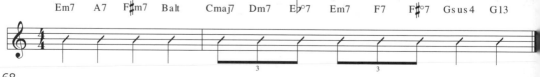

Spezielle Sounds und Effekte

In einer Gitarrenstimme darf nie der Hinweis fehlen, welches Instrument der Gitarrist verwenden soll. Beim Einsatz der E-Gitarre ist es außerdem wichtig, zu erwähnen, ob der Gitarrist sein Instrument "clean" (ohne Verzerrer) oder "distorted" (mit Verzerrer) spielen soll. Neben einer Vielzahl von elektronischen Effekten wie Verzerrer, Echo oder Chorus gibt es einige spieltechnische Tricks, die von den meisten Gitarristen beherrscht werden.

"Geigeneffekt"

Voraussetzung hierfür ist eine E-Gitarre. Der Trick dabei ist, daß der Ton angeschlagen wird, während der Lautstärkeregler der Gitarre auf Null steht. Gleich nach dem Anschlag dreht der Gitarrist den Regler hoch und der Ton "schwillt" langsam an. Man kann diesen Effekt sowohl mit einem cleanen wie mit einem verzerrten Sound machen. Das Ergebnis hört sich ähnlich wie eine Geige an.

Ton mit Volume-Regler   anschwellen lassen

Bottleneck

Der Bottleneck ist ein kleines Glas- oder Metallröhrchen, das meistens über den kleinen Finger geschoben wird. Der Gitarrist zieht damit über die Saiten, ohne diese niederzudrücken. Dieser Effekt eignet sich gut für lange Slides über mehrere Töne. Er wird sehr oft in der Country & Western Musik eingesetzt. Das Bottleneckspiel funktioniert am besten auf Gitarren mit Stahlsaiten.

Palm Mute

Soll der Gitarrist muffled (engl. = gedämpft) spielen, so heißt das, daß er seinen Handballen in Stegnähe leicht auf die Saiten legt. Man nennt dies Palm Mute. Dieser Effekt wird gerne in Verbindung mit Powerchords und Single Note Comping eingesetzt und läßt sich auf allen Gitarren ausführen. Folgender Hinweis zeigt dem Gitarristen, was zu tun ist.

Palm Mute   – – – – – – – – – – – – – – –

Stringbending

Das Stringbending ist eine Spieltechnik, die ausschließlich den Saiteninstrumenten vorbehalten ist und hier vorzugsweise der Gitarre. Der Gitarrist greift dabei einen Ton und erreicht durch Verziehen der Saite eine andere Tonhöhe. Diese Technik läßt sich am einfachsten auf den hohen, dünnen Saiten ausführen. Der Tonumfang, den ein Gitarrist ziehen kann, bewegt sich zwischen einer kleinen Sekunde und einer Quarte.

Natürlich kann ein Gitarrist auch die bereits beim Bass erwähnten Techniken Slide, Hammer On und Pull Off ausführen.

Whammybar

Manche Gitarren sind mit einem sogenannten Whammybar (Vibratoarm) ausgestattet. Dieser Hebel ist am Steg angebracht und dient dazu, die Saitenspannung zu lockern. Durch Niederdrücken oder Auf- und Abbewegen kann der Ton in seiner Tonhöhe verändert werden. Je nach Einstellung können die Saiten bis zur totalen Erschlaffung gelockert werden.

Press Whammy

Andere Saiteninstrumente

Neben den verschiedenen Gitarrentypen gibt es noch eine ganze Reihe weiterer Saiteninstrumente, die meistens folkloristischen Ursprungs sind. Von der Gitarre unterscheiden sie sich in der Regel durch ihre Korpusform, ihre Besaitung und ihre Stimmung. Was die Bespielbarkeit angeht, so trifft in der Regel dasselbe zu wie bei der Gitarre. Um diese Instrumente besser kennenzulernen, empfiehlt es sich, Tonträger mit Musik der entsprechenden Länder zu besorgen, um so mehr über den Einsatz dieser Instrumente zu erfahren. Die folgenden Tabelle zeigt die gebräuchlichsten "Exoten", ihre Stimmung und ihren Tonumfang.

Ukulele

Die Ukulele ist ein kleines, gitarrenähnliches Saiteninstrument aus Hawaii. Sie wird solistisch und akkordisch eingesetzt und mit Fingern und Plektrum gespielt.

Leersaiten — Tonumfang

Balalaika

Die Balalaika ist ein ukrainisches Saiteninstrument mit dreieckigem Korpus in verschiedenen Größen und wird solistisch und akkordisch eingesetzt. Sie wird mit den Fingern oder einem Plektrum gespielt.

Leersaiten

Prim Balalaika — Sekund Balalaika — Alt Balalaika — Bass Balalaika — Kontrabass Balalaika

Tonumfang

Mandoline

Die Mandoline ist ein kleines Saiteninstrument mit einem meist stark gewölbten Korpus. Sie wird in erster Linie mit italienischer Folklore in Verbindung gebracht, kommt aber auch in vielen anderen Stilen wie beispielsweise Country & Western vor. Die Mandoline ist mit vier Doppelsaiten bespannt. Sie wird meistens mit einem Plektrum gespielt.

Leersaiten — Tonumfang

Banjo

Das Banjo hat einen Korpus, der einer kleinen Trommel sehr ähnlich ist. Es ist mit einem Fell bespannt und hat kein Schalloch. Beim Banjo unterscheidet man drei Arten.

Gitarrenbanjo

Dieses sechsaitige Banjo ist genauso wie eine Gitarre gestimmt.

Leersaiten — Tonumfang

Tenorbanjo Das viersaitige Banjo hat folgende Stimmung.

Leersaiten   Tonumfang

Fivestring Banjo Es hat die selbe Bauweise wie die anderen Banjos, ist aber mit fünf Saiten bespannt.

Leersaiten   Tonumfang

Harfe Eine besondere Erwähnung gebührt der Harfe. Sie gehört zur Familie der Saiteninstrumente und leider auch zu einer aussterbenden Gattung. Gründe dafür gibt es viele.

Zum ersten ist sie in keiner Besetzung so richtig verankert, ausgenommen vielleicht in Symphonieorchestern. Zum zweiten ist sie sehr groß und daher schwer zu transportieren. Da es kein sehr populäres Instrument ist, gibt es auch nicht viele Musiker, die es lernen wollen und folglich wenig Komponisten, die die Harfe in ihren Werken berücksichtigen.

In der populären Musik kam sie durch den Schweizer Harfenvirtuosen Andreas Vollenweider, der dieses Instrument solistisch in seiner Musik einsetzte, zu Ruhm. Zu einem weiterer Glanzpunkt in ihrer Karriere verhalf ihr der Komiker Harpo Marx von den legendären Marx Brothers, dessen Spitzname sogar auf das Instrument zurückzuführen ist (harp, engl. = Harfe). In jedem ihrer Filme ist ein Harfensolo zu hören.

Trotz aller Probleme ist das Klangbild der Harfe durch nichts zu ersetzen. Am wenigsten durch ein Klavier, was leider häufig gemacht wird. Wir wollen uns kurz die Bauweise und die Stimmung dieses Instrumentes betrachten. Die Harfe ist ein nichttransponierendes Instrument, das mit den Fingern und zwar beidhändig gezupft wird. Es kann akkordisch wie auch solistisch eingesetzt werden.

Die moderne Doppelpedalharfe hat 47 Saiten und ist diatonisch in Ces-Dur gestimmt. Jede Saite mit gleichem Namen kann mit Hilfe eines Pedales entweder um einen Halbton durch einen einfachen Pedaltritt, oder um einen Ganzton durch doppelten Pedaltritt umgestimmt werden. Durch diesen Vorgang wird die Harfe zu einem chromatischen Instrument. Die folgende Abbildung zeigt den gebräuchlichen Tonumfang einer Harfe, die wie ein Klavier im Doppelsystem notiert wird.

Da die Harfe mit beiden Händen gespielt wird, die Finger aber nur bedingt gespreizt werden können, kann es bei zu vielen großen Intervallen Greifprobleme geben.

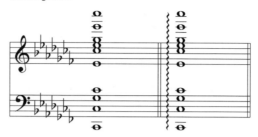

Besonders schöne und für die Harfe typische Effekte sind schnelle und lange Akkordbrechungen.

Die Harfe ist wie alle Saiteninstrumente ein hervorragender "Begleiter". Ihr Klang mischt sich gut mit allen anderen Instrumenten. Es muß lediglich bedacht werden, daß die Harfe nicht sehr laut ist. Für einen Harfenisten sollte nach Möglichkeit eine ausnotierte Stimme geschrieben werden. Ein guter Harfenist nimmt sich dann die Freiheit, unklare oder unspielbare Stellen entsprechend zu verändern. Ein Umstand, der übrigens auf alle Instrumentalisten zutrifft und der schon so manchem Arrangeur zu unverdienten Lorbeeren verhalf.

Der Keyboarder

Im musikalischen Sprachgebrauch bedeutet Keyboard wörtlich übersetzt "Tastenbrett". Gemeint sind damit alle Tasteninstrumente egal welcher Tonerzeugung. Am bekanntesten und in fast allen Musikstilen beheimatet ist ohne Zweifel das Klavier, auch Piano genannt.
Neben der Gitarre ist das Klavier das wichtigste Harmonie- und Melodieinstrument in einer Rhythmusgruppe. Seit den siebziger Jahren haben sich auch die elektronischen Pianos, die Orgeln und die Synthesizer eine festen Platz in vielen Musikstilen gesichert.

Die akustischen Tasteninstrumente

Die folgende Abbildung zeigt die zwei wichtigsten akustischen Tasteninstrumente. Je nach Hersteller und Größe können sie in ihrem Aussehen variieren.

Flügel   Klavier

Die elektronischen Tasteninstrumente   Die folgende Abbildung zeigt ein elektronisches Tasteninstrument. Auch hier gibt es je nach Hersteller zahlreiche Varianten.

Tonumfang, Stimmung, Notation   Alle Keyboards und Klaviere sind nicht transponierende Instrument. Sie klingen wie sie notiert sind. Für die Notation eignen sich wieder die vier Hauptnotationsarten. In vielen Fällen wird aber das Doppelsystem verwendet. Dieses enthält sowohl den Violin- wie auch den Bass-Schlüssel. In der folgenden Abbildung sind die Tonumfänge des Flügels und der gängige Tonumfang eines Keyboards notiert.

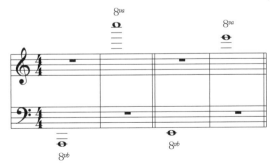

Bei den meisten Keyboards kann der Tonumfang elektronisch erweitert werden. Es empfiehlt sich Informationen darüber einzuholen, welche Keyboards mit welchen Soundmöglichkeiten zur Verfügung stehen.

73

Notationsmöglichkeiten für Tasteninstrumente Prinzipiell gilt für die Tasteninstrumente dasselbe wie für die Gitarre. Jedoch wird es häufiger nötig sein, eine ausnotierte Stimme zu schreiben. In jedem Fall muß darauf hingewiesen werden, mit welchem Instrument und mit welchem Sound der Keyboarder spielen soll. Die folgende Abbildung zeigt einige der gängigsten Klavierstimmen.

Ausnotierte Stimme

Einem Keyboarder sollte man – wie schon dem Gitarristen – die Freiheit lassen, sein Voicing selbst zu wählen. Man notiert in diesem Fall nur die "Top Note of Voicing", also die höchste Note des Akkordes.

Topnote

Leadsheet

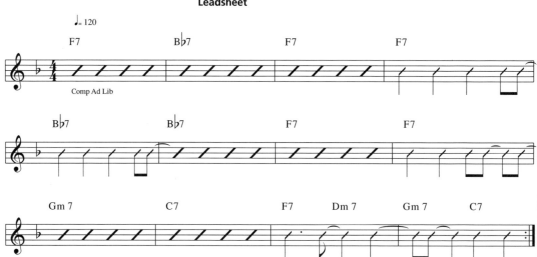

Spezielle Sounds und Effekte

Das Klavier und der Flügel verfügen über mehrere Pedale. Das wichtigste ist das rechte Pedal, das sogenannte Sustain-Pedal. Tritt man das Sustain-Pedal unmittelbar nach dem Tastenanschlag, klingt der gespielte Ton oder Akkord nach, ohne daß der Pianist die Tasten weiter gedrückt halten muß. Läßt man das Pedal wieder los, so verstummen die vorher gespielten Töne. In der Klavierstimme schreibt man für die Benutzung des Sustain-Pedals unter die jeweiligen Noten das Symbol "Ped" als Abkürzung für Pedal. Soll das Pedal losgelassen werden, wird ein sternähnliches Zeichen gemacht.

Ergänzend sollte der Arrangeur über folgende Möglichkeiten eines modernen Synthesizers Bescheid wissen: Alle modernen Synthesizer verfügen über verschiedene Pedalanschlußmöglichkeiten wie Sustain-Pedal und Volumen-Pedal und über zusätzliche, von Hand kontrollierbare Tonmodulationen wie Pitch Control und Modulation Wheel. Der Pitch Controler ist dem Vibratoarm der Gitarre nicht unähnlich. Mit seiner Hilfe kann der gespielte Ton je nach Einstellung in der Tonhöhe nach oben und nach unten verändert werden. So kann zum Beispiel auch ein Keyboarder ein langes, stufenloses Glissando spielen. Das Modwheel erzeugt ein kurzes Vibrato. Des weiteren können bestimmte Soundeffekte wie Hall, Delay und Chorus zugeschaltet werden. Wenn möglich, sollte eine Keyboardstimme so geschrieben sein, daß sie von einem akustischen Klavier und/oder von einem Synthesizer gespielt werden kann. Besondere Soundeffekte sollten nur dann notiert werden, wenn bekannt ist, für wen man arrangiert und welche Instrumente zur Verfügung stehen.

Schweres und Unspielbares

Beim Akkordspiel gilt für die Tasteninstrumente das Gegenteil wie für die Gitarre: Je enger die Akkordlage, desto leichter ist der Akkord zu greifen, je weiter die Lage, desto schwieriger wird es.

leicht   schwer

Man sollte bei der Akkordnotation auch darauf achten, daß der Akkord vor allem in den tiefen Lagen nicht zu sehr überladen ist.

nicht gut

Manche Synthesizer sind nicht polyphon spielbar. Das heißt, sie können nur einen Ton zur gleichen Zeit spielen. Es können also keine Akkorde für solche Instrumente geschrieben werden.

Das Akkordeon Eine Ausnahme bei den Tasteninstrumenten ist das Akkordeon und alle seine Varianten. Das Akkordeon verfügt zwar über eine Tastatur, der Ton wird aber über eine Luftsäule erzeugt. Das Akkordeon ist somit halb Tasteninstrument und halb Blasinstrument.

Das Akkordeon wird im Violinschlüssel notiert und ist ein nichttransponierendes Instrument, wird also notiert wie es klingt. Der gebräuchliche Tonumfang des Akkordeons ist:

Akkordeone verfügen über sogenannte Register, die, wenn man sie einsetzt, den Sound leicht verändern. Da es auch bei den Akkordeonen unterschiedliche Typen gibt, die jeweils mit verschiedenen Registern ausgestattet sind, empfiehlt es sich Informationen über diese aus einschlägiger Fachliteratur zu holen (s. Buchempfehlungen).

Wenn man für Akkordeone schreibt, sollte man sich auch in jedem Fall mit einem Akkordeonspieler zusammensetzen, um genaueres über die verschiedenen Register und deren Klänge zu erfahren.

Die Orgel Auch die Orgel hat, wie das Akkordeon, keine Saiten, sondern eine Luftsäule zur Tonerzeugung. Ausgenommen sind hier natürlich die elektronischen Orgeln. Für die Orgel gilt im großen und ganzen dasselbe wie für alle Tasteninstrumente. In den meisten Fällen wird mit Sicherheit eine elektronische Orgel in einer Rhythmusgruppe eingesetzt. Wir wollen deshalb nicht näher auf die Bauweisen der verschiedenen Pfeifenorgeln und ihre vielen Klangregister eingehen.

Der Perkussionist Der Perkussionist hat im Gegensatz zum Drummer nur selten die Aufgabe, für den Grundrhythmus zu sorgen. Er liefert vielmehr unterschiedliche Klangfarben und ergänzt mit seinem Instrumentarium die Arbeit des Drummers. Perkussionsinstrumente kommen in nahezu jeder Stilrichtung vor. Am häufigsten trifft man sie in jeder Form von lateinamerikanischer Musik an. Aufgrund der Vielzahl unterschiedlicher Perkussionsinstrumente wollen wir hier nur die wichtigsten erwähnen. Bei den Perkussionsinstrumenten wird, wie bei Instrumenten des Drumsets, zwischen Selbst- und Fellklingern unterschieden.

Die Fellklinger

Congas Congas sind Trommeln mit einem hohen, zylindrischen und leicht bauchigen Korpus. Sie werden alleine, paarweise oder im Dreierset gespielt. Congas sind mit einem Fell bespannt, unten offen und werden stehend mit der Hand (open und slap), den Fingern (Toe) und dem Handballen (Heel) angeschlagen.

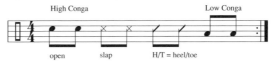

Bongos Bongos sind kleine, konische Zylindertrommeln aus Holz, die oben mit einem Fell bespannt sind. Sie werden immer paarweise gespielt. Angeschlagen werden sie mit den Fingern, mit der Hand oder mit Sticks.

Timbales Timbales sind Zylindertrommeln aus Metall. Sie haben leichte Ähnlichkeit mit der Snaredrum. Timbales werden mit der Hand und einem oder zwei Sticks gespielt. Zusätzlich hat jedes Timbales-Set eine oder zwei Cowbells, die eine ähnliche Funktion wie ein Ridebecken haben. (Siehe auch Cowbell Seite...)

Tamburin Das Tamburin ist ein schmaler Holz- oder Metallring, der mit einem Fell bespannt ist. An der Seite sind kleine Schellen, die beim Anschlag, der in der Regel mit der Hand erfolgt, mitklingen.

Die Selbstklinger

Maracas und Shaker

Beide Instrumente sind Hohlkörper, die mit Körnern oder mit Steinen gefüllt sind. Durch Schütteln der Instrumente wird ein rasselndes Geräusch erzeugt.

Guiro Guiro ist ein gurkenförmiges Rohr mit Einkerbungen. Über diese Einkerbungen wird ein Stab gezogen, der ein lautes, kratzendes Geräusch erzeugt.

Cabasa Die Cabasa ist ein Holzzylinder mit einer genoppten Metalloberfläche. Über diese Oberfläche sind Ketten gespannt, die sich auf ihr drehen lassen und so ein rasselndes Geräusch erzeugen.

Triangel Die Triangel ist ein Metalldreieck, das mit einem kleinen Stahlstab angeschlagen wird.

Barchimes Barchimes sind kleine Metallstäbe unterschiedlicher Größe, die nebeneinander an Schnüren aufgehängt sind. Berührt man sie mit einem Metallstab bewegen sie sich und stoßen gegeneinander. Dadurch wird ein klingelndes Geräusch erzeugt. Da es keine eindeutige Notation gibt, sollte bei der unten vorgeschlagenen Möglichkeit immer der Hinweis "Barchimes" stehen.

Tubular Bells oder Röhrenglocken Tubular Bells sind nichts anderes als Barchimes in Übergröße. Die einzelnen Klangstäbe sind chromatisch gestimmt und haben einen gesamten Tonumfang von zwei Oktaven. Sie werden einzeln mit einem speziellen Hammer angeschlagen.

Tonumfang   Notationsbeispiel

Claves und Woodblock Bei diesen beiden Instrumenten handelt es sich um Klanghölzer. Claves sind zwei Holzstäbe, die gegeneinander geschlagen werden. Woodblocks gibt es in verschiedenen Ausführungen und es werden oft mehrere gleichzeitig verwendet. Sie sind dann in einer speziellen Halterung befestigt und werden mit einem Metallstab angeschlagen.

Mit den Claves wird ein Rhythmus in Verbindung gebracht, der eben diesen Namen trägt und gleichzeitig der wichtigste Groove der lateinamerikanischen Musik ist. Die folgende Abbildung zeigt die vier bekanntesten Clave Grooves.

3:2 Rumba-Clave

2:3 Rumba-Clave

3:2 Son-Clave

2:3 Son-Clave

Agogo Bell Agogo Bells sind zwei Metallglocken unterschiedlicher Stimmung, die mittels eines Metallbügels verbunden sind. Sie werden mit einem Metallstab angeschlagen.

Cowbell Die "Kuhglocke" ist meist ins Drumset integriert und hat eine ähnliche Funktion wie die Glocke eines Ridebeckens. Sie kann auch in der Hand gehalten werden. Man schlägt sie meistens mit einem normalen Drumstick an.

Der Schellenring Der Schellenring ist dasselbe wie ein Tamburin, nur ohne Fell. Er wird im Rhythmus geschüttelt und gegen die Handkante geschlagen um Akzente zu spielen.

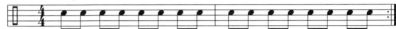

Vibra Slap Dieses Instrument besteht aus zwei Teilen, die über einen federnden Metallbügel verbunden sind. Am unteren Ende ist ein kleiner Holzkorpus angebracht. In diesem Holzkorpus sind kurze Metallstifte gelagert. Am oberen Ende ist eine Kugel befestigt. Schlägt man nun die Kugel mit der Hand an, federt sie mehrmals hintereinander auf und ab und versetzt die Metallstifte in Vibration. Diese berühren das Holzgehäuse und erzeugen so ein rasselndes Geräusch.

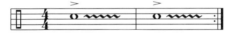

Gong Der Gong ist ein großes hängendes Becken. Er wird mit einem speziellen Schlägel angeschlagen und klingt sehr lange nach.

Die Mehrzahl der Perkussionsinstrumente wird in der Hand gehalten und gespielt. Spezielle Schlägel oder die Hand des Spielers erzeugen die Töne bzw. die "Geräusche". Größere Instrumente wie die Congas, die Timbales, der Gong und verschiedene Becken werden gestellt oder aufgehängt.

Notation von Perkussionsinstrumenten Wenn eine Band oder ein Orchester einen Perkussionisten hat, bekommt dieser seine eigene Stimme. Sie ist wie das Schlagzeug im Perkussionsschlüssel notiert. Es sollte selbstverständlich immer angegeben werden, welche Instrumente gerade gespielt werden müssen. Dies erfolgt entweder durch ein dafür vorgesehenes Symbol oder indem das gewünschte Instrument genannt wird.

Cowbell

Timbales

Tamburin

In vielen Fällen ist es aber so, daß ein anderer Musiker der Band, meistens ein Bläser, der gerade Pause hat, die Perkussionsinstrumente bedient. In diesem Fall wird die Perkussionsstimme in dessen Stimme integriert. Man muß dabei beachten, daß der Musiker genügend Zeit hat, die Instrumente zu wechseln. Viele Drummer haben verschiedene Perkussionsinstrumente in ihr Drumset integriert. Am häufigsten sind dies: Timbales, Cowbell, Woodblock, Bongos, Barchimes. Wenn ein Arrangeur weiß, welche Instrumente er einsetzen will, kann er diese auch in die Schlagzeugstimme integrieren. Es muß jedoch beachtet werden, daß der Drummer nicht in seiner eigentlichen Aufgabe behindert wird und daß er, wie schon erwähnt, nur zwei Arme und zwei Beine hat.

Für weiterführende Studien zu diesem Thema haben wir einige Buchtips im Anhang aufgeführt.

Mallets Malletinstrumente sind Melodie- und Akkordinstrumente, gehören aber trotzdem zur Familie der Schlaginstrumente. Es handelt sich dabei um Instrumente, deren Töne durch Holz- oder Metallplatten und einem oder mehreren Schlägeln erzeugt werden.

Diese Platten sind meistens auf einem speziellen Gestell aufgelegt und werden vom Spieler stehend von oben gespielt. Einzige Ausnahme sind einige Glockenspiele, wie zum Beispiel die Lyra, die in der Hand gehalten werden. Aus der Vielzahl der unterschiedlichen Varianten sind im folgenden die wichtigsten aufgeführt.

Glockenspiel Zur Tonerzeugung hat ein Glockenspiel kleine, chromatisch angeordnete Metallplättchen. Als Klangkörper dient ein Holzkasten, auf dem diese gelagert sind. Die Plättchen sind wie eine Klaviertastatur angeordnet. Orchesterglockenspiele verfügen auch über ein Dämpfpedal. Obwohl die Plättchen klein sind und sehr hoch klingen, ist ein Glockenspiel auch in größeren Besetzungen sehr gut zu hören. Das Glockenspiel ist oktavtransponiert, klingt also eine Oktave höher als es notiert wird. Die folgende Abbildung zeigt den gebräuchlichen Tonumfang und ein Notationsbeispiel.

Lyra Die Lyra ist ein tragbares Glockenspiel. Die zweireihig angeordneten Plättchen sind in einem Metallrahmen befestigt. Die rechte Reihe enthält die Töne der C-Dur Tonleiter, die linke Reihe die chromatischen Töne. Da die Lyra nur mit einer Hand gespielt wird, kann man für sie keine so virtuosen Melodien wie für das Glockenspiel schreiben.

Vibraphon Das Vibraphon hat sich innerhalb der populären Musik vom Schlaginstrument zu einem respektablen Harmonie- und Melodieinstrument gemausert. Vor allem im Jazz, nicht zuletzt durch die Virtuosität von Musikern wie Lionel Hampton und Mike Mainieri, hat sich das Vibraphon einen festen Platz "erspielt".

Das Vibraphon ist in seiner Tonanordnung dem Klavier verwandt. Mit Hilfe von Metallplatten, die dieselbe Anordnung wie eine Klaviertastatur haben, werden die Töne mit Filz oder Gummischlägeln erzeugt und über Metallröhren, die sich unter den Platten befinden, verstärkt. In diesen Röhren befinden sich kleine Scheiben, die mit Hilfe eines Elektromotors zum Rotieren gebracht werden, wodurch sie die Röhren öffnen und schließen und somit den Ton ständig verändern. Auf diese Weise wird der weiche, schwebende für das Vibraphon typische Sound erzeugt. Des weiteren verfügt es über ein Sustainpedal, ähnlich dem eines Klaviers. Der gebräuchliche Tonumfang ist:

Ein Vibraphonist kann bis zu vier Schlägel gleichzeitig halten. Er kann also auch Akkorde spielen. Jedoch sind schnellere Akkordwechsel nicht ganz unproblematisch. Da er zwei Schlägel gleichzeitig in einer Hand halten muß, sollte man keine zu großen Intervalle für eine Hand schreiben. Typisch für die meisten Mallets sind aber eher schnelle Läufe, die mit zwei Schlägeln gespielt werden. Notiert wird übrigens im Violinschlüssel oder im Doppelsystem.

Xylophon Ein Xylophon hat im wesentlichen die selben Eigenschaften wie das Vibraphon. Wir werden deshalb nur die wichtigsten Unterschiede betrachten. Im Gegensatz zum Vibraphon hat das Xylophon Holzplatten zur Tonerzeugung. Xylophone gibt es in verschiedenen Größen, wobei die größeren Modelle auch über ein Röhrensystem, allerdings ohne Rotationsscheiben, verfügen.

notiert   klingend

Notationsbeispiel

Groove Lexikon

Das nun folgende "Groove Lexikon" ist eine Sammlung der wichtigsten Standardrhythmen und für eine übliche Rhythmusgruppe notiert: Drums - Percussion, Bass, Gitarre, Keyboard - Klavier.
Die von uns gewählten Beispiele sind natürlich nicht verbindlich. Zu jeder Stilistik gibt es unzählige Varianten. Die Beispiele sollen lediglich einen Eindruck vermitteln und als Anregung für eigene Grooves dienen.

Transparenz Ein wesentlicher Punkt und gleichzeitig das Hauptmerkmal einer guten Rhythmusgruppe ist es, daß die Funktion aller beteiligten Instrumente klar zu erkennen ist. Sie sollen sich in ihren Aufgaben ergänzen und nicht gegenseitig "zuspielen". Wir wollen uns deshalb noch ein paar grundsätzliche Gedanken zum Arrangieren für die Rhythmusgruppe machen:

1. Man sollte ein Arrangement immer von unten nach oben aufbauen. Das heißt, man beginnt mit Drums und Bass und fügt dann nach und nach die anderen Instrumente hinzu. Zunächst vervollständigt man natürlich die Rhythmusgruppe mit Keyboard und/oder Gitarre.

2. Wie oben schon erwähnt ist es wichtig, daß sich die einzelnen Instrumente nicht gegenseitig niederspielen. Nehmen wir zum Beispiel eine Rhythmusgruppe mit Keyboard und Gitarre. Läßt man nun beide Instrumente, ad lib. nach Akkordsymbolen begleiten, besteht die Gefahr, daß das Ergebnis zu "dick" und zu überladen klingt. Die folgenden Abbildungen zeigen uns Möglichkeiten, die Stimmen so zu arrangieren, daß sich diese Instrumente nicht in die Quere kommen.

Keyboard legt "Orgelfläche"
Gitarre spielt Akkorde

Das Zauberwort heißt also Transparenz.
Eine rhythmisch und melodisch klare Basslinie ist so wichtig wie eine spielbare Schlagzeugfigur. In den meisten Stilistiken spielt die Bassdrum die selbe Rhythmik wie der Bass.

Die Snare wird in den meisten Stilistiken auf die Zählzeiten zwei und vier ge-spielt. Läßt man die Snare einen Rimclick spielen, erzielt man vor allem bei langsamen und ruhigen Titeln ein besseres Ergebnis als mit offener Snare.

Eine Bassfigur sollte nicht melodisch oder harmonisch auffallen. Ihre Aufgabe ist es, rhythmisch klar und harmonisch einfach den jeweiligen Song zu unter-stützen. Ausnahmen sind Basslinien in bestimmten Stilistiken, Solobasseinla-gen und ein vom Bass gespielter Fill.

"Feelin' Groovy"   Am folgenden Beispiel wollen wir an einer 8-taktigen Samba demonstrieren, wie man aus einem Leadsheet ein komplettes Rhythmusgruppenarrangement erstellt.

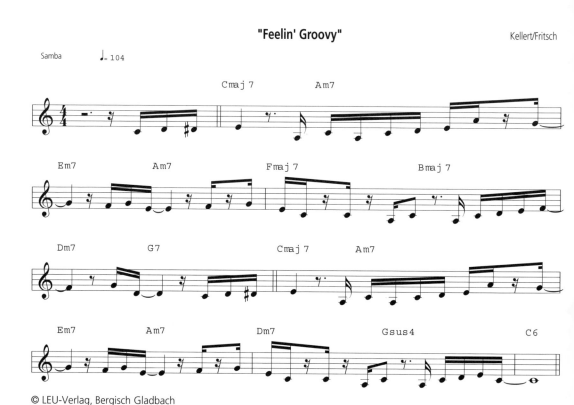

© LEU-Verlag, Bergisch Gladbach

Als erstes wollen wir anhand der Akkordangaben eine Basslinie schreiben. Wir wählen die typische Rhythmik (vergl. S. 85) für eine solche Basslinie.

Auch das Tonmaterial wollen wir so einfach wie möglich halten. Dominierende Intervalle sind Grundtöne und Quinten der jeweiligen Akkorde.

Als nächstes wollen wir die Gitarren- und Klavierstimmen schreiben. Für die Gitarre haben wir eine typische, gezupfte Sambafigur gewählt.

Das Klavier spielt eine reine Akkordbegleitung. Rhythmisch sehr einfach, unterstützt sie das harmonische Geschehen.

Zum Abschluß wollen wir noch die Schlagzeugstimme und ein paar Percussionsinstrumente beifügen.

Hier ist die fertige Partitur in der Übersicht.

Um Routine im Umgang mit Rhythmusgruppenarrangements zu bekommen, muß man viele Stücke anhören, studieren und auf Dinge achten, die einem auffallen und interessant erscheinen. Das können Akkordfolgen, Stops, Fills, Instrumentierungen und vieles mehr sein. Man darf solche "Stellen" jederzeit in die eigene Arbeit einfliessen lassen. Mit "kopieren" hat das nichts zu tun. Auf diese Weise findet man schnell zum eigenen Stil.

Groove Lexikon-Stilistiken

Die hier abgebildeten Grooves sind nicht nach Stilistik sondern alphabetisch nach dem Anfangsbuchstaben geordnet.

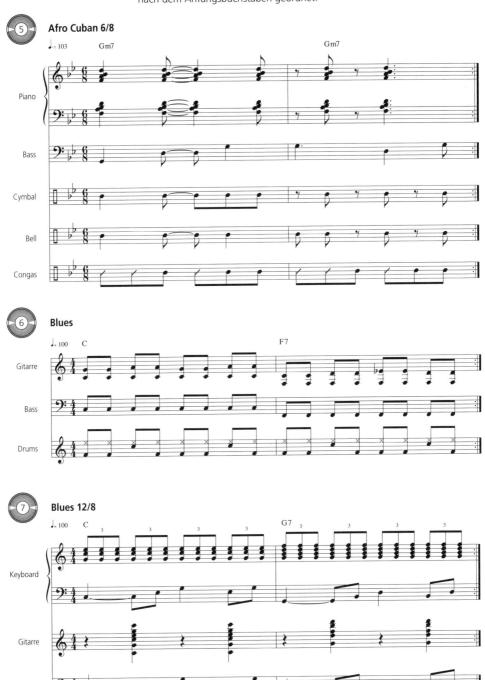

Calypso

Country

Dixieland/Charleston

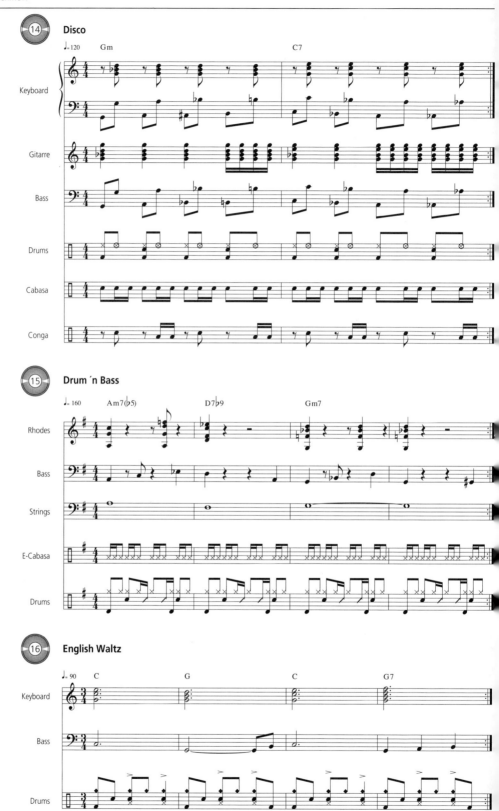

17 **Funk**

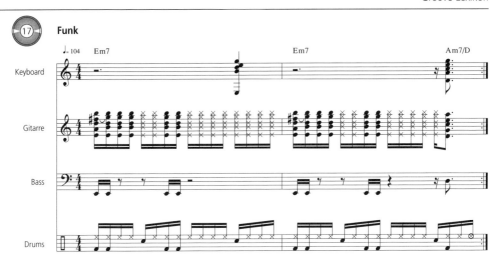

18 **Funk Halftime**

19 **Funk Shuffle**

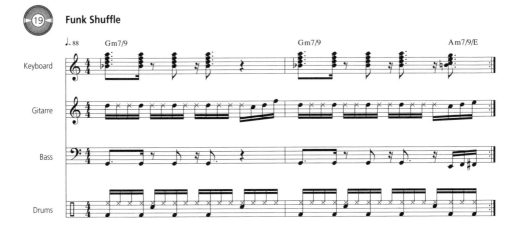

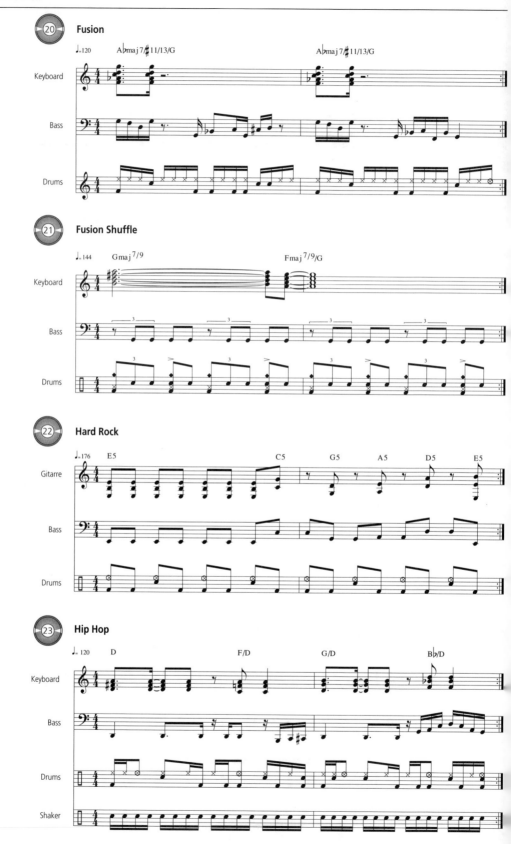

28 Jazz Waltz

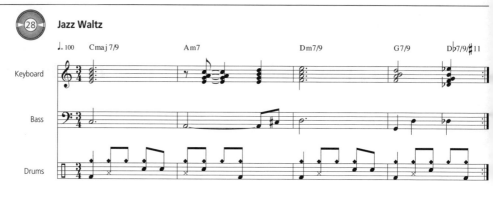

29 Jazz Waltz fast

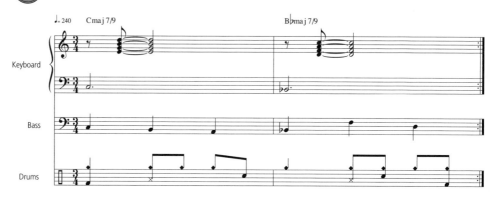

30 Mambo

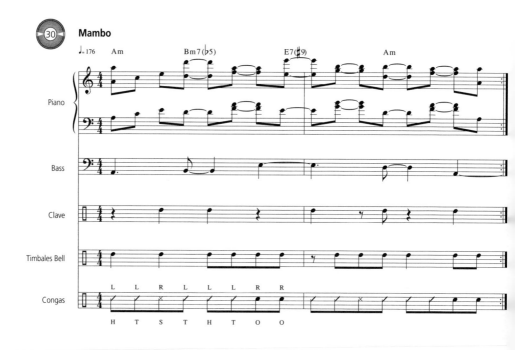

37 **Pop**

38 **Quickstep**

39 **Reggae Binär**

40 **Reggae Ternär**

Blasinstrumente - Windinstruments

Wir kommen nun zur großen Familie der Blasinstrumente. Es werden wie immer alle wichtigen Instrumente auf Tonumfang, Bauweise, Spieltechnik und Soundeffekte hin untersucht. Die Blasinstrumente sind in zwei große Gruppen unterteilt - die Holzbläser und die Blechbläser. Diese Gruppen sind wiederum unterteilt in Holzbläser ohne Blatt, mit Einzelrohrblatt und mit Doppelrohrblatt; die Blechbläser in Instrumente mit enger und weiter Mensur. Des weiteren wird auf Satztechniken hingewiesen, die sich für die jeweiligen Instrumente besonders gut eignen und solche, die man besser nicht oder nur in Ausnahmefällen einsetzt.

Holzblasinstrumente - Woodwinds

Holzblasinstrumente (engl. Woodwinds) sind in drei Kategorien unterteilt:
1. Holzbläser ohne Blatt, hierzu gehören alle Querflöten und die Blockflöten.
2. Holzbläser mit Einzelrohrblatt sind die Klarinetten und die Saxophone.
3. Holzbläser mit Doppelrohrblatt, dazu gehören Oboen und Fagotte.

Holzbläser ohne Blatt

Querflöten

Die Querflöte (engl.= flute) ist die am häufigsten eingesetzte Flöte. Sie hat einen zylindrischen Korpus, der sich zum Mundstück hin verjüngt, mit einer konischen Bohrung. Querflöten werden meistens aus Edelmetall (Neusilber) hergestellt und sind, je nach Größe, aus zwei oder drei Teilen zusammengesetzt. Die chromatisch angeordneten Löcher für die verschiedenen Töne werden mit einem Klappensystem abgedeckt. Die Klappen decken in der Regel den Tonumfang einer chromatischen Skala ab.

An dieser Stelle sei auf eine Eigenart hingewiesen, die alle Blasinstrumente gemein haben: Das Überblasen.

Überblasen von Tönen

Alle Blasinstrumente verfügen über weniger Klappen oder Ventile, als sie Töne haben. Daß sie dennoch einen größeren Tonumfang besitzen liegt daran, daß sie "überblasen" werden können. Blasinstrumente haben mehrere sogenannte Naturtöne. Diese Töne können ohne jedes Hilfsmittel wie Klappendrücken gespielt werden. Zwischen diesen Tönen kann der Bläser Sprünge machen, die ihm die Möglichkeit bieten, weitere Töne vom entsprechenden Naturton aus zu spielen. Auf diese Weise kann ein guter Bläser seinen Tonumfang erweitern. Aus diesem Grund sind die angegebenen Tonumfänge der Blasinstrumente immer mit sogenannten "Extremlagen" erweitert.

Tonumfang, Stimmung, Notation

Die Tonumfangsabbildungen für Blasinstrumente zeigen immer zwei verschiedene Tonumfänge. Zum einen den normalen Tonumfang, den jeder Musiker ohne große Mühe spielen kann. In Klammern stehen dann die extremen Tonumfänge, die von versierteren Musikern gespielt werden können. Wenn ein Arrangeur nicht weiß, für wen er schreiben muß, sollte er den normalen Tonumfang nicht oder nur wenig verlassen.

Piccoloflöte

Die Piccoloflöte ist in C gestimmt, klingt aber eine Oktave höher als sie notiert wird. Sie wird wie alle Flöten im Violinschlüssel notiert.

notiert   klingend

Große Flöte – C-Flöte   Die große Flöte ist die gebräuchlichste ihrer Art. Sie ist in C gestimmt und gehört zu den nichttransponierenden Instrumenten. Das heißt, sie klingt wie sie notiert wird.

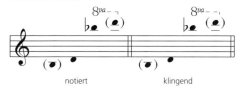

notiert   klingend

Altflöte   Sie gehört zu den transponierenden Instrumenten und ist in G gestimmt. Sie klingt eine Quarte tiefer als notiert.

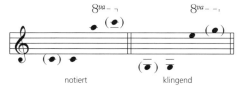

notiert   klingend

Bassflöte   Sie kommt eher selten vor, schließt aber das Flötenregister nach unten hin ab. Sie ist in C gestimmt, wird aber eine Oktave höher notiert als sie klingt.

notiert   klingend

Blockflöten   Die Blockflöten sind keine typischen Orchesterinstrumente. Sie führen eher ein musikalisches Eigenleben. Eingesetzt werden sie hauptsächlich in reinen Blockflötenensembles. Wir werden sie an dieser Stelle trotzdem besprechen, weil eben diese Blockflötenensembles längst nicht mehr nur Barockmusik spielen. Blockflöten sind meistens aus Holz oder Kunststoff hergestellt.
Ihr Korpus verläuft konisch und wird zum Mundstück hin breiter. Sie sind, je nach Größe, aus zwei oder drei Teilen zusammengesetzt. Die diatonisch angeordneten Bohrungen für die Töne werden mit den Fingern abgedeckt.

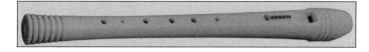

Sopranino   Sopraninoblockflöten sind in F gestimmt und gehören zu den transponierenden Instrumenten. Sie klingen eine Oktave höher als sie notiert werden.

notiert   klingend

Sopranblockflöte Sopranblockflöten sind in C gestimmt und gehören zu den transponierenden Instrumenten. Auch sie klingen eine Oktave höher als sie notiert werden.

notiert   klingend

Altblockflöte Die Altblockflöte ist ein nichttransponierendes Instrument. Sie ist in F gestimmt und klingt wie sie notiert wird.

notiert   klingend

Tenorblockflöte Die Tenorblockflöte ist ein nichttransponierendes Instrument. Sie ist in C gestimmt und klingt wie sie notiert wird.

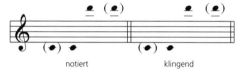

notiert   klingend

Bassblockflöte Die Bassblockflöte ist ein nichttransponierendes Instrument. Sie ist in F gestimmt und klingt wie sie notiert wird.

notiert   klingend

Spezielle Sounds und Effekte

Die Flöten gehören zu den wandlungsfähigsten und vielseitigsten Instrumenten. In tiefen Registern klingen sie warm und voll, in den mittleren Lagen ausgewogen und klar und brillant in den hohen Lagen. Ihre Bauweise und Bespielbarkeit läßt es zu, daß sie für normalerweise technisch schwere Passagen gut eingesetzt werden können. Da wären im einzelnen:

a. Große Sprünge auch in schnelleren Tempi.

b. Arpeggien über mehrere Oktaven

c. Schnelle Läufe über mehrere Oktaven

d. Triller bzw. Tremolos, auch in größeren Tonabständen.

Folgende Triller (Tremolos) sollten aus grifftechnischen Gründen in schnelleren Tempi vermieden werden. (Die Beispiele sind bereits transponiert.)

C- und Altflöte

Piccoloflöte 15ma

Bassflöte

e. Dichte Bindungen zwischen zwei Tönen.

f. Flatterzunge.

Die Flatterzunge (Flutter tounge) wird vom Flötisten durch Rollen der Zunge, ähnlich dem "r"-Geräusch, erzeugt. Dieser Effekt wird häufig in Verbindung mit einem Glissando gespielt.

Wenn man für Flöten schreibt, muß berücksichtigt werden, daß sie in ihren Lautstärkemöglichkeiten hinter anderen Instrumenten anstehen. Man kann eine Flöte zwar immer durchhören, will man aber ihren Klang klar und differenziert, muß man sie lautstärkemäßig deutlich von anderen Instrumenten absetzen. Das gilt vor allem in Kombination mit Blechblasinstrumenten. Ausnahme ist die Piccoloflöte. Sie übertönt in den hohen Registern nahezu jeden Klangkörper. Sie klingt dann allerdings sehr schrill. Auf gar keinen Fall darf man von Flötisten verlangen, daß sie zu laut spielen müssen, da sich der Flötenton bei extremer Lautstärke unangenehm verändert.

Schweres und Unspielbares　Wie allen Bläsern muß auch dem Flötisten die Chance zur Atmung gegeben werden. Bei langen Phrasen ohne Atempause kann Dynamik und Tonvolumen verloren gehen. Für die Atempausen bei Blasinstrumenten gilt eine Regel, die jeder Arrangeur beherzigen sollte: Er sollte die Phrasen, die er für ein Blasinstrument schreibt, auch selber singen können, ohne daß ihm dabei die Luft ausgeht.

Reeds – Holzbläser mit Einzelblatt

Saxophone　Saxophone haben einen konisch verlaufenden Korpus, der zum Mundstück hin schmäler wird. Die Töne werden mit Hilfe von Klappen verändert. Die Anordnung der Löcher ist chromatisch. Je nach Länge und Stimmung sind die Saxophone gerade oder gebogen. Der Ton wird über ein Mundstück aus Metall oder Kunststoff in Verbindung mit einem Holzblatt erzeugt. Sie sind vom Mundstück her den Klarinetten ähnlich, aber ihr Klappensystem gleicht mehr dem der Oboe.

Alle Saxophone sind sogenannte transponierende Instrumente und werden im Violinschlüssel notiert. Das heißt, sie werden anders notiert als sie klingen.

Sopransaxophon　Das Sopransaxophon ist ein Bb-Instrument. Es klingt einen Ganzton tiefer als es notiert wird. Der gebräuchliche Tonumfang des Sopransaxophons ist:

notiert　　　　　klingend

Eb-Altsaxophon   Das Altsaxophon ist ein Eb-Instrument. Es klingt eine große Sexte tiefer als es notiert wird. Der gebräuchliche Tonumfang des Altsaxophons ist:

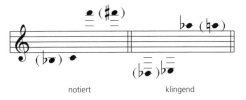

notiert   klingend

Bb-Tenorsaxophon   Das Tenorsaxophon ist ein Bb-Instrument. Es gehört neben dem Eb-Altsaxophon zu den am häufigsten eingesetzten Saxophonen. Vor allem für solistische Aufgaben ist es hervorragend geeignet. Das Tenorsaxophon klingt einen Ganzton und eine Oktave tiefer als es notiert wird. Der gebräuchliche Tonumfang ist:

notiert   klingend

Eb-Baritonsaxophon   Das Baritonsaxophon ist ein Eb-Instrument. Obwohl es schon sehr tief liegt, wird es noch im Violinschlüssel notiert. Es klingt eine große Sexte und eine Oktave (Tredezime) tiefer als es notiert wird. Der gebräuchliche Tonumfang ist:

notiert   klingend

Manche neuen Baritonsaxophone haben statt des Bb das A als tiefsten Ton.

Bb-Bass-Saxophon   Das seltene Bass-Saxophon ist ein Bb-Instrument. Wie alle Saxophone wird es trotz seiner tiefen Lage im Violinschlüssel notiert. Es ist ein transponierendes Instrument und klingt zwei Oktaven und einen Ganzton tiefer als es notiert wird.

notiert   klingend

Spezielle Sounds und Effekte

Wie die Flöten sind auch die Saxophone sehr flexible und vielseitige Instrumente. Größere Sprünge oder schnelle Läufe über den Oktavraum hinaus können in der Regel ohne Probleme gemeistert werden. Jeder gute Saxophonist beherrscht eine ganze Reihe von Spieltechniken, die man als Effekte bezeichnen kann. Es handelt sich dabei um die Erzeugung ganz bestimmter Klangfarben.

Subtones   Durch eine spezielle Lippentechnik werden die sogenannten Subtones erzeugt. Subtones sind sehr weiche Töne, die einen hohen Anteil an Luftgeräusch haben. Man kann diese Subtones in allen Lagen und in jeder Lautstärke spielen. Sie klingen aber im tieferen Register besonders eindrucksvoll. Eingesetzt werden diese Subtones häufig in Balladen und an leisen Stellen. Subtones werden wie normale Töne notiert. Ein Saxophonist weiß meistens selbst, wann er sie am besten einsetzen kann. Durch die Abkürzung n.V. (no Vibrato) kann man darauf hinweisen.

Growling Growling ist ein Effekt, den man oft im Rock 'n' Roll und im alten Swing hört. Dieser Sound läßt sich am treffendsten mit rauh, kehlig oder röhrend umschreiben. Den Growlingeffekt erzielt der Saxophonist, indem er zum gespielten Ton einen weiteren Ton singt. Dadurch wird die normale Schwingung des Holzblattes gestört. Im Arrangement weist die Bezeichnung "growl" auf den gewünschten Effekt hin.

False- oder Alternate Fingerings Die "False- oder Alternate Fingerings" werden bei tremoloähnlicher schneller Tonwiederholung eingesetzt. Der Saxophonist spielt dabei den selben Ton mehrmals, aber mit unterschiedlichen Klappen. Dieser Effekt wird gerne bei Soli eingesetzt oder einfach als "Gag". Es gibt keine offizielle Notation für False Fingerings. Ein Saxophonist weiß aber was gemeint ist, wenn folgende Zeichen über den Noten stehen:

Man kann diesen Effekt ab dem folgenden Ton machen:

Einzige Ausnahme ist der Ton E.

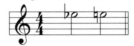

Multiphonics Etwas schwieriger und daher seltener eingesetzt werden sogenannte Multiphonics. Multiphonic bedeutet Mehrstimmigkeit. Mit Hilfe von Obertönen ist es einem guten Saxophonisten möglich, einen Akkord zu spielen.
Dieser Effekt wird aber normalerweise nicht notiert, da er nur von versierten Spielern beherrscht wird.

Schweres und Unspielbares Wie allen Bläsern muß auch dem Saxophonisten Raum zum Luftholen gegeben werden. Jedes Saxophon kann die meisten Verzierungen (siehe Seite 48) ohne Probleme spielen. Lediglich bei den Trillern (Tremolo) gibt es – wie bei den Flöten – einige Ausnahmen:

Ein weiteres Problem tritt bei Glissandi auf. Sie klingen nicht sehr glatt und neigen zum "holpern".
Dafür gibt es einige Verzierungen, die auf dem Saxophon besonders schön klingen: Der Smear (siehe Seite 50) und der Bend.

Klarinetten Klarinetten haben einen konisch verlaufenden Hohlkorpus, der zum Mundstück hin schmäler wird. Die Löcher für die Töne werden im Gegensatz zum
Saxophon mit Fingern und Klappen abgedeckt. Es gibt keine Oktavklappe
wie beim Saxophon, sondern eine Duodezimklappe. Die Anordnung der
Bohrungen ist chromatisch. Die Klarinetten gehören neben den Flöten zu den
flexibelsten Instrumenten, was die Bespielbarkeit angeht. Sie sind außerdem
berühmt für ihren großen Tonumfang.

Alle Klarinetten werden wie die Saxophone im Violinschlüssel notiert.

Eb-Klarinette Die Eb-Klarinette oder die kleine Klarinette, wie sie auch genannt wird, ist in
Eb gestimmt und klingt eine kleine Terz höher als sie notiert ist. Ihr gebräuchlicher Tonumfang ist:

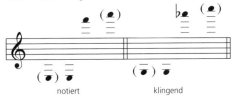

Bb-Klarinette Die Bb-Klarinette ist die gebräuchlichste aller Klarinetten. Sie klingt einen
Ganzton tiefer als notiert. Die Bb-Klarinette hat den größten Tonumfang
unter den Holzblasinstrumenten.

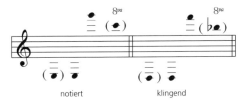

Neben der Bb- und Eb-Klarinette gibt es noch eine Reihe anderer Stimmungen. Die wichtigsten sind die A- und die C-Klarinette.

A-Klarinette Sie klingt eine kleine Terz tiefer als notiert.

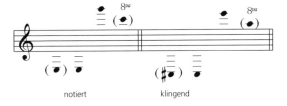

C-Klarinette Sie klingt wie sie notiert ist.

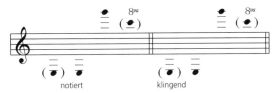

Bassetthorn Das Bassetthorn ist eine Altklarinette in F. Es klingt eine Quinte tiefer als es notiert wird. Der übliche Tonumfang des Bassetthorns ist:

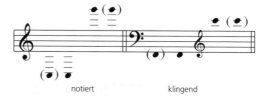

notiert   klingend

Bassklarinette Die Bassklarinette ist in Bb gestimmt. Auf Grund ihrer Bauweise klingt sie einen Ganzton und eine Oktave tiefer als sie notiert ist. Auch sie wird im Violinschlüssel notiert. Der gebräuchliche Tonumfang der Bassklarinette ist:

notiert   klingend

Je nach Herkunft und Bauweise gibt es bei allen Klarinetten noch Modelle, die tiefere Töne als die angegebenen haben. Um sicherzugehen haben wir jedoch die bekannten Tonumfänge verwendet.

Spezielle Sounds und Effekte

Komplette Klarinettensätze kommen heute eigentlich nur noch in symphonischen Besetzungen oder in reinen Holzbläserensembles vor. Auch in manchen Blasorchestern findet man noch komplette Klarinettensätze.
Als Soloinstrument und in der populären Musik ist die Bb-Klarinette am weitesten verbreitet. Sie kann in fast jeder Stilrichtung eingesetzt werden. Im Jazz wurde sie im Laufe der Jahre vom Saxophon verdrängt, lediglich in alten Jazzstilen wie Dixieland- und New Orleans-Jazz hat sie noch ihren festen Platz. In volkstümlicher Musik und in gehobener Unterhaltungsmusik hat sie sich als Soloinstrument etabliert und in der Big Band (spätestens seit Glenn Miller) als Satzinstrument neben dem Tenorsaxophon. Die folgende Abbildung zeigt eine typische Glenn Miller-Orchestrierung.

Was die technischen Möglichkeiten der Klarinette anbelangt, so steht sie der Flöte in nichts nach. Schnelle Läufe, Triller und Arpeggien sind leicht zu spielen und klingen hervorragend. Die Effekte, die schon beim Saxophon besprochen wurden, können alle auch auf der Klarinette gespielt werden, sind aber nicht unbedingt üblich. Lediglich die False Fingerings kommen häufiger zum Einsatz. Dafür kann die Klarinette einen Effekt spielen, der bisher der Posaune vorbehalten war: Ein fast stufenloses Portamento bzw. Glissando. Durch die Kombination von Finger- und Klappentechnik lassen sich die Löcher so öffnen, daß der Spieler ein glattes Glissando ausführen kann. Ein eindrucksvolles Beispiel hört man in Gershwins "Rhapsody in Blue".

Schweres und Unspielbares

Abgesehen von einigen Trillern gibt es fast nichts, was dem Klarinettisten Probleme bereiten könnte. Schwierige Triller sind:

Double Reeds –

Doppelblatt Blasinstrumente

Die bekanntesten Doppelblattinstrumente sind ohne Zweifel die Oboe und das Fagott. Diese Instrumente zeichnen sich durch einen sehr charakteristischen Klang mit hohem Wiedererkennungswert aus. In der populären Musik finden diese Instrumente leider nur selten Anwendung. Hin und wieder tauchen diese Klänge auf, wobei das Fagott meistens als "Effektinstrument" verwendet wird und die Oboe als Soloinstrument (wie beispielsweise von der Gruppe Roxy Music oder von dem Sänger David Bowie).

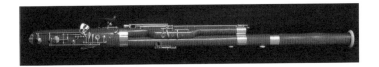

Oboe

Die Oboe ist das typische Soloinstrument. Ihr weicher, warmer Klang ist in vielen Filmmusiken zu hören, um "versöhnliche" Stimmung zu schaffen. Die Oboe ähnelt im Aussehen der Klarinette, hat aber ein anderes Klappen- und Lochsystem. Die Oboe ist ein nichttransponierendes Instrument, das klingt wie es notiert wird. Der gebräuchliche Tonumfang einer Oboe ist:

notiert   klingend

**Englisch Horn –
Cor Anglais (Altfagott)**

Dem Klang der Oboe sehr ähnlich ist der des Englisch Horns (nicht zu verwechseln mit dem Blechblasinstrument French Horn). Das Englisch Horn oder Cor Anglais, wie es noch bezeichnet wird, ist ein transponierendes Instrument und steht in F. Es klingt eine Quinte tiefer als es notiert wird.

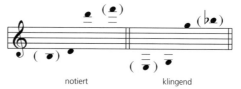

notiert   klingend

Fagott (Bassoon)

Das Fagott ist trotz seiner Größe ein sehr lebendiges und flexibles Instrument. Wie schon erwähnt, wird es in der populären Musik in erster Linie für humoristische Zwecke eingesetzt. Im Holzbläsersatz dient es als Tenor- und Bassinstrument. Das Fagott ist ein nichttransponierendes Instrument in C und wird in den tiefen Lagen im Baß- und in hohen Lagen im Tenorschlüssel notiert. Es empfiehlt sich aber, für eine Fagottstimme immer nur einen der beiden Schlüssel zu verwenden.

notiert   klingend

Kontrafagott

Das Kontrafagott klingt eine Oktave tiefer als das Fagott. Es wird außer in großen Symphonie- und Blasorchestern kaum eingesetzt. Sein Tonumfang ist:

notiert   klingend

Spezielle Sounds und Effekte

Blasinstrumente mit Doppelrohrblatt sind in ihrer Ansprache nicht so direkt wie Flöten, Saxophone oder Klarinetten. Das kann zu Problemen bei längeren Passagen mit vielen Sprüngen und bei Bindungen in schnellen Tempi führen. Ihre eigentliche Stärke liegt daher im Staccatospiel. Hier entfalten sie ihre wirkliche Klangvielfalt.

Schweres und Unspielbares

Oboe und Fagott können alle üblichen Verzierungen spielen. Die folgenden Triller sollten für Oboe und Fagott jedoch vermieden werden:

Oboe:

Fagott:

In den hohen und in den tiefen Lagen haben beide Instrumente Intonationsprobleme. Man sollte deshalb diese Bereiche meiden oder nur kurz einsetzen. Die Intonationsprobleme wirken sich auch im Unisono-Spiel aus. Hat man beispielsweise zwei Oboen, die eine Stimme spielen sollen, ist es immer besser, eine Oboe pausieren zu lassen. Dasselbe gilt für die Fagotte.

Blechbläser - Brass Section

Bei den Blechblasinstrumenten (brass, engl. = Messing) unterscheidet man zwei Arten: Solche mit enger Mensur und solche mit weiter Mensur. Mit Mensur ist bei den Blechblasinstrumenten die Form des Messingrohrs gemeint, in dem sich der Ton bildet. Bei Instrumenten mit enger Mensur, wie beispielsweise Trompeten und Posaunen, ist die Form des Rohres zylindrischer und enger. Bei Instrumenten mit weiter Mensur wie beim Tenorhorn, dem Flügelhorn und den Tuben ist das Rohr konischer und weiter gebaut, vergleichbar mit dem Verlauf der Tierhörner, welche ja früher auch als Signalhörner verwendet wurden.

Der Unterschied zwischen diesen beiden Bautypen drückt sich im Klang aus. Instrumente mit enger Mensur klingen schärfer und brillanter. Im Gegensatz dazu ergibt weite Mensur einen weichen und runden Klang. Die Tonerzeugung erfolgt bei beiden Arten über ein Metallmundstück. Die verschiedenen Töne werden entweder mit Ventilen gegriffen oder mit einem Zug (Posaune) gezogen.

Die Trompete

Die Trompete gehört neben dem Tenorsaxophon zu den beliebtesten Soloinstrumenten. In nahezu jeder Stilistik kann man sie hören. Sie hat einen brillanten Ton und klingt auch noch in hohen Lagen voll und schön.

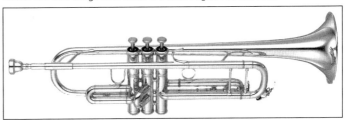

Notation und Transposition

Mit Hilfe von drei Ventilen werden die unterschiedlichen Töne gegriffen. Außerdem verfügt sie über sogenannte ungegriffene Naturtöne, die der Obertonreihe entsprechen. Die folgende Abbildung zeigt die wichtigsten Töne, die ein Trompeter ungegriffen spielen kann.

Die Trompete ist ein sogenanntes Bb-Instrument. Sie wird im Violinschlüssel notiert und klingt einen Ganzton tiefer als sie notiert wird. Der gebräuchliche Tonumfang der Trompete ist:

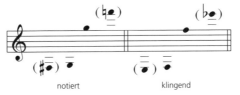

notiert   klingend

Auch bei der Trompete gilt wie für andere Blasinstrumente, daß je nach Können des Spielers die Tonumfänge nach oben und unten variieren können.

Neben der "normalen" Trompete gibt es noch eine Reihe weiterer Trompeteninstrumente, die aber in der populären Musik gar nicht oder nur selten eingesetzt werden. Man findet sie hauptsächlich in symphonischen Besetzungen und in Blasorchestern.

Kleine Trompete in F Sie klingt eine Quarte höher als notiert.

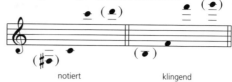

notiert   klingend

Piccolotrompete in Bb Sie klingt eine kleine Septime höher als notiert.

notiert   klingend

Trompete in C Sie klingt wie notiert.

notiert   klingend

Basstrompete in C Sie klingt eine Oktave tiefer als notiert.

notiert   klingend

Kornett Der Trompete sehr ähnlich ist das Kornett. Es hat dieselbe Ventilanordnung und selbe Grifftechnik. Das Kornett ist lediglich etwas kleiner und sein Klang ist weicher als der der Trompete. Verwendung findet dieses Instrument vor allem noch im Dixieland-Jazz und ähnlichen Musikrichtungen. Das Kornett ist wie die Trompete in Bb gestimmt und klingt einen Ganzton tiefer als es notiert wird. (Siehe Tonumfang Trompete).

Das Flügelhorn Das Flügelhorn müßte eigentlich bei den Hörnern besprochen werden. Da aber die meisten Trompeter neben ihrem Instrument auch noch Flügelhorn spielen, werden wir es bei den Trompeten erwähnen. Das Flügelhorn hat im Gegensatz zur Trompete eine weite Mensur, klingt dadurch also weicher – eben mehr wie ein Horn. Ansonsten ist es mit der Trompete identisch.

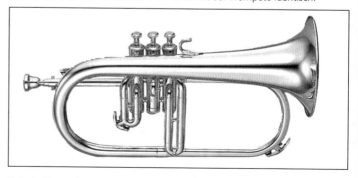

Es ist in Bb gestimmt und wird einen Ganzton höher als es klingt im Violinschlüssel notiert. (Siehe Tonumfang Trompete).

Spezielle Sounds und Effekte

Trompeter können eine Reihe sehr reizvoller Effekte mit ihren Instrumenten erzeugen, zum einen mit Hilfe von Dämpfern und zum andern mit speziellen Lippen- und Zungentechniken. Auch mit verschiedenen Ventilstellungen können bestimmte Klänge erzielt werden. Betrachten wir zunächst die wichtigsten Dämpfer

Dämpfer

Sie werden bei den Trompeten in den Schalltrichter gesteckt und lassen dabei das Instrument nicht nur leiser werden, sondern verändern auch dessen Sound. Da der Einsatz von Dämpfern Intonationsprobleme mit sich bringt, sollten sie nur in mittleren und hohen Tonlagen verwendet werden.

Soll der Trompeter einen Dämpfer verwenden, so schreibt man ihm den gewünschten Effekt "rechtzeitig" über die Notenzeile. Aus der Vielzahl verschiedener Dämpfer, die mittlerweile erhältlich sind, wollen wir hier die vier wichtigsten vorstellen:

Cup Mute
Der Cup Mute macht den Trompetensound weicher und etwas leiser.
Straight Mute
Der Straight Mute macht den Sound der Trompete schärfer und bissiger. Er eignet sich hervorragend im Satz und in Kombination mit Woodwinds.
Harmon Mute
Er verändert den Klang der Trompete am extremsten. Der Sound, der entsteht, ist sehr scharf und dünn und fast sphärisch anmutend. Berühmt gemacht hat ihn der amerikanische Trompeter Miles Davis. Sein "eiskalter" vibratoarmer Ton ist zum Teil ein Produkt des Harmon Mutes.
Plunger
Der Plunger wird im Gegensatz zu den anderen Dämpfern nicht in den Schalltrichter gesteckt, sondern mit der Hand vor diesen gehalten. Dadurch kann der Klang durch Öffnen und Schließen verändert werden ("Wah-Wah"-Effekt).

Beim Einsatz von Dämpfern muß dem Trompeter genügend Zeit eingeräumt werden, diesen anzubringen und wieder zu entfernen.

to harmon mute   normal

Zungentechnik

Die verschiedenen Zungenkombinationen sind eigentlich keine richtigen Effekte, sondern eher Spieltechniken. Dabei stößt der Trompeter seine Töne wahlweise mit der Zunge an den Zähnen oder am Gaumen an. Die bekanntesten Techniken sind Doppel- und Triolenzunge, Feuerzunge und Teufelszunge. Mit Hilfe dieser Techniken ist es den Trompetern möglich, auch sehr schnelle Läufe zu spielen. Im Normalfall weiß ein Trompeter, welche Zungentechnik er verwendet. Es muß also nicht extra darauf hingewiesen werden:

Flatterzunge Die Flatterzunge kann schon eher als Effekt angesehen werden. Dabei "flattert" die Zunge – vergleichbar mit dem Sprechen eines schnell gerollten "r's" – mehr oder weniger kontrolliert gegen die Zähne.

Half Valve Half Valve bedeutet halb gedrückte Ventile. Mit Hilfe dieser Technik kann der Trompeter neben einigen Soundeffekten ein fast glattes Glissando spielen. Vom Startton ausgehend greift er die Töne des Zieltons nur halb gedrückt, um sie erst mit Erreichen des Zieltons ganz niederzudrücken. Ab dem folgenden Tonumfang aufwärts ist ein Glissando schwer zu spielen:

Ein Trompeter kann alle gängigen Verzierungen (siehe Seite 48) spielen. Typisch für Blechbläser ist der Shake. Er "shaked" dabei den Ton, ohne anzustoßen, meistens zwischen einer kleinen Terz.

Auch die Effekte "False Fingerings" und "Growling", die wir schon beim Saxophon besprochen haben, können vom Trompeter gespielt werden und klingen sehr gut.

Schweres und Unspielbares Neben dem üblichen Bläserproblem - der Atmung - müssen zwei Schwierigkeiten besonders beachtet werden. Ein Problem ist die Dynamik in bestimmten Tonhöhen. Hier gilt die Faustregel: Je höher, desto lauter. Einem Trompeter ist es nur schwer möglich, hohe Passagen im pp und p zu spielen. Das Gegenteil gilt für die tiefen Lagen. Schreibt man im unteren Register in ff oder f, bekommen viele Trompeter Intonationsprobleme. Außerdem klingt die Trompete, wenn sie in diesen Tonlagen gespielt wird, eigenartig "knurrig".

Schreibt man große Tonsprünge, so muß man die ungegriffenen Naturtöne berücksichtigen, die der Trompeter mittels eines "Lippensprunges" überspringen muß. Diese Lippensprünge machen vor allem bei folgenden Trillern Probleme:

Posaune Die Posaune gehört zu den Instrumenten mit enger Mensur. Die Töne werden mit Hilfe eines Zuges erzeugt. Dieser Zug verkürzt oder verlängert die Luftsäule.

Eine Posaune hat sieben Zugpositionen. Innerhalb eines jeden Zuges kann der Posaunist mittels Lippensprüngen verschiedene Töne erzeugen (siehe Seite 227). Auf den sieben Zugposition erhält man die folgenden Töne:

Die Posaune wird im Baßschlüssel notiert. Sie ist zwar in Bb gestimmt, wird aber wie ein C-Instrument in C notiert. Der Grund dafür ist, daß die Töne bereits beim Ziehen transponiert werden. Somit kann die Posaune wie ein C-Instrument behandelt werden. Ihr gebräuchlicher Tonumfang ist:

Bassposaune (Quartposaune) Die Bassposaune hat neben einem Zug noch ein Ventil, mit dessen Hilfe das Instrument um eine Quarte tiefer von Bb nach F gestimmt wird. Notiert wird die Bassposaune, obwohl sie in Bb gestimmt ist, wie die normale Posaune in C. Der gebräuchliche Tonumfang ist:

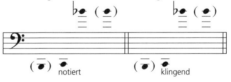

Spezielle Sounds und Effekte Die Dämpfer, die es für Trompeten gibt, sind auch für die Posaunen erhältlich und geeignet. Die Lippen- und Zungentechniken der Trompeter sind beim Posaunisten ebenso üblich wie das Growling. Sämtliche Verzierungen (siehe Seite 48) können problemlos auf der Posaune gespielt werden. Besonders schön klingt auf der Posaune das Portamento, weil es (wie bei der Geige) stufenlos ist. Mit Hilfe seines Zuges kann der Posaunist zwischen den meisten Tönen problemlos "gleiten". Die folgende Tabelle zeigt alle unspielbaren Portamenti:

(zu allen Tönen)

Schweres und Unspielbares Der relativ lange Weg, den ein Posaunenzug zurücklegt, um von der ersten in die siebte Position zu gelangen, bringt einige Probleme mit sich. Wenn Töne in diesen zwei Positionen schnell hintereinander gespielt werden sollen, wird der Gang zum Zahnarzt unvermeidlich.

121

French Horn in F

Ein Instrument, das in der populären Musik immer häufiger zu hören ist, ist das Waldhorn – auch French Horn genannt. Gruppen wie "Blood Sweat & Tears" hatten einen Hornisten in ihrem Bläsersatz und bei den "Beatles" kam das Waldhorn durch ein Solo im Song "For No One" zu Ehren.

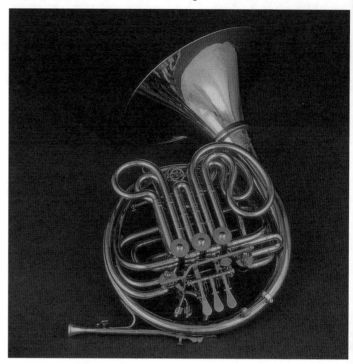

Das Waldhorn ist in F gestimmt und wird eine Quinte höher als es klingt im Violinschlüssel notiert.

notiert   klingend

Heute spielt fast jeder Hornist ein Doppelhorn. Es ist ein Horn, das man von einer F-Stimmung nach Eb "umschalten" kann. Es enthält zusätzliche Luftkanäle, die beide Stimmungen ermöglichen.

Spezielle Sounds und Effekte

Waldhörner werden eher selten mit Dämpfern gespielt. Gebräuchlich sind auch nur der Cup- und der Straight Mute. Beim Waldhorn steht eine Reihe anderer Dämpftechniken im Vordergrund.

Stopped Tones

Der Spieler "stopft" seine Faust in den Trichter des Instrumentes. Damit regelt er die ausströmende Luftmenge und der Ton verändert sich. Bei längeren Passagen zeigen die Hinweise "Stopped und Open", wie lange er dämpfen muß. Bei einzelnen Tönen wird ein "+" über die entsprechenden Töne gesetzt. Das Zeichen "o" zeigt an, daß der Ton wieder offen gespielt wird.

Half Stopped Tones Hier wird die Faust nicht ganz in den Trichter geführt. Ein "x" über der Note bzw. die Hinweise "Half Stopped" und "Open" weisen den Spieler auf diese Technik hin.

Diese Techniken ändern nicht nur den Klang des Waldhorns, sondern auch die Tonhöhe. Stopped Tones klingen einen Halbton höher, Half stopped Tones einen Halbton tiefer. Ein zusätzliches Ventil regelt diese Tonhöhenunterschiede. Des weiteren kann ein Waldhorn alle gängigen Verzierungen spielen.

Rip Auch hier muß das Glissando besonders erwähnt werden. Mit einer speziellen Lippentechnik kann ein eindrucksvolles Aufwärtsglissando gespielt werden, das vor allem im Satz sehr gut klingt. Man nennt es auch "Rip".

Mit den Stop-Techniken können, ähnlich wie bei der Gitarre, Bendingeffekte gemacht werden.

Schweres und Unspielbares Wenn man für Waldhörner schreibt, sollte man stets berücksichtigen, daß sie gegen andere Blechblasinstrumente in ihrer Lautstärke immer unterlegen sein werden. Das gilt vor allem bei gedämpften Passagen. Ein Waldhornspieler muß mindestens ein fff spielen, um ein mf einer Trompete zu erreichen. Dazu kommt, daß Waldhörner sehr schwer zu intonieren sind. Schnelle Läufe, große Sprünge und vor allem Staccatolinien sind mit Hörnern nur schwer zu bewältigen. Ausgenommen ist der eben schon erwähnte Rip. Ein Grund für ihre "Unbeweglichkeit" ist, daß ihr Ton nicht so direkt und schnell anspricht wie beispielsweise der Ton einer Trompete. Ihre Stärke ist aber eindeutig ihr Klang.

Tenorhorn und Tuba Mit dem Flügelhorn verwandt sind das Tenorhorn und die verschiedenen Tuben. Diese Hörner werden auch als Bügelhörner bezeichnet. Im Blechregister decken sie den Bereich zwischen Tenor und Bass ab. Sie sind weit mensuriert und werden wie die anderen Hörner mit Ventilen gespielt.

Das Tenorhorn ist ein transponierendes Instrument in Bb und klingt eine None tiefer als es notiert wird. Es wird im Violinschlüssel notiert.

notiert   klingend

Neben der "normalen" Tuba in Bb gibt es noch eine Reihe weiterer Tuba-instrumente. Das Baritonhorn in Bb, die Tenortuba in Bb, die Tuba in F und die Tuba in Eb.
Obwohl alle Tuben transponierende Instrumente sind, werden sie meist wie die Posaune im Baßschlüssel als C-Instrumente notiert. Die folgende Tabelle zeigt die Tonumfänge dieser Instrumente:

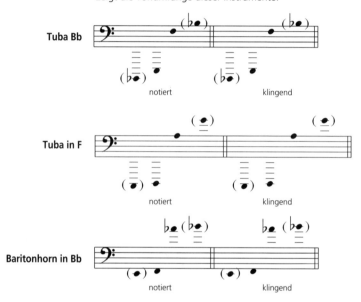

Tuba Bb

notiert   klingend

Tuba in F

notiert   klingend

Baritonhorn in Bb

notiert   klingend

Tenortuba in Bb   Sie klingt eine None tiefer als notiert.

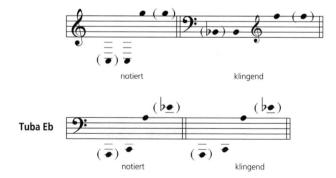

notiert   klingend

Tuba Eb

notiert   klingend

Streichinstrumente

Die Zeiten, als Streichinstrumente ausschließlich in symphonischen Besetzungen vorkamen, sind längst vorbei. Immer mehr Künstler und Produzenten aller Sparten setzen Streicher in ihrer Musik ein. Was auch für die Arrangeure bedeutet, daß sie sich verstärkt mit diesen Instrumenten befassen müssen.

Paul McCartney von den Beatles hat den Welthit "Yesterday" nur mit akustischer Gitarre und Streichern eingespielt. Jazzmusiker George Benson ließ sich von den Arrangeuren des legendären CTI-Labels für viele seiner Stücke Streichersätze schreiben. Und schon in den frühen Tagen des Rock 'n' Roll war der Kontrabass fest etabliert - allerdings weniger als Streichinstrument. Leider werden die Streicher häufig nur als "kitschiger" Hintergrund eingesetzt - vor allem in der Unterhaltungsmusik. Es gibt aber auch einige sehr gelungene Ergebnisse, wie zum Beispiel den Titel "Eleanor Rigby" von den Beatles. Produzent und Arrangeur George Martin hat hier ganz auf eine Rhythmusgruppe verzichtet und ließ die Beatles nur von einem Streichensemble begleiten.

Streichinstrumente gehören zur Familie der Saiteninstrumente. Sie haben alle dieselbe Form, unterscheiden sich jedoch in ihrer Größe, sind bundlos und mit vier Saiten bespannt. Gespielt werden alle Streichinstrumente mit einem Bogen aus Holz, der mit Pferdehaaren bespannt ist. Dieser Bogen wird über die Saite gestrichen (arco) und versetzt diese so in Schwingung. Man kann die Saiten auch mit den Fingern zupfen (pizzicato). Allein durch die Spieltechniken "arco" und "pizzicato" ist eine unglaubliche Vielfalt an Klängen auf diesen Instrumenten möglich. Streichinstrumente gehören ohne jeden Zweifel zu den vielseitigsten Instrumenten, was Tonumfang und Soundvielfalt anbelangt.

Violine

Die Violine ist das kleinste Instrument in der Streicherfamilie. Trotz ihrer geringen Größe gehört sie zu den vielseitigsten und wandlungsfähigsten Instrumenten, die es gibt. Sie hat einen enormen Tonumfang und ein unglaubliches Spektrum an Sounds und Spieltechniken aufzuweisen (siehe Seite 226). Die Violine ist ein bundloses Saiteninstrument. Die vier Saiten sind in reinen Quinten gestimmt.

Die Violine ist ein nichttransponierendes Instrument und wird im Violinschlüssel notiert wie sie klingt. Ihr gebräuchlicher Tonumfang ohne Flageoletts ist:

notiert   klingend

Viola

Die Viola (auch Bratsche genannt) ist etwas größer als die Violine und wird deshalb häufig mit ihr verwechselt. Im wesentlichen gilt für die Viola dasselbe wie für die Violine. Sie ist lediglich eine Quinte tiefer gestimmt. Notiert wird sie im Altschlüssel.

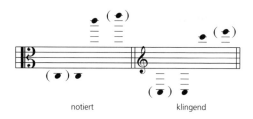

notiert   klingend

Violoncello   Deutlich größer als Violine und Viola aber nicht minder vielseitig ist das Violoncello, kurz Cello genannt. Das Cello wird häufig als Soloinstrument eingesetzt, weil es innerhalb des Streichersatzes am markantesten klingt. Es ist sehr laut und deckt dank seines großen Tonumfanges den Bass- und den Tenorbereich ab. Eingesetzt wird es aber am häufigsten in den mittleren Lagen, wo es seinen vollen charakteristischen Ton voll entfalten kann. Notiert wird das Cello im Baßschlüssel:

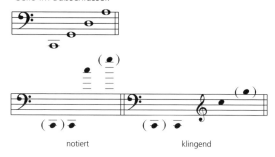

notiert   klingend

Kontrabass   Obwohl er zur Streicherfamilie gehört, wird er nicht an dieser Stelle besprochen. Er wurde bereits im Zusammenhang mit der Rhythmusgruppe auf Seite 58 erwähnt.

Spezielle Sounds und Effekte

Mit der Vielfalt an Sounds und Effekten, die auf Streichinstrumenten möglich sind, könnte man ein ganzes Buch füllen. Wir werden zunächst die zahlreichen Varianten der Spielweisen arco und pizzicato untersuchen. Dann gibt es auch für Streichinstrumente die Möglichkeit, mit einem Dämpfer zu spielen. Die folgende Aufstellung zeigt die wichtigsten Streicheffekte und Spieltechniken und ihre Bezeichnungen im Notenbild:

Doppelgriff - Doublestop   Wie auf der Gitarre kann man auch auf einem Streichinstrument mehrere Töne gleichzeitig spielen. Am üblichsten sind die sogenannten Double- und Triplestops, also zwei oder drei Töne gleichzeitig. Besonders leicht zu greifen sind diese, wenn eine oder mehrere Leersaiten integriert sind. Gekennzeichnet werden sie wie folgt:

Am einfachsten sind die Double Stops zu spielen. Es sollten jedoch folgende Punkte beachtet werden, um die Streicherstimme spielbar zu machen:

1. Die beiden Töne sollten immer auf benachbarten Saiten liegen. Das Intervall sollte nicht kleiner als eine große Sekunde und nicht größer als eine Oktave sein:

nicht gut   gut   nicht gut   gut

2. Wenn möglich, sollte einer der beiden Töne auf einer Leersaite liegen. Das bedeutet für Töne, die über der E-Saite liegen und für Töne, die kleiner als eine Quinte sind, daß die gegriffenen Töne auf der nächsttieferen Saite gespielt werden.

3. Wenn sich die Stimmen bewegen, sollte man auf schwierige Fingersatzänderungen verzichten. Ist dies aus musikalischen Gründen nicht möglich, kann man die Streicher, vorausgesetzt man hat mehrere, aufteilen. Es genügt, wenn man den Geigern "div 2" über die entsprechende Stelle schreibt. Div ist die Abkürzung für "divisi", was wiederum "teilen" bedeutet. Prinzipiell sollte man sich darüber Gedanken machen, ob man eine Stimme gleich teilt oder mehrere Streicher Akkorde spielen läßt.

4. Wenn die Leersaite Pedalton ist, kann der Spieler auch kompliziertere Passagen mit Double Stops spielen.

Problematischer wird es bei den Triple Stops. Hier muß die mittlere der drei Saiten niedergedrückt werden, damit der Bogen zu allen drei Saiten Kontakt bekommt. Man kann diese Technik deshalb nur bei relativer Lautstärke einsetzen.

Triple Stops sollten nur für kurze Notenwerte eingesetzt werden. Das Niederdrücken der Saiten erfordert sehr viel Kraft vom Spieler und macht eine gute Tonkontrolle mit zunehmender Tondauer immer schwieriger.

Auch hier ist es ratsam, möglichst viele Leersaiten mit einzubeziehen.

Flageolett Flageoletts sind künstlich erzeugte Obertöne. Erzeugt ein Streicher ein "natürliches" Flageolett mit einer Leersaite, gilt dasselbe wie bei bei Bass und Gitarre. Die folgende Tabelle zeigt die Notation der natürlichen Flageoletts auf der Violine von G bis zur E-Saite.

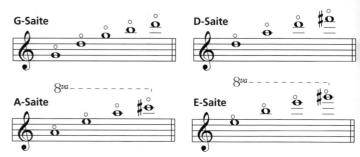

Er kann aber auch künstliche Flageoletts mit gegriffenen Tönen erzeugen. Er greift dabei einen Ton mit dem Zeigefinger und "teilt" die Saite mit dem kleinen Finger. Auf diese Weise kann er jeden Ton als "künstliches" Flageolett spielen. Daraus ergibt sich folgender Tonumfang für alle Flageoletts:

Es gibt zwei Möglichkeiten, solche künstlichen Flageoletts zu notieren. Eine etwas veraltete Version notiert den gegriffenen Ton. Darüber steht eine eckige Note, die den Teilungspunkt notiert und eine weitere Note darüber zeigt den eigentlichen Klang an.

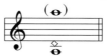

Man kann aber auch wie bei den natürlichen Flageoletts verfahren und einfach einen Kreis über die Note setzten. Ein Streicher weiß dann, wie er den Ton teilen muß. Es muß allerdings immer die Note notiert werden, die auch erklingen soll.

Bogentechniken Die verschiedenen Bogentechniken und die Klangfarben, die man damit erzeugen kann, sind die Stärken der Streicher. Zunächst wollen wir die Zeichen kennenlernen, die die Bogenrichtung angeben. Man unterscheidet generell zwischen Aufstrich und Abstrich.

Abstrich   Aufstrich

Weist kein Zeichen auf eine bestimmte Bogenrichtung hin, macht der Streicher automatisch Auf- und Abstriche für jede Note.

Legato   Soll eine Gruppe von Noten in eine Richtung gestrichen werden, macht man einen Legatobogen über die entsprechende Notengruppe.

Staccato   Staccato heißt, die Noten werden kurz gespielt. Der Bogen ändert mit jedem Ton seine Richtung.

Spiccato   Spiccato ist ein ähnlicher Effekt wie das Staccato mit dem Unterschied, daß der Bogen die Saite verläßt und auf ihr "hüpft". Der Streicher macht automatisch Auf- und Abstriche. Notiert wird es wie ein Staccato.

Détaché   Bei dieser Technik bleibt der Bogen auf der Saite. Détaché ist eine Kombination aus staccato und legato. Man setzt diese Technik vor allem an besonders dramatischen Stellen ein. Auch hier wechselt der Bogen mit jedem Ton seine Richtung.

Louré   Louré ist eine Kombination aus Legato und Détaché. Der Bogen streicht längere Zeit in eine Richtung, trennt aber dabei die Noten deutlich voneinander.

Jété   Ähnlich wie beim Spiccato hüpft der Bogen auf der Saite. Der Unterschied ist der, daß der Bogen in eine Richtung hüpft. Ein Legatobogen markiert die entsprechende Notengruppe.

Portamento	Portamento ist eine Art Glissando. Der Finger gleitet dabei von einer Note zur nächsten, ohne das Griffbrett zu verlassen.

Col legno	Der Hinweis col legno sagt dem Streicher, daß er seinen Bogen umdrehen und mit dem Holzteil über die Saiten streichen muß.

Sul tasto	Sul tasto bedeutet, daß der Bogen in der Nähe des Griffbretts gestrichen wird. Auf diese Weise erhält man einen warmen und vollen Ton.

Sul ponticello	Der Bogen muß jetzt in der Nähe des Steges geführt werden. Der Ton wird "dünn" und "gläsern".

Vibrato und N.V. (No Vibrato)	Durch das Bewegen des Fingers auf einem Ton wird ein Vibrato erzeugt. Es gibt dem Ton eine angenehme Klangfärbung. Will man einen kalten Ton erzeugen, muß dieser ohne Vibrato (N.V.) gespielt werden.

Tremolo	Das Tremolo kann mit dem Finger oder mit dem Bogen erzeugt werden. Beim Fingertremolo schlägt der Finger auf den entsprechenden Zielton. Dieser Zielton kann notiert werden.

Beim Bogentremolo wird der Bogen sehr schnell hin und her bewegt. Mit dieser Technik können auch Melodien gespielt werden. Am eindrucksvollsten klingt ein Glissando, das von einem Tremolo unterstützt wird.

Dämpfer - Sordino	Es gibt für Streichinstrumente spezielle Dämpfer, die über die Saiten gelegt werden. Sie produzieren eine warmen und dumpfen Ton. Dem Streicher genügen die Hinweise "sordino" oder "con sordino" für den Einsatz des Dämpfers und "senza sordino" für die Beendigung einer gedämpften Passage.

Singstimmen

Neben allen Instrumentengattung gibt es noch eine weitere, sehr wichtige "Klangquelle", die von Anbeginn der Musik Bestandteil der verschiedensten Stile war und ist - die menschliche Singstimme. Außer als "Soloinstrument" kann der Gesang auch im Satz oder besser gesagt im Chor angewandt werden. Das Problem beim Schreiben für Singstimmen ergibt sich aus der Vielfalt der vorhandenen "Instrumente". Keine Stimme klingt wie die andere. Jeder Mensch verfügt über einen anderen Tonumfang und Männer und Frauen haben verschiedene Stimmlagen, die sie abdecken. Selbst innerhalb dieser Stimmlagen gibt es Überschneidungen. Es muß also sehr sorgfältig recherchiert werden, welchen Stimmumfang die einzelnen Solisten oder Chormitglieder haben. Es muß berücksichtigt werden, wieviele Männer- und wieviele Frauenstimmen notwendig sind, um ein gesundes Gleichgewicht an Klängen zu bekommen. Wir wollen im folgenden die verschiedenen Stimmlagen und ihre Tonumfänge kennenlernen.

Sopran
Sopran ist eine hohe Frauenstimme. Sie wird im Violinschlüssel notiert und hat folgenden Tonumfang:

Mezzosopran
Mezzosopran wird als mittlere Frauenstimme bezeichnet. Die Tonlage ist aber noch relativ hoch. Auch der Mezzosopran wird im Violinschlüssel notiert.

Alt
Alt ist die tiefe Frauenstimme. Diese Stimmlage kann aber auch schon von Männern als hohe Extremlage gesungen werden. Alt wird im Violinschlüssel notiert.

Tenor
Tenor ist die eigentliche hohe Männerlage. Sie wird im Violinschlüssel eine Oktave höher notiert als sie klingt.

Bariton
Bariton ist die mittlere Männerlage. Sie wird im Baßschlüssel notiert.

Bass
Auch die tiefe Männerlage, der Bass, wird im Baßschlüssel notiert.

Spezielle Sounds und Effekte Die Soundmöglichkeiten der Stimme aufzuzählen würde keinen Sinn machen. Die menschliche Stimme vermag außer zu sprechen und zu singen noch eine Vielzahl von Geräuschen und Lauten zu produzieren. Der Sänger Bobby McFerrin hat uns ja mit seinem Welthit "Don't worry be happy" bewiesen, daß er keine Band mehr braucht. Alle Instrumente, die in der Aufnahme zu hören sind, hat er mit seiner Stimme bzw. seinem Körper imitiert.

Schweres und Unsingbares Wie dem Bläser, so muß auch dem Stimmakrobaten die Chance zum Luftholen eingeräumt werden. Vor allem bei langsamen Stücken mit lang ausgehaltenen Tönen besteht die Gefahr, daß sich beim Vocalisten schon bald die Gesichtsfarbe verändert.

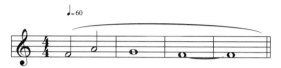

Extreme Tonsprünge und unrealistische Tonumfänge sollten ebenfalls vermieden werden.

Ein ganz wesentlicher Punkt ist die Kondition. Die menschliche Stimme ermüdet durch Überlastung schneller als jedes andere Instrument. Dazu kommt, daß die Stimme bei Überlastung ihren Klang und ihren Tonumfang ändert. Jeder kennt das Phänomen der "belegten" Stimme und die Tatsache, daß die eigene Stimme morgens tiefer klingt als abends.
Gute Sänger/-innen haben das zwar weitgehend im Griff. Es sollte aber trotzdem berücksichtigt werden, daß auch einer geschulten Stimme "die Stimme wegbleiben" kann.

Arrangier- und Satztechniken

Nachdem wir uns ausgiebig mit den verschiedensten Instrumenten befaßt haben, wollen wir als nächstes die zahlreichen Möglichkeiten des Arrangierens und die damit verbundenen Arrangier- und Satztechniken kennenlernen.

Ein Arrangement entsteht in den meisten Fällen auf der Grundlage einer vorgegeben Melodie mit den zugehörigen Harmonien. Diese gilt es dann für eine bestimmte Besetzung in einer speziellen Stilistik und Form zu bearbeiten, wobei Stilistik und Form im Moment noch nicht von Bedeutung sind. Für uns sind zunächst die folgenden Punkte von Bedeutung:
1. Wieviele und welche Instrumente, hierzu zählt auch die Gesangstimme, stehen zur Verfügung?
2. Muß die Melodie rhythmisch oder melodisch bearbeitet werden?
3. Muß das Stück harmonisch bearbeitet, also reharmonisiert werden?
4. Welches Instrument spielt die Melodie?
5. Spielen mehrere Instrumente die Melodie?
6. Wird die Melodie im Satz gespielt?
7. Wer macht den harmonischen Background?
    a. Die Rhythmusgruppe?
    b. Eine Instrumentalgruppe, die im Satz spielt?
    c. Ein Instrument, das eine Gegenmelodie spielt?

Wie man sieht, gibt es einiges, worüber man sich Gedanken machen muß, bevor man sich an die Arbeit macht, um ein Arrangement zu schreiben.
Wir wollen uns als erstes mit den zwei wichtigsten Voraussetzungen, die uns ein Musikstück bietet, auseinandersetzten: Mit der Melodie und mit den Harmonien.

Die Melodie

Die Melodie ist dem Arrangeur in der Regel gegeben. Um besser mit einer noch unbekannten Melodie umgehen zu können, sollte man sich diese so lange am Klavier oder einem anderen Instrument vorspielen, bis sie einem vertraut ist. Als nächstes macht man sich Gedanken, wie die Melodie bearbeitet werden kann. Und hier lauern bereits die ersten Fehlerquellen. Häufig wird eine Melodie so extrem verändert, daß sie ihren ursprünglichen Charakter verliert. Das sollte nach Möglichkeit verhindert werden, es sei denn, es ist der ausdrückliche Wunsch des Kunden. Aber das ist in der Regel nur dann der Fall, wenn ein kompletter Song in eine weit vom Original entfernte Stilistik umgeschrieben werden soll, zum Beispiel "Jingle Bells" als Hip Hop Song, oder wenn Melodieteile eines Stückes in einem anderen Stück zitiert werden. Wir werden im folgenden zwei Möglichkeiten der Bearbeitung einer Melodie kennenlernen: Die melodische Bearbeitung und die rhythmische Bearbeitung.

Melodische Bearbeitung einer Melodie

Ziel der melodischen Bearbeitung ist es, eine Melodie zu verschönern und interessanter zu machen oder die Melodie an eine neue Stilistik anzugleichen. Am häufigsten erfolgt dies durch Ausschmückung der vorhandenen Melodietöne mit sogenannten "approach notes". Approach heißt zu deutsch "nähern". Approach notes sind somit Töne, die sich den Melodietönen nähern oder noch besser gesagt diese umspielen. Die folgende Abbildung zeigt einen Melodieausschnitt des Standards "Long ago and far away" und eine mögliche Variation davon:

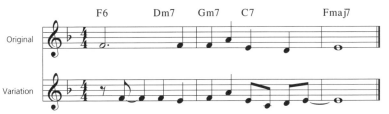

Approach Notes   Approach Notes sind in ihrer Länge genau festgelegt. Sie sind maximal eine Viertelnote lang oder kürzer. Sie nähern sich schrittweise einem Melodieton. Dieser Melodieton wird auch Zielton genannt. Man unterscheidet generell zwei Möglichkeiten der Annäherung an einen Zielton:

Diatonic Approach   Der diatonic approach (DA) ist die diatonische Annäherung an den Zielton. Das heißt, daß diese Approach Note zur Skala des gegebenen Akkordes gehört.

Chromatic Approach   Der chromatic approach (CA) ist die chromatische Annäherung an den Zielton. Das heißt, daß diese Approach Note nicht zur Skala des gegebenen Akkordes gehört.

Als nächstes wollen wir die verschiedenen Approachmöglichkeiten kennenlernen. Wir werden die englischen Begriffe benutzen, weil diese sich in der Arrangiersprache etabliert haben. In Klammer stehen die deutschen Übersetzungen:

Passing Tone (Durchgangston)
Ein passing tone (PT) verbindet schrittweise zwei Melodietöne.
Ein passing tone kann daher Diatonic- oder Chromatic Approach sein.

Auxiliary Note (Wechselnote)
Eine auxiliary note (AN) steht zwischen zwei gleichen Tönen. Sie kann sich aufwärts oder abwärts bewegen und kann diatonic- oder chromatic approach sein.

Consecutive Approach
Beim consecutive approach bewegen sich zwei Töne von gleicher Tonlänge auf einen Zielton zu. Diese Töne können aus der selben oder aus unterschiedlichen Richtungen kommen. Man unterscheidet zwei Arten:

a. Double Chromatic (Doppelte Chromatik)
Zwei Töne nähern sich aus einer Richtung in chromatischem Abstand einem Zielton.

b. Indirect Approach (Indirekte Annäherung)
Zwei Töne nähern sich aus unterschiedlicher Richtung einem Zielton. Diese "Umspielung" kann diatonisch oder chromatisch oder beides sein.

Analyse der Melodietöne

Nachdem wir nun die Möglichkeit, einen Melodieton mit approach notes auszuschmücken kennengelernt haben, wollen wir als nächstes die Melodietöne selbst unter die Lupe nehmen.

Ein Melodie- oder Zielton kann folgende Funktionen haben:

Melodieton ist Akkordton

Der einfachste Weg die Melodieanalyse zu beginnen ist, die Akkordtöne in der gegebenen Melodie zu suchen. Akkordtöne sind solche Melodietöne, die auch in dem gegebenen Akkord und dessen Symbol enthalten sind. Zur Kennzeichnung verwenden wir die Intervallziffern der einzelnen Töne (siehe Intervalltabelle auf Seite 228).

Melodieton ist eine "Tension"

Tensions sind Spannungstöne. Man bezeichnet sie auch als Akkorderweiterungen oder Optionen, weil diese Töne nicht im gegebenen Akkord enthalten sind, aber zu der entsprechenden Akkordskala gehören. Die Tensions entstehen durch erweiterte Terzschichtung über einem Vierklang. Tensions werden mit dem Buchstaben "T" und den entsprechenden Intervallsymbolen bezeichnet (siehe auch Tensiontabelle auf Seite 157).

Es gibt drei Möglichkeiten, eine Tension zu erkennen:

1. Ein Ton ist dann Tension, wenn seine Tondauer länger als die einer Viertelnote ist.

2. Ein Ton ist Tension, wenn auf einen Ton von beliebiger Länge ein Sprung (kleine Terz und mehr) folgt.

3. Ein Ton ist Tension, wenn er sich in einer Tonleiterbewegung abwärts auf Zählzeiten 1 und 3 befindet und auf den "schwachen" Zählzeiten 2 und 4 ein Akkordton liegt.

Erfüllt eine vermeintliche Tension keine dieser Voraussetzungen, muß sie als Approach Note betrachtet werden. Der Grund für diese genauen Tonuntersuchungen ist die Tatsache, daß jeder Ton seiner Funktion nach anders harmonisiert wird.

Nachdem wir nun in der Lage sind, eine Melodie zu analysieren, wollen wir ein paar einfache Beispiele untersuchen, bei denen die Melodie verändert wurde. Es handelt sich dabei um einfache und bekannte Melodien:

Scarborough Fair

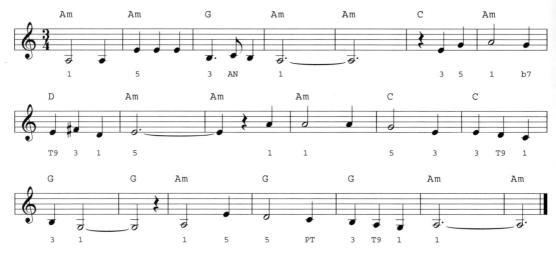

Night And Day   **Cole Porter**

Rhythmische Bearbeitung einer Melodie

Anticipation   Die wichtigste rhythmische Bearbeitungmöglichkeit einer Melodie nennt man "anticipation" (Vorziehen). Das heißt nichts anderes, als daß ein Ton schon "vor seiner rhythmischen Zeit" gespielt wird.

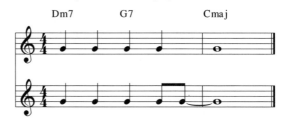

Diese vorgezogenen Noten nennt man auch Synkopen. Der Melodieton wird dabei dem Akkord vorgezogen. Dieser Effekt ist vor allem im Jazz sehr beliebt, weil er der Melodie mehr "Swing" und "Drive" verleiht. Aber auch in der Rock- und Popmusik findet er häufig Verwendung. Als Beispiel nehmen wir die ersten vier Takte aus "Can't buy me love" von den Beatles. Der Akkord C-Dur läuft auf den vier Hauptzählzeiten durch, während die Melodie entsprechend vorgezogen wird. Die Pfeile kennzeichnen diese Stellen.

Mit dem Ton kann jedoch auch der entsprechende Akkord mit vorgezogen werden.

Eine andere Möglichkeit der Synkopierung ist das Verzögern eines Melodietons. Man nennt diese Technik "Delayed Attack". Der Melodieton wird jetzt "nach seiner Zeit" gespielt.

Die folgende Melodie wurde für bestimmte Stilistiken melodisch und rhythmisch bearbeitet und dient zu Studienzwecken. Es empfiehlt sich, möglichst viele Stilistiken auf solche typischen Bearbeitungsmerkmale hin zu untersuchen, um ihre Besonderheiten kennenzulernen.

El Condor Pasa

Melodische Gesetzmäßigkeiten

Neben der Bearbeitung einer gegebenen Melodie kommt es mitunter auch vor, daß ein Arrangeur eigene Melodien schreiben muß. Meistens sind es kurze Melodien für Einleitungen, Überleitungen und Endungen. Die Melodiekomposition kann man natürlich nicht auf ein paar Seiten abhandeln. Trotzdem wollen wir hier kurz auf die wichtigsten Punkte und Regeln eingehen, um die Fehler, die immer wieder gemacht werden, vermeiden zu helfen.

Tonumfang der Melodie

Man sollte sich von Anfang an klar darüber sein, welchen Tonumfang (Ambitus oder engl. = range) die Melodie haben wird. Wenn man weiß, für welches Instrument die Melodie geschrieben wird, kann man eventuell gleich eine günstige Tonart wählen. Der Tonumfang einer Melodie wird am tiefsten und am höchsten Ton gemessen und sollte sich innerhalb einer Oktave, maximal aber einer Duodezime (Oktave plus Quinte) abspielen. Diese "Spitzentöne" sollten nach Möglichkeit nur einmal vorkommen. Der Grund für diese Eingrenzung ist der, daß viele Instrumente und die menschliche Stimme nur in einem begrenzten Tonumfang gut klingen.

Intervalle und Sequenzen

Wichtigstes Intervall für eine gute Melodie ist die Sekunde. Ein Melodie sollte nach Möglichkeit nicht zu viele Tonsprünge enthalten, weil diese den melodischen Fluß unterbrechen. Es sollten auch keine Dreiklangsintervalle auftauchen. Eine Melodie wirkt dann sofort konstruiert.

Dasselbe gilt für Sequenzen. Auch hier ist Vorsicht geboten.

Sprünge

Sprünge sollten immer "aufgefangen" werden. Dies geschieht, indem die Melodie nach einem Sprung in entgegengesetzter Richtung fortgeführt wird.

Melodischer Bogen

Eine Melodiephrase sollte nicht zu lang sein. Kurze Phrasen prägen sich beim Zuhörer besser ein.

Rhythmik und Pausen

Eine Melodie sollte sich auch rhythmisch entwickeln. Pausen dienen dabei als Ausdrucksmittel und sind außerdem nötig, um beispielsweise Bläsern und Sängern eine Chance zum Atmen zu geben. Es gibt natürlich kein Geheimrezept, wie man eine gute Melodie schreiben kann. In dem man viel Musik hört und Melodien analysiert, wird man mit der Zeit auf seine Vorlieben und somit auch zu einem eigenen Stil finden. Und immer daran denken: **Eine gute Melodie funktioniert auch ohne Akkorde.**

Zu diesen "Melodieregeln" sei noch gesagt, daß sie nur als Anregung dienen sollen. Es gibt, wie bei allen Regeln, natürlich Ausnahmen. Aber um etwas zu lernen, sollte man nicht gleich mit den Ausnahmen beginnen. Aber alles, was gefällt, ist in Ordnung.

Harmonische Bearbeitung

Kleine Reharmonisationshilfen

Reharmonisation bedeutet, daß die gegebenen Akkorde eines Stückes durch neue ersetzt (alternativ) bzw. ergänzt (additiv) werden. Auf diese Weise kann man ein Stück harmonisch aufpolieren oder ihm einen anderen Charakter verleihen. Wir wollen im folgenden ein paar der wichtigsten Reharmonisationsarten an praktischen Beispielen betrachten.

Voraussetzung für besseres Verständnis sind Grundlagenkenntnisse der Harmonielehre. Wir werden nicht näher auf harmonische Zusammenhänge eingehen, weil dies die Aufgabe der Harmonielehre ist. Bei den Buchtips sind zahlreiche Buchtitel aufgeführt, die sich mit Harmonielehre und Reharmonisation intensiv befassen.

Jeder Arrangeur, der Harmonisation und Reharmonisation gut beherrscht, kann in seinen Arrangements ein paar interessante Farbtupfer setzen. Solche harmonischen Besonderheiten sind der Hauptbestandteil eines eigenen, persönlichen Stils. Es lohnt also, wenn man sich etwas intensiver mit diesem Thema befaßt.

Vorab noch etwas Grundsätzliches über Akkordangaben. Die in einem Stück gegebenen Akkordsymbole stehen meistens über den Zählzeiten Eins oder Eins und Drei.

Weiter möchten wir noch darauf hinweisen, daß in vielen der folgenden Regeln über Reharmonisation und Harmonisation davon die Rede ist, daß ein Melodieton zum jeweiligen Akkord passen muß. Wir haben in allen Beispielen "normale" und keine alterierten Dominanten verwendet. Häufig ist es jedoch so, daß ein Melodieton, der über eine normale Dominante nicht paßt, durch die entsprechende Alteration im Akkordsymbol passend gemacht werden kann. Wer über dieses Wissen nicht verfügt, sollte sich gleichzeitig mit der Harmonielehre auseinandersetzen.

Diatonische Reharmonisation

Eine einfache und in vielen Fällen sehr wirkungsvolle Technik ist der Austausch von Akkorden durch ihre terzverwandten Vertreter. Geht man davon aus, daß eine Kadenz aus Tonika, Subdominante und Dominante besteht, erhalten wir folgende Akkordtabelle:

Tonika: Imaj7 III-7 VI-7
Subdominante: IVmaj7 II-7
Dominante: V7 VII-7b5

Folgende Abbildung zeigt eine einfache Kadenz und zwei Möglichkeiten wie diese mit Hilfe solcher Vertreterakkorde reharmonisiert werden kann.

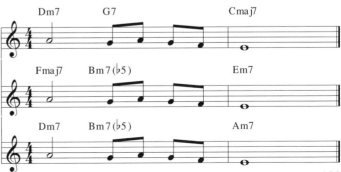

II-V KETTEN Das zweite Beispiel zeigt uns eine Kadenz mit den Akkorden der II., der V. und I. Stufe einer Durtonart.

Wir verschieben nun die ersten beiden Akkorde so, daß sie im zweiten Takt stehen und erhalten dadurch einen Leertakt.

In diesen Leertakt wollen wir eine neue II V Kadenz einbauen. Bedingung ist, daß der Melodieton A zu den neuen Akkorden paßt. Dieses A kann in einem anderen Mollseptakkord folgende Funktion haben:

Grundton in	Am7
Terz in	F#m7
Quinte in	Dm7
Septime in	Hm7
None in	Gm7
Quarte in	Em7
Sexte in	Cm7

In den zugehörigen Dominanten hätte A folgende Funktion:

In (Am7)	D7	Quinte
In (F#m7)	H7	Septime
In (Dm7)	G7	None
In (Hm7)	E7	Quarte
In (Gm7)	C7	Sexte
In (Em7)	A7	Grundton
In (Cm7)	F7	Terz

Außer Dm7 G7, denn davon gehen wir ja aus, würden alle II V Kadenzen funktionieren. In letzter Instanz entscheidet deshalb der persönliche Geschmack, welche der möglichen Kadenzen verwendet wird. Unsere Favoriten wären die folgenden:

Steht die kleine Terz eines Mollakkordes in der Melodie, so kann dieser durch eine II V Kadenz die einen Halbton höher liegt, ausgetauscht werden. Die Schlußakkorde des Standards "Stella by Starlight" liefern uns ein gutes Beispiel.

Dasselbe gilt, wenn die b5 eines m7b5-Akkordes Melodieton ist. Im viertletzten Takt von "Stella by Starlight" taucht dieser Fall auf.

Dominantketten Die wichtigste Aufgabe eines Dominantakkordes ist es, Spannung zu erzeugen. In den meisten Fällen wird diese Spannung in einen Tonikaakkord in Dur oder Moll aufgelöst. Ein wichtiges Kriterium bei diesem Spannungs-Auflösungsprozeß ist der Quintfall, der zwischen den Grundtönen stattfindet.

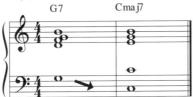

Spielt man nun eine Kadenz mit allen diatonischen Akkorden einer Tonart unter Berücksichtigung des Quintfalls erhält man die sogenannte Vollkadenz.

Cmaj7	Fmaj7	Bm7(b5)	Em7	Am7	Dm7	G7	Cmaj7

Beim Durchspielen dieser Kadenz fällt einem die lange Mollsequenz zwischen der III. und der II. Stufe auf. Davon ausgehend, daß es die Melodie erlaubt, werden wir den Akkord auf der VI. Stufe in einen Dominantakkord umdeuten, um so zunächst eine II-V Kette zu erhalten:

Cmaj7	Fmaj7	Bm7(b5)	Em7	A7	Dm7	G7	Cmaj7

Wandelt man auch die anderen Mollakkorde in Dominantakkorde um, erhält man eine Dominantkette, die sich im Quintfall der Tonika nähert:

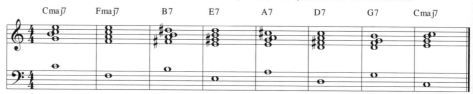

Die folgende Abbildung zeigt noch eine weitere gutklingende Variante:

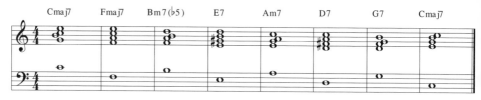

Tritonussubstitution (Tritonusvertreter)

Die Tritonussubstitution gehört zu den beliebtesten Techniken des "Akkordtunings". Man spielt anstelle der erwarteten Dominante einen Dominantakkord, dessen Grundton einen Tritonus höher bzw. tiefer liegt.

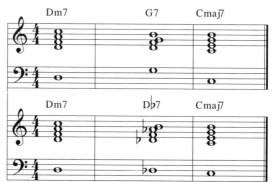

Der Grund, warum dieser Austausch funktioniert, ist ein gemeinsames Intervall, das gleichzeitig das wichtigste im Dominantakkord ist: Der Tritonus zwischen der Terz und der Septime.

Die folgende Abbildung zeigt eine kurze Melodie mit II V Kadenzen. Unter den eigentlichen Dominanten stehen deren Vertreter. Der Melodieton muß wieder im neuen Akkord bzw. dessen Akkordskala vorkommen. Mit den neuen Akkorden erhält die Kadenz eine chromatische Grundtonbewegung.

Die Austauschdominanten sind Eb7 und Db7. Da die Melodietöne eigentlich nicht in diesen Akkorden vorkommen, werden diese Dominanten alteriert.

Pedaltöne Mit Hilfe von Pedaltönen (auch Orgelpunkt genannt) kann einer harmonischen Sequenz zusätzliche Spannung verliehen werden. Je nach harmonischer und rhythmischer Struktur können Pedaltöne aber auch Ruhe erzeugen. Das Prinzip ist genauso einfach wie wirkungsvoll. Ein Ton wird gehalten bzw. immer wieder gespielt und die Harmonien erzeugen durch ihre Bewegung den gewünschten Effekt. Ist die Spannung der Akkorde zum Pedalton eher gering, erzeugt die Akkordfolge Ruhe und umgekehrt. Obwohl ein Pedal in allen Stimmen vorkommen kann, ist für uns zunächst nur das Basspedal und das Mittelstimmenpedal von Bedeutung, weil die Melodie, also das Diskantpedal, in den meisten Fällen gegeben ist.

Als erstes wollen wir ein Basspedal konstruieren. Die Wahl des Pedals kann mit der gegeben Harmoniefolge zusammenhängen oder aus klangtechnischen Gründen frei gewählt werden. Unsere gegebene Harmoniefolge ist eine Kadenz in C-Dur mit den Akkorden IVmaj7, VI-7, II-7, V7sus4, Imaj7.

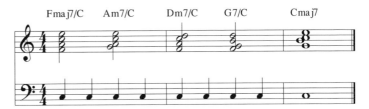

Als Pedalton verwenden wir Töne, die bei allen Akkorden in der jeweiligen Akkordskala vorkommen, was theoretisch jeder Ton der C-Dur Skala sein kann. Wir wollen allerdings auf jene Töne verzichten, die in unseren Akkordskalen als sogenannte "avoid notes" bezeichnet werden.

Bleiben also die folgenden Töne übrig. Daraus lassen sich fünf Akkordfolgen mit Pedalton konstruieren:

Fmaj7/C	**Am7/C**	**Dm7/C**	**G7/C**	**Cmaj7**
Fmaj7/D	**Am7/D**	**Dm7/D**	**G7/D**	**Cmaj7/D**
Fmaj7/E	**Am7/E**	**Dm7/E**	**G7/E**	**Cmaj7/E**
Fmaj7/G	**Am7/Gg**	**Dm7/G**	**G7/G**	**Cmaj7/G**
Fmaj7/A	**Am7/A**	**Dm7/A**	**G7/A**	**Cmaj7/A**

Als nächstes wollen wir dieselbe Technik für ein Pedal in der Mittelstimme verwenden. Um die gewünschte Wirkung zu erzielen, sollte sich der gewählte Pedalton im unteren Altbereich befinden.

Man sollte auch ein Instrument wählen, daß genügend Kraft hat, diesen Ton hervorzuheben. Je nach Besetzung werden hier Hörner, Streicher oder Posaunen bevorzugt.

Klischeelinien Klischeelinien sind melodische Linien, die sich durch einen mehrmals vorkommenden Akkord ziehen. Wie die Pedaltöne können sie im Bass, in der Mittelstimme oder in der Melodie verlaufen. Klischeelinien sind immer chromatisch. Ihre Aufgabe ist es, je nach Startton die Akkordfunktion zu ändern oder Spannung zu erzeugen. Wir werden zunächst die Akkordfolge zweier bekannter Titel betrachten. Das erste Beispiel zeigt einen Ausschnitt des Standards "My funny Valentine", das zweite Beispiel ist aus dem Song "Everybody's talkin" von Nilsson.

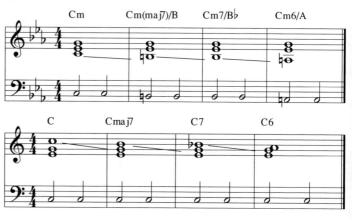

Die häufigste Klischeelinie bewegt sich vom Grundton aus abwärts. Bei "My funny Valentine" bewegte sie sich durch einen Mollakkord und bei "Everybodys' talkin'" durch einen Durakkord. Im ersten Fall hat sie die Färbung des Akkordes verändert, im zweiten Beispiel wurde aus einem Durdreiklang ein maj7-Akkord, dann ein Dominantseptakkord und zuletzt ein Dur-Sextakkord. Somit hat diese Klischeelinie die Funktion der Töne verändert.

Eine weitere Klischeelinie, die häufig zur Spannungssteigerung verwendet wird, ist die von der Quinte an auf- und wieder absteigende. Diese Klischeelinie funktioniert in Moll und Dur. Das erste Beispiel stammt aus der Titelmusik der James Bond Filme und zeigt uns eine auf- und absteigende Linie in Moll. Beispiel Zwei zeigt einen Ausschnitt der Samba "Brasil" mit der selben Klischeelinie in einem Dur Akkord.

Lineare Basslinie Lineare Basslinien sind konstruierte Basslinien, die sich in Sekundschritten, meistens diatonisch, aufwärts oder abwärts bewegen. Eine solche Basslinie verleiht auch weit auseinanderliegenden Akkorden eine bessere Zusammengehörigkeit. Wenn man solche Linien erstellt, sollte man immer einen Zielton oder einen Zielakkord vor Augen haben.

Die folgende Abbildung zeigt eine Akkordfolge, deren Akkordbeziehung nicht immer eindeutig ist, aber durch die lineare Basslinie logisch wird:

Durch eine absteigende Basslinie bekommt diese Akkordfolge eine neue Struktur und die Akkorde teilweise eine interessante Färbung.

My One And Only Love Wir wollen noch ein Beispiel aus der Praxis betrachten, um diese Technik besser verstehen zu lernen.

Constant Structure Wir kommen nun zu einigen Reharmonisationstechniken, die eher willkür-
lichen Ursprungs sind. Für die Constant Structure Reharmonisation werden
ausschließlich Akkorde desselben Akkordtyps verwendet. Diese Akkorde
haben eher eine klangfarbliche als eine funktionelle Aufgabe zu erfüllen.
Sie sollten auch nur kurz eingesetzt werden, weil sie schon bald langweilig
klingen. Wie bei allen Techniken ist es wichtig, daß der Melodieton im
gewählten Akkord enthalten ist. Bevorzugte Akkordtypen sind m7-, sus4-
und maj7-Akkorde. Das folgende Beispiel zeigt kurze Ausschnitte aus bekannten Titeln, die mit dieser Techik bearbeitet oder komponiert wurden.

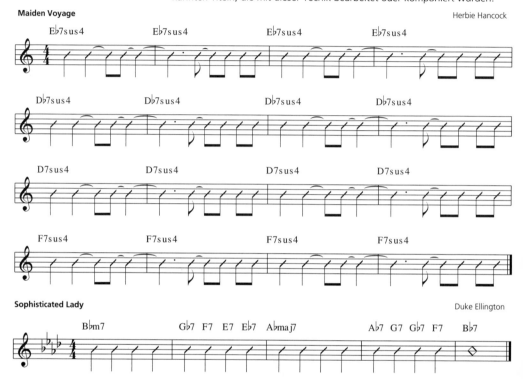

Simulierende und Die simulierende und die freie Akkordsubstitution haben Ähnlichkeit mit
freie Akkordsubstitution der Constant Structure Reharmonisation. Es werden einzelne Akkorde ausgetauscht mit dem Ziel, neue Klangfarben zu schaffen.
Bei der simulierenden Substitution haben der alte und der neue Akkord den
Melodieton als gemeinsamen Akkordton. Im folgenden Beispiel wird der
Dm7 Akkord gegen einen Bbmaj7 Akkord ausgetauscht. Gemeinsamer Ton
ist der Melodieton D.

Bei der freien Akkordsubstitution ist alles möglich, was gefällt. Meistens haben die neugewählten Akkorde eine ähnliche Klangfarbe wie die ursprünglichen, sind aber auf Grund ihres Akkordtyps etwas auffälliger.

Diminished Chords – Verminderte Akkorde

Verminderte Akkorde entstehen, wenn man kleine Terzen übereinander schichtet. Dabei sind maximal vier Akkordtöne möglich, da der fünfte Akkordton wieder der Grundton wäre.

Die Bezeichnung o7 beim Vierklang ist eigentlich nicht richtig, da die vermeintliche Septime eigentlich im Sextabstand zum Grundton steht. Man verwendet diese Bezeichnung aber, um diesen Akkord als Vierklang erkennbar zu machen. Man spricht daher vom "verminderten Septakkord".

Eine weitere Eigenheit dieser Akkorde ist die Tatsache, daß sie vier Grundtöne haben.

Obwohl diese Akkorde in einigen Tonleitern als Stufenakkorde vorkommen, werden sie nicht wie diese eingesetzt. Ihre "Stärke" liegt in der Gestaltung von chromatischen Akkorddurchgängen. Verminderte Septakkorde werden in drei Kategorien unterteilt.

1. Aufsteigende Bewegung

Bei diatonisch aufsteigenden Akkordfolgen werden folgende o7-Akkorde als Durchgangsakkorde verwendet:

#Io7, #IIo7, #IVo7, #Vo7

Das folgende Beispiel zeigt typische Akkordverbindungen, die mit o7-Akkorden "verbunden" wurden.

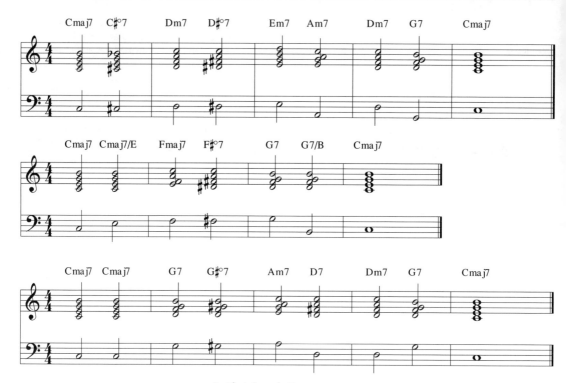

2. Absteigende Bewegung

Bei absteigenden Akkordfolgen werden die folgenden o7-Akkorde verwendet.

bIIIo7, bVIo7.

Die folgende Abbildung zeigt typische absteigende Akkordverbindungen.

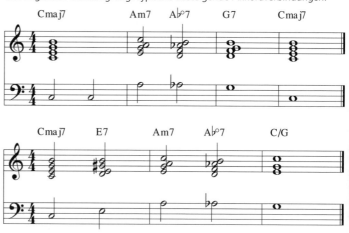

3. Ausweichakkorde

Ausweichakkorde sind Verbindungsakkorde zwischen zwei Akkorden mit gleichem Grundton. Auch der Verbindungsakkord hat meistens den selben Grundton, aber ein anderes Akkordgeschlecht. Als Ausweichakkord hat der o7-Akkord folgende Funktionen:

Io7, Vo7.

Folgende Abbildung zeigt Beispiele mit o7-Akkorden als Ausweichakkorde.

Die bisherigen Beispiele zeigten Möglichkeiten der additiven Reharmonisation. Der o7-Akkord kann aber auch zur alternativen Reharmonisation verwendet werden. Dazu muß man den o7-Akkord umdeuten und ihm die Funktion einer Dominante zuordnen.

Der Grund, warum man aus einem o7-Akkord eine Dominante konstruieren kann, ist die Tatsache, daß im verminderten Septakkord zweimal das Intervall Tritonus vorkommt. Da dieser Tritonus das Kernintervall eines Dominantseptakkordes ist - er liegt dort zwischen Terz und Septime -, kann man um diese Tritonusintervalle Dominantakkorde bilden. Da ein Tritonus in seiner Umkehrung ein Tritonus bleibt, besteht die Möglichkeit, aus einem o7-Akkord vier Dominantseptakkorde zu machen. An der folgenden Abbildung sehen wir, welche Dominanten aus einem C#o7-Akkord erstellt werden können.

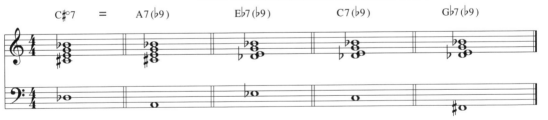

Da Akkordfolgen mit vielen o7-Akkorden auf Dauer "oldfashioned" klingen, können Stücke, die bereits Akkordverbindungen mit o7-Akkorden enthalten, so reharmonisiert werden, daß die o7-Akkorde durch entsprechende Dominanten ersetzt werden.

Von diesen vier Möglichkeiten klingt der A7b9 und der Eb7b9 am besten. Die Gründe dafür sind:

1. Der A7b9 verhält sich zum Dm7-Akkord wie eine Dominante. Die Grundtonbewegung schreitet im Quintfall.

2. Der Eb7b9 verhält sich wie die Tritonussubstitution von A7b9. Die Grundtonbewegung ist chromatisch.

Modal Interchange

Eine interessante Reharmonisationsmöglichkeit ist die Verwendung von sogenannten Modal Interchange (MI) Akkorden. Modal Interchange heißt zu deutsch modaler Austausch. Da es sich bei Modal Interchange um ein relativ kompliziertes Denkmodell handelt, wollen wir versuchen, dieses System Schritt für Schritt nachzuvollziehen. Wie sicherlich bekannt ist, kann man mit jedem Ton einer Dur- oder Moll-Skala eine neue Tonart herleiten, die sogenannten Kirchentonarten oder Modi.

Die für das Modal Interchange Modell wichtigen Modi und Tonarten sind die folgenden:

Ionisch (Durtonart), dorisch, phrygisch, lydisch, mixolydisch, aeolisch (natürlich Moll), lokrisch, harmonisch und melodisch Moll.

Ausgehend von einer Tonart, z.B. ionisch, stellt man diese den restlichen Modi gegenüber. Voraussetzung ist, daß alle denselben Grundton haben. Somit stehen sich folgende Modi mit dem Grundton C gegenüber:

c-ionisch

c-dorisch

c-phrygisch

c-lydisch

c-mixolydisch

c-aeolisch

c-lokrisch

c-harmonisch moll

c-melodisch moll

Wie wir weiter wissen, kann man auf jeder Stufe dieser Modi Akkorde schichten. Um die Akkordbezeichnungen allgemein zu halten, verwendet man auch hier römische Ziffern, zur Kennzeichnung der einzelnen Akkordstufen.
Die folgende Abbildung zeigt diese Akkordstufen der einzelnen Modi im Vergleich zueinander: (Verwendbare Modal Interchange Akkorde sind eingerahmt).

Modal Interchange Tabelle

Das eigentliche Prinzip von Modal Interchange ist es, sich Akkorde aus den verschiedenen Modi auszuleihen. Zum besseren Verständnis wollen wir ein Beispiel zeigen. Angenommen wir haben eine VI-II-V-I-Kadenz in C-Dur, also im ionischen Modus.

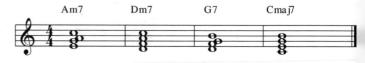

Wir borgen uns jetzt aus dem dorischen Modus den Akkord auf der V. Stufe. In diesem Fall einen Gm7-Akkord mit der Stufenbezeichnung Vm7.

Man sieht schnell, wieviele Möglichkeiten man mit solchen ausgeliehenen Akkorden (borrowed chords) hat, wenn man die eingerahmten Akkorde in der Modal Interchange Tabelle auf Seite 152 betrachtet. All diese Akkorde weichen durch ihre Stufenbezeichnungen oder ihre Funktionen von den Stufenbezeichnungen der Ausgangstonart c-ionisch ab. Somit sind all diese Akkorde potentielle Modal Interchange Akkorde. Im folgenden haben wir zum besseren Verständnis einige gängige Beispiele aus der Reharmonisationspraxis abgebildet.

Original	C	Em	G	F	:||
Reharmonisiert	C	Em	Gm7 (Vm7)	F	:||

Original	C	F	C	G7	:||
Reharmonisiert	C	Bbmaj7 (bVIImaj7)	Abmaj7 (bVImaj7)	G7	:||

Original	Cmaj7	Am7	Dm7	G7	:||
Reharmonisiert	Cmaj7	Ebmaj7 (bIIImaj7)	Abmaj7 (bVImaj7)	Dbmaj7 (bIImaj7)	:||

Original	Cmaj7	Dm7 G7	Cmaj7	Dm7 G7	:||
Reharmonisiert	Cmaj7	Fm7 (IVm7) Bb7 (bVII7)	Cmaj7	Fm7 Bb7	:||

Voraussetzung dafür, daß Modal Interchange Akkorde funktionieren, ist wie immer die Tatsache, daß die Melodietöne zu den neuen Akkorden passen. Es empfiehlt sich in jedem Fall, eine Harmonielehre-Schule zum besseren Verständnis von Modal Interchange zu Rate zu ziehen.

Der Turnaround Mit Hilfe der bisher erwähnten Techniken lassen sich einige interessante Akkordwendungen erstellen. Eine solche Akkordwendung ist der Turnaround. Vor allem Endungen und Übergänge zwischen zwei Formteilen sind beliebte "Plätze" für Turnarounds. Das folgende Beispiel zeigt zwei typische Schlußtakte, in denen "nichts mehr passiert". Da jetzt das Stück wieder von vorne beginnt oder in einen neuen Formteil überleitet, kann man diesen Leerlauf nutzen, um eine harmonische Wendung zu erfinden, die von der alten Tonika weg zur neuen Tonika hinführt.
In den folgenden Beispielen haben wir nur die bisher gelernten Techniken verwendet.

Original	C		C		:||
	Cmaj7	Am7	Fmaj7	G7	:||
	Cmaj7	Am7	Dm7	G7	:||
	Em7	Am7	Dm7	G7	:||
	Cmaj7	Eb7	Dm7	Db7	:||
	Cmaj7	Ebmaj7	Abmaj7	Dbmaj7	:||
	Cmaj7	Bbmaj7	Abmaj7	G7	:||
	Cmaj7	Ebm7	Fm7	Bb7	:||
	Cmaj7	F7	F#m7(b5)	G7	:||

Die Satztechniken

Unser nächstes Ziel ist es, das erworbene Wissen über die melodische und die harmonische Bearbeitung für die verschiedenen Satztechniken anzuwenden. Wir werden die verschiedenen Techniken kennenlernen, die man benötigt um eine Melodie zu harmonisieren.

Die Solo, Unisono und Oktav-Unisono Technik

Diese Techniken sind sehr einfache und effektive Arrangiertechniken, die in jeder Art von Stilistik zur Anwendung kommen. Dabei wird eine gegebene Melodie je nach Spielbarkeit und Stilistik bestimmten Instrumenten, man spricht auch von Stimmen, zugeordnet.

Bei der Solotechnik spielt ein einziges Instrument die Melodie. Bei der Wahl des Melodieinstruments muß man folgende Punkte beachten:

1. Welches Instrument soll die Melodie alleine spielen?
2. In welchem Register des gewählten Instruments liegt die Melodie?
3. Liegt die Melodie zu hoch oder zu tief für das gewählte Instrument?
4. Transponiere ich das komplette Stück in eine andere Tonart, falls die Melodie für das gewünschte Instrument nicht in der besten Lage liegt?
5. Gebe ich die Melodiestimme eventuell einem anderen Instrument?

Solotechnik

Die Solotechnik wird hauptsächlich für Besetzungen mit nur einem oder wenigen Melodieinstrumenten angewandt. Die Melodie wird dann meistens von der Rhythmusgruppe oder einem kleinen Instrumentalsatz begleitet.

Aber auch in größeren Besetzungen wie der Big Band kann die Solotechnik ein interessanter Kontrast zum sonst üblichen Satzspiel sein. Die Solostimme wird in größeren Orchestern entweder von der Rhythmusgruppe oder von einem instrumentalen Background, bestehend aus Bläsern oder Streichern, begleitet.

Unisono-Technik

Unisono bedeutet: Mehrere (mindestens zwei) Instrumente spielen im gleichen Register in der gleichen Tonhöhe die gleiche Melodie. Die Unisono-Technik ist sehr beliebt, um die Melodie des Songs oder des Backgrounds effektvoll und klar zu präsentieren. Bei der Auswahl der Instrumente, die eine Melodie unisono spielen sollen, muß man sich die selben fünf Fragen stellen wie bei der Solotechnik.

Am besten lassen sich natürlich Instrumente aus der gleichen Instrumentenfamilie kombinieren. Je nach Besetzung kann man aber auch verschiedene Gattungen mischen. Man muß dabei nur die gattungsspezifischen Probleme wie Lautstärke, Intonation und Tonumfang berücksichtigen, um gute Ergebnisse zu erzielen. Hier hilft nur experimentieren, sofern man die Möglichkeit dazu hat.

Die folgenden Beispiele zeigen einige Kombinationen, die gut funktionieren und einige, die mit Sicherheit nicht gut klingen:

Gut: 2 Trompeten, 2 Tenorsaxophone etc.
      Trompete und Altsaxophon
      Trompete und Posaune (bei relativ tiefer Melodie)
      Posaune und Tenorsaxophon
      Oboe und Fagott
      Oboe und Flöte

Noch gut: Trompete und Querflöte
      French Horn und Trompete
      Altsaxophon und Querflöte

Ungeeignet: Piccoloflöte und Tuba
      Tenorsaxophon und Oboe
      Posaune und Violine (Solo)

Oktav-Unisono-Technik Arrangiert man die Melodie eines Stücks oder auch nur einen Teil der Melodie für zwei oder mehrere Instrumente mit unterschiedlichem Register in verschiedenen Oktaven, so ist dies ein weiterer Weg, eine Melodie effektvoll klingen zu lassen. Bei der Oktav-Unisono-Technik spielen zwei Instrumente dieselbe Melodie, ein Instrument spielt sie in der hohen Lage, das andere Instrument spielt die Melodie eine Oktave tiefer.

Liegt die Melodie relativ hoch, z.B. im höheren Register der Trompete, so kann ein zweites Instrument die Melodie eine Oktave tiefer spielen (z.B. Tenorsaxophon) und ein drittes Instrument (z.B. Baritonsaxophon) noch eine Oktave tiefer. Auf diese Weise bekäme man ein dreifaches Oktav-Unisono.

Harmonisationsregeln Will man, daß mehrere Instrumente eine Melodie gleichzeitig spielen und der Zusammenklang der verschiedenen Stimmen einen Akkord ergibt, muß man die Melodie harmonisieren. Bei der Harmonisation einer Melodie wird der Melodieton als höchster Ton eines sogenannten Voicings betrachtet. Ein Voicing ist wiederum nichts anderes als ein Akkord. Je nach Besetzung kann ein Voicing eine oder mehrere Stimmen unter dem Melodieton haben.

Wir wollen nun auf den folgenden Seiten die wichtigsten dieser Voicingtechniken kennenlernen. Welcher Voicingtyp letztendlich für ein Arrangement verwendet wird, hängt vom persönlichen Geschmack des Arrangeurs, von der Besetzung, von der Stilistik, vom Tonumfang und der Lage der Melodie ab.

Four Way Close-Technik

Dieser vierstimmige geschlossene Satz findet in allen Stilen Anwendung. Ein Four Way Close Voicing enthält vier verschiedene Töne innerhalb einer Oktave. Diese Töne können sowohl Akkordtöne als auch Tensions sein. Der Melodieton ist immer höchster Ton des Voicings. Folgende Abbildung zeigt eine kurze Melodiephrase, die bereits in dieser Technik gesetzt ist.

Bevor wir nun lernen, solche Voicings zu erstellen, müssen wir zunächst untersuchen, welche Funktion der jeweilige Melodieton hat. Wir haben ja bereits alle Funktionen im Kapitel "Melodie" kennengelernt. Folglich besteht eine Melodie aus Akkordtönen, Tensions und Approach Notes. Jetzt wollen wir sehen, wie diese Töne im einzelnen mit der Four Way Close Technik harmonisiert werden können.

1. Melodieton ist Akkordton

Der erste und wichtigste Schritt der Melodieanalyse ist der, die Akkordtöne in der Melodie zu suchen. Akkordtöne sind alle Töne, die in dem gegebenen Akkord enthalten sind.

Nachdem der Melodieton feststeht, setzt man für die weiteren Stimmen die restlichen drei Akkordtöne unter den Melodieton. Unser Beispiel zeigt den Melodieton D und einen Bbmaj7-Akkord. Man geht nun folgendermaßen vor:

a. Der Ton D ist die Terz des Akkords.
b. Die restlichen Akkordtöne des Bbmaj7-Akkords sind: Bb, A und F.
   Diese drei Akkordtöne werden jetzt unter die Melodienote in richtiger Reihenfolge gesetzt.
c. Die richtige Reihenfolge ist durch den Melodieton festgelegt. In unserem Beispiel ist die erste Note unter dem D das Bb. Nächster Akkordton ist das A. Und der letzte Akkordton ist das F.

Somit erhalten wir ein komplettes vierstimmiges Voicing von Bmaj7 mit D als Melodieton. Und noch ein Beispiel mit dem Ton D als Melodieton, der zugleich die Quinte des Gm7-Akkords ist:

Wie schon erwähnt, muß das Voicing nicht unbedingt mit Akkordtönen "aufgefüllt" werden. Im folgenden Beispiel werden wir einige Tensions statt der Akkordtöne einsetzen. Es ist allerdings ratsam, nicht zu viele Tensions in ein Voicing zu bringen, um den Akkordsound nicht allzusehr zu verändern.

Die folgende Tensiontabelle zeigt uns, welche Akkordtöne im allgemeinen durch Tensions ersetzt werden können:

Tensiontabelle

Tension	ersetzt	Akkordton (für Akkord)
T9		1 (für maj6, maj7, dom7, m6, m7)
Tb9		1 (für dom7)
T#9		1 (für dom7)
T11		5 (für m7, m7b5)
T11		b3 (für m7, m7b5)
T#11		5 (für maj7#11, dom7b5, dom7#11)
Tb13		5 (für dom7)
T13		5 (maj7, m(maj7), dom7)
T13		7 (für maj7 mit 1 in Melodie)
T7		6 (für maj6, m6)

Zur Kennzeichnung der Akkordtöne in der Melodieanalyse verwendet man folgende Symbole:

1 (= Grundton) , 3 (= Terz), 5 (= Quinte), 7 (= Septime)

Für abweichende Intervalle werden die entsprechenden Versetzungszeichen verwendet:

b3	– kleine Terz bei Mollakkorden
4	– reine Quart bei sus4-Akkorden
b5/#4	– verminderte Quinte/übermäßige Quart
#5	– übermäßige Quinte bei übermäßigen Akkorden
6	– große Sexte bei maj6- und m6-Akkorden
b7	– kleine Septime
7	– große Septime (bei maj7- und m(maj7)-Akkorden)

Four Way Close Ausnahmen

In einigen Fällen kann der Melodieton nicht mit Akkordtönen ergänzt werden.

1. Melodieton ist Grundton des Akkordes

Nach dem Gesetz der Four Way Close Technik würde beim Cmaj7-Akkord mit Ton C als Melodieton als nächster Ton die große Septime B folgen. Das würde dazu führen, daß das Intervall in den beiden obersten Stimmen eine kleine Sekunde wäre. Obwohl dieses Voicing gut klingt, wird in manchen Fällen die große Septime durch die große Sexte ersetzt. Dafür gibt es verschiedene Gründe. Zum einen ist es nicht leicht, in den Oberstimmen zusammen mit einem anderen Instrument eine kleine Sekunde zu intonieren. Zum anderen gibt es klangliche Bedenken, die einen zur zweiten Variante ausweichen lassen; nämlich dann, wenn die Melodie nicht mehr deutlich zu hören ist. Ein entscheidendes Kriterium für die Wahl ist die Stimmführung, die sich in der zweiten Oberstimme ergibt.

Die folgenden zwei Beispiele zeigen zunächst eine Möglichkeit, bei der die erste Variante wegen der Stimmführung der 2. Stimme gut klingt. Das zweite Beispiel zeigt uns eine Möglichkeit, bei der es besser ist, auf die große Sexte auszuweichen, da das Intervall der kleinen Sekunde zwischen C und B zu lange klingt.

Das gilt für alle Melodietöne, die mit dem nächsten Akkordton eine kleine Sekunde bilden würden.

2. Melodieton ist Grundton eines V7b9 (G7b9) Akkordes.

Für diesen Fall sollte immer das folgende Voicing verwendet werden:

3. Melodieton ist Tension

Tensions sind Töne, die keine Akkordtöne sind, aber doch zur jeweiligen Akkordskala gehören.

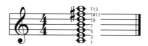

Tensions werden mit "T" für Tension abgekürzt und mit den allgemeingültigen Akkordziffern für Intervalle gekennzeichnet.

Tb9 – Tension kleine None (z.B. bei dom7-Akkorden)
T9   – Tension große None (z.B. bei maj7-Akkorden)
T#9 – Tension übermäßige None (z.B. bei dom7-Akkorden)
T11 – Tension Quarte 8va (z.B. bei m7-Akkorden)
T#11 – Tension übermäßige Quarte 8va (z.B. bei maj7-Akkorden)
Tb13 – Tension kleine Sexte 8va (z.B. bei dom7-Akkorden)
T13 – Tension große Sexte 8va (z.B. bei maj7-Akkorden)
T7   – Tension große Septime (z.B. bei maj6- oder m6-Akkorden)

Erfüllt der Melodieton die Bedingungen einer Tension (siehe Seite 157), so wird er, wie schon die Akkordtöne, mit dem gegebenen Tonmaterial des entsprechenden Akkordes harmonisiert. Man muß jedoch einige Regeln befolgen. Eine Tension ersetzt einen Akkordton und zwar den nächsttieferen. Im folgenden Beispiel ist der Cmaj7 Akkord gegeben. Der Melodieton D ist laut Regel eine Tension. Soll dieser Ton harmonisiert werden, muß berücksichtigt werden, daß er das C als den nächsttieferen Akkordton ersetzt. Die drei Unterstimmen sind die verbleibenden Akkordtöne B, G und E.

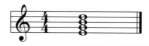

Welche Töne durch Tensions ersetzt werden, zeigt die Tabelle auf Seite 157
Hier sind noch weitere Beispiele für die Harmonisierung von Tensions.

4. Melodieton ist Approach Note

Ist der Melodieton kein Akkordton und keine Tension, sondern ein Skalenton
oder ein chromatischer Ton, der nicht die Bedingungen einer Tension oder eines Akkordtons erfüllt, so benötigt man weitere Harmonisationstechniken,
um mit diesen Tönen ein Voicing erstellen zu können. Man nennt diese Töne
approach notes. Im folgenden werden wir nun verschiedene
Techniken kennenlernen, um zu unserem Voicing zu gelangen. Welches
letztendlich in der Praxis verwendet wird, entscheidet der persönliche
Geschmack. Für die Harmonisierung aller approach notes gilt:
Zuerst die Zielnote – das ist die Note, die auf den Skalen – oder chromatischen Annäherungston folgt – harmonisieren. Danach erst kommt die vor-
hergehende approach note an die Reihe. Denn man sollte wissen, wohin
man geht, bevor man sich auf den Weg macht.
Um die folgenden Harmonisierungstechniken für die approach notes besser
zu verstehen, sollte man die Grundlagen der Reharmonisation (s. Seite 139)
kennen. Im Zweifelsfalle empfiehlt es sich, ein Harmonielehrbuch hinzuzu-
ziehen.

Diatonische Harmonisation In diesem Fall muß die approach note diatonisch sein. Das heißt, sie ist in der
Skala des gegeben Akkordes enthalten. Die anderen Töne des Voicings
schreiten in diatonischen Schritten zu den Tönen des Zielvoicings.

Chromatische Harmonisation Chromatische Harmonisation wird bei chromatic approach angewendet. Die
approach note nähert sich in einem Halbtonschritt dem Zielton. Jeder Ton
des Voicings nähert sich ebenso in Halbtonschritten den Tönen des Zielvoicings. Dasselbe gilt auch beim double chromatic approach.

Parallele Harmonisation Diese Technik kann für alle approach notes angewendet werden. Dabei
machen die Unterstimmen dieselben Tonschritte wie die approach note zum
Zielton. Das bedeutet auch, daß es Überschneidungen gibt. Ein chromatische
Harmonisation ist im Prinzip ebenso eine parallele Harmonisation. Dasselbe
gilt für die diatonische Harmonisation, wenn alle Tonschritte gleich sind.
Diese Technik eignet sich übrigens am besten für approach notes, die auf
das Voicing eines verminderten Akkordes zusteuern.

Dominante Harmonisation Eine der interessantesten Harmonisationstechniken ist die dominante Harmonisation. In diesem Fall wird die approach note als Dominante des Zielakkordes harmonisiert. Voraussetzung ist, daß der Melodieton gleichzeitig Akkordton eines entsprechenden Dominantakkordes wäre.

**Independent Lead –
unabhängige Melodie** Die Independent Lead Technik ist eine gute Alternative, um approach notes zu harmonisieren. Bei dieser Technik werden die Akkordtöne und Tensions harmonisiert, und deren Unterstimmen klingen weiter oder pausieren. Die Melodiestimme mit den approach notes wird weiter gespielt. Vor allem bei schnelleren Passagen bringt diese Technik mehr Ruhe ins Arrangement.

Die meisten Voicings, die bei der Harmonisation von approach notes entstehen, haben nichts mehr mit der aktuellen Tonart des jeweiligen Taktes oder auch des ganzen Stückes zu tun. Das macht aber nichts aus, da sich diese Akkorde sehr schnell in den folgenden diatonischen Akkord auflösen.

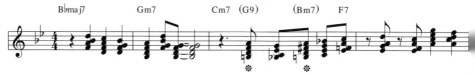

Diese Voicings müssen folglich nicht mit den Akkordfolgen der Rhythmusgruppe übereinstimmen oder gar von ihr gespielt werden.

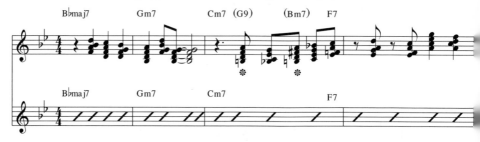

Die bisher besprochenen Voicings waren alle in enger Lage notiert. Wir werden nun Techniken kennenlernen, um aus diesen Four Way Close Voicings Akkorde in weiter Lage zu erstellen. Die einfachste Technik ist die sogenannte "Drop" Technik.

Die Four Way Close Drop 2 Technik

Mit der Drop 2 Technik erhält man ein Voicing mit einem offeneren und breiteren Sound. Der Grund dafür ist der neue Intervallabstand zwischen dem höchsten und dem tiefsten Ton des Voicings, der jetzt größer als eine Oktave ist. Das Prinzip der Four Way Close Drop 2 Technik ist sehr einfach. Man nimmt ein Four Way Close Voicing und transponiert die zweite Stimme von oben um eine Oktave nach unten.

Man kann ein solches Voicing ohne weiteres in eine Four Way Close Passage einbauen. Vor allem dann, wenn die Melodie einen relativ weiten Sprung nach oben macht. Der weite Melodiesprung erscheint dem Hörer dadurch nicht mehr so groß und die Spieler der unteren Stimmen müssen keine unnötigen Sprünge spielen.

Bevor wir nun weitere "Drop-Techniken" kennenlernen, müssen wir uns mit zwei Regeln befassen, die sich auf bestimmte Verbote innerhalb eines Voicings beziehen. Es handelt sich dabei um spezielle Intervallabstände, die in einem Voicing nicht auftauchen dürfen.

Das b9 Intervall

Das Intervall einer kleinen None zwischen zwei Stimmen in einem Voicing ist aus klanglichen Gründen verboten. Die einzige Ausnahme ist der entsprechende Dominantseptakkord mit der Bezeichnung 7b9.

Ein b9 Intervall produziert einen sehr dissonanten Klang und würde deshalb ein Voicing völlig entstellen. In verschiedenen Situationen kann man diesen Klang allerdings gezielt einsetzen, beispielsweise bei Film- und Bühnenmusik, wo man mit solchen Sounds Spannung und Dramatik erzeugt.

**Low Intervall Limits –
Die tiefen Intervallgrenzen**

Es gibt verschiedene Gründe dafür, warum bestimmte Intervalle in den tiefen Tonlagen "matschig" oder undeutlich klingen. Die Gründe dafür haben etwas mit Physik und Akustiklehre zu tun. Für uns Arrangeure gibt es die sogenannten Low Intervall Limits = die tiefen Intervallgrenzen, die uns zeigen, wie tief welches Intervall in einem Voicing auftauchen darf. Diese Limits sind wirklich wichtig, denn setzt man ein Voicing zu tief, klingt es fremdartig und undeutlich und es wird schwierig, ein Akkordgeschlecht zu erkennen. Die folgende Tabelle zeigt die Intervalle, die ab einer bestimmten Tiefe nicht mehr verwendet werden sollen.

Wenn die tiefste Note eines Voicings nicht der Grundton des Akkords ist, so muß man sich beim Harmonisieren den Grundton unter der tiefsten Note des Voicings vorstellen. Dann vergleicht man das Intervall zwischen diesem Grundton und dem tiefsten Ton des Voicings und vergleicht es mit den Low Interval Limits. Ist das Intervall erlaubt, kann das Voicing verwendet werden. Ist es jedoch nicht erlaubt, so muß man sich für eine andere Variante des Voicings entscheiden. Tauchen im Verlauf eines Stückes solche "Grenzverletzungen" häufiger auf, ist es ratsam, das ganze Stück in eine andere Tonart zu transponieren, weil die Melodie eindeutig zu tief liegt.

Die Four Way Close Drop 3 Technik

Ausgangspunkt ist wiederum unser vierstimmiges Four Way Close Voicing. Das Prinzip der Drop 3 Technik funktioniert genauso wie das der Drop 2 Technik. Es wird die 3. Stimme von oben um eine Oktave nach unten oktaviert. Diese Drop 3 Voicings klingen noch breiter und offener als die Drop 2 Voicings, da der Intervallabstand von der höchsten zur tiefsten Note generell noch größer als bei einem Drop 2 Voicing ist. Man muß beim Harmonisieren auf b9 Intervalle zwischen der tiefsten und der höchsten Stimme achten. Ist ein solches b9 Intervall vorhanden, sollte man auf die Drop 2 Technik zurückgreifen oder den tiefsten Ton durch eine Tension ersetzen. Und nicht vergessen, alle Voicings auf die Low Interval Limits zu prüfen.

Die Four Way Close Drop 2 + 4 Technik

Die letzte "Drop Technik" ist die Drop 2 + 4 Technik. Mit dieser Technik erhält man sehr weite und offene Voicings. Hier wird bei einem Four Way Close Voicing die 2. und die 4. Stimme von oben um eine Oktave tiefer gesetzt.

Verwendung von Tensions in Drop 2, Drop 3 und Drop 2 + 4 Voicings

Es gibt noch verschiedene Möglichkeiten, diesen "Drop Voicings" zusätzliche harmonische Dichte zu geben. Dies geschieht durch Ersetzen des Akkordtons in der 2. Stimme im jeweiligen Drop Voicing durch die entsprechende Tension. Austauschkriterien eines Akkordtons durch eine Tension sind:
a. die harmonischen Gegebenheiten des entsprechenden Akkordes.
b. das musikalische Gespür für besondere Klänge des Arrangeurs.

Es gehört etwas Erfahrung dazu, bevor man mit Tensions arbeitet. Man sollte ein solches Voicing immer am Klavier ausprobieren. Das Voicing darf dabei nicht isoliert gespielt werden, sondern immer in dem harmonischen Zusammenhang, in dem es gerade steht. Die Tensiontabelle auf Seite 157 gibt Aufschluß, welche Akkordtöne durch welche Tensions ersetzt werden können.

Eine Tension darf in einem vierstimmigen Voicing aber nicht tiefer als der Ton F auf der F-Linie des Bass-Schlüssels stehen.

Einzige Ausnahme ist der Ton E unter der F-Linie des Bass-Schlüssels, solange dieser Ton die maj7 eines Fmaj7, Fmaj6, Fm6, oder eines Fm(maj7) Akkords ist.

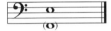

Guide Tone Lines

Die Guide Tone Line-Technik kommt dem klassischen Kontrapunkt am nächsten. Guide Tone Lines sind konstruierte Backgroundlinien, die eine Melodie harmonisch unterstützen sollen.

Ein Guide Tone (Leitton) kann Akkordton oder Tension aus dem gegebenen Akkord sein. Eine solche Linie sollte in möglichst kleinen Tonschritten geführt werden.

Verwendet man größere Sprünge, dann sollten diese innerhalb eines kurzen Motivs liegen (siehe Abbildung nächste Seite).

Ein Guide Tone kann auch für mehrere Akkorde Gültigkeit haben.

Eine Guide Tone Line sollte immer ein Ziel verfolgen. Das kann eine Tonika seine oder das Ende einer Phrase.

Man kann eine Guide Tone Line auch rhythmisieren, muß allerdings darauf achten, daß die Melodie durch die Rhythmik der Guide Tone Line nicht gestört wird.

Bei der Wahl der Instrumente für eine Guide Tone Line sollte man darauf achten, daß sich die Tonumfänge nicht zu sehr kreuzen. Am besten klingen zwei Instrumente in unterschiedlicher Lage. Außerdem klingen warme und tiefe Instrumente am besten für solche Background Linien.

Zweistimmiger Satz – Two Part Voicings

Eine einfache und trotzdem sehr reizvolle Möglichkeit der Harmonisierung ist es, eine Melodie zweistimmig zu setzen. Dabei wird ein zweiter Ton in einem bestimmten Intervall unter den Melodieton gesetzt. Trotz gewisser Ähnlichkeiten hat diese Technik aber nichts mit dem klassischen Kontrapunkt zu tun. Man spricht in diesem Zusammenhang, also wenn zwei Melodieinstrumente eine Melodie im selben Rhythmus spielen, vom "Two Part Soli". Diese Satztechnik kann in allen Stilen eingesetzt werden. Wie schon bei der Four Way Close-Technik muß der Melodieton, der zu harmonisieren ist, zunächst untersucht werden, ob er Akkordton, Tension oder approach note ist (s. S. 133).

Terzen und Sexten

Die Terz und die Sexte sind die beliebtesten Intervalle, die zur Harmonisierung verwendet werden. In den meisten Fällen sind diese Intervalle gleichzeitig Töne, die im jeweils gegebenen Akkord vorkommen. Dadurch verläuft die Melodielinie sehr harmonisch. Wenn ausschließlich in Terzen harmonisiert wird, kann das Ergebnis in manchen Fällen vielleicht etwas kitschig ausfallen.

Melodieton ist Akkordton

Ist der Melodieton gleichzeitig ein Akkordton, setzt man einfach die nächste Terz des gegebenen Akkordes unter den Melodieton.

Ähnlich geht man auch bei der Sexte vor. Eine Sexte ist die Umkehrung einer Terz. Diesmal sucht man die nächste Akkordterz über dem Melodieton und setzt diesen Ton aber eine Oktave tiefer, also im Sextabstand, unter den Melodieton.

Auch wenn der Melodieton Akkordton ist, heißt das nicht, daß die Terz darunter automatisch auch Akkordton ist. Ist sie kein Akkordton, so nimmt man den nächsttieferen Akkordton. Das gilt auch für die Sexte unter dem Melodieton. Ist sie kein Akkordton, so nimmt man den nächsthöheren Akkordton.

In solch einem Fall mischt man die beiden Techniken. Man verwendet also Terzen und Sexten. In jedem Fall sollte der neue Ton ein Akkordton sein.

Wenn das Instrument, das die Begleitstimme spielt, ein sehr tiefes Instrument ist – beispielsweise wenn eine Trompete von einer Posaune begleitet wird – kann die Begleitstimme auch eine Dezime tiefer spielen. Man muß die Terz unter der Melodie einfach eine Oktave tiefer setzen.

Das geht aber nur dann, wenn das entsprechende Instrument in dieser Tonlage nicht "matschig" klingt.

Quinten und Quarten

Zwei weitere Intervalle, die sich zur Harmonisierung einer Melodie eignen, sind die Quinten und die Quarten. Allerdings erzielt man mit diesen beiden Intervallen ganz andere Klangergebnisse als mit Terzen und Sexten. Der Sound, den sie erzeugen, wird in erster Linie in Jazz- und Rockstücken verwendet. Was die Harmonisierung selbst betrifft, so geht man genauso wie bei den Terzen und Sexten vor.

Melodieton ist Akkordton

Ist der Melodieton gleichzeitig Akkordton des gegebenen Akkordes, sucht man einen weiteren Akkordton, der eine Quarte oder eine Quinte tiefer als der Melodieton sitzt.

Der gesuchte Akkordton kann natürlich auch über der Melodie liegen, muß dann aber, wie schon bei den Terzen und den Sexten, eine Oktave tiefer notiert werden.

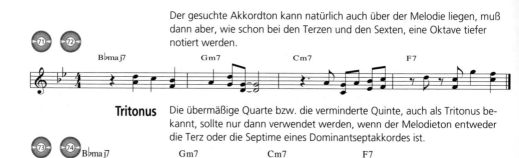

Tritonus

Die übermäßige Quarte bzw. die verminderte Quinte, auch als Tritonus bekannt, sollte nur dann verwendet werden, wenn der Melodieton entweder die Terz oder die Septime eines Dominantseptakkordes ist.

Sekunden und Septimen

Eher selten werden die Sekunden und die Septimen zur Harmonisierung herangezogen. Der Sound, den sie produzieren, ist sehr spannungsreich und dissonant. Es gibt jedoch immer wieder musikalische Situationen, wo eben dieser Sound den gewünschten Effekt erzielt. Trotzdem sollte der Umgang mit diesen Intervallen äußerst behutsam erfolgen. Es empfiehlt sich, wie auch bei allen anderen Intervallen, das Ergebnis immer zunächst am Klavier zu überprüfen.

Melodieton ist Akkordton

Mit den Sekunden und den Septimen verfährt man wie mit allen anderen Intervallen. Ist der Melodieton Akkordton, sucht man einen weiteren Akkordton im entsprechenden Intervallabstand und setzt diesen unter den Melodieton. Ist die Sekunde oder Septime unter dem Melodieton kein Akkordton, so verfährt man wie mit den Terzen und Sexten und nimmt den nächsthöheren oder nächsttieferen Akkordton als zweite Stimme.

Selbstverständlich können alle bisher besprochenen Intervalle auch gemeinsam verwendet werden. Die Harmonisierung erhält dadurch mehr Farbe und die zweite Stimme bekommt einen besseren melodischen Fluß.

Eine weitere Möglichkeit bietet sich dadurch, daß das gesuchte Intervall selbst kein Akkordton, sondern eine Tension ist. Es muß jedoch darauf geachtet werden, daß die gewählte Tension einen Akkordton ersetzt und daß der harmonische Bezug nicht verloren geht. Auch das erfordert einiges an Übung und Erfahrung.

Melodieton ist Tension

Natürlich besteht eine Melodie nicht nur aus Akkordtönen. Deshalb wollen wir jetzt die weiteren Möglichkeiten untersuchen. Zunächst die Tensions. Erfüllt ein Melodieton die Bedingung einer Tension (siehe Seite 157), so sollte der gewählte Ton ein Akkordton oder eine weitere Tension des gegebenen Akkordes sein. Ist er es dennoch nicht, so nimmt man den nächsthöheren oder nächsttieferen Akkordton als zweite Stimme.

Melodieton ist Approach Note Ist der Melodieton eine approach note, so gilt dasselbe wie bei der Four Way Close-Technik. Zunächst muß der Zielton harmonisiert werden, bevor die approach note (je nach Art) chromatisch oder diatonisch harmonisiert wird. Wie bei allen anderen Satztechniken gilt auch für den zweistimmigen Satz: Zunächst die Zielnote, Tension oder Akkordton harmonisieren, dann die approach notes.

Dreistimmiger Satz –
Three Part Voicings

Ein Three Part Voicing orientiert sich im wesentlichen an der Four Way Close Technik. Er wird meistens dann verwendet, wenn die vorhandene Besetzung aus nur drei Melodieinstrumenten besteht oder aber wenn dieser spezielle Sound gewünscht wird. Ein Three Part Voicing entsteht, wenn aus einem Four Way Close Voicing eine der unteren Stimmen weggelassen wird. Dies kann die zweite, die dritte oder die vierte Stimme sein.

Ein dreistimmiges Voicing kann genauso wie die vierstimmigen Voicings als Drop 2 Voicing notiert werden. Dadurch bekommen die Voicings einen offeneren Sound.

Four Way Drop 2 Voicing mit Tension

Wurde in einem Four Way Close Voicing eine Tension verwendet, so kann diese ohne weiteres beibehalten werden.

Three Part Variable Voicing mit Tension

Andere Möglichkeit: Three Part Variable Voicing mit Tension

Eine weitere Möglichkeit Three Part Voicings zu bekommen ist, die Melodie in Akkorddreiklängen zu harmonisieren. Diese Technik wird vor allem in der populären Musik bei Schlager und Volksmusik eingesetzt. Dabei wird der Melodieton, egal ob er Akkordton oder Tension ist, als Grundton, Terz oder Quinte eines diatonischen Dreiklangs angesehen. Unter ihn werden die restlichen beiden Stimmen ausgesetzt. Dabei gibt es bei einigen Melodietönen verschiedene Möglichkeiten. Hier entscheidet die Stimmführung der unteren Stimmen und natürlich der Geschmack.

Bei einigen Dominantseptakkorden sollten die folgenden vier Beispiele als Standardvoicings angesehen werden:

Double Lead Technik   Alle bisherigen Voicing Techniken können noch durch einen weiteren Ton ergänzt werden, ohne jedoch den Grundsound des Voicings zu verändern. Man setzt in diesem Fall einfach die Melodiestimme eine Oktave tiefer. Das Voicing erhält dadurch mehr "Fülle". Man nennt diese Voicings "Double Lead Voicings". Die folgende Abbildung zeigt alle bisher behandelten Voicingtypen als Double Lead Voicings gesetzt. Dies sind:

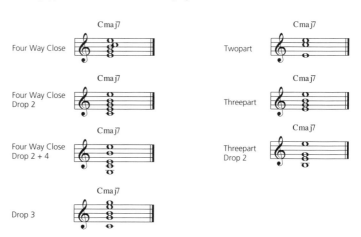

Fünfstimmige Voicings

Abgeleitet vom "four way - double lead" Voicing, können auch "echte" fünfstimmige Voicings gebildet werden. Da bei der double lead-Technik in jedem Fall der Melodieton des Voicings gedoppelt wird, nämlich eine Oktave tiefer, kann dieser Ton durch eine benachbarte Tension bzw. durch einen benachbarten Akkordton ersetzt werden.

Die folgende Abbildung zeigt zwei "four way close-double lead" Akkorde und die entsprechenden Änderungen. Der erste Akkord ist ein Cmaj7-Voicing mit einem Akkordton in der Melodie. Dieser wird ersetzt durch die Tension 9. Der zweite Akkord ist ein Am7-Akkord mit einer Tension in der Melodie. Dieser Ton wird durch den Akkordton b3 ersetzt. Das folgende Symbol soll diesen Vorgang noch verdeutlichen:

3/9 =   die Zahl vor dem Strich entspricht dem Melodieton. Also in diesem Fall der Akkordterz von Cmaj7. Die Zahl hinter dem Strich zeigt uns, was aus dieser "3" wurde, in diesem Fall die None.

11/b3 = Aus dem Melodieton, der Tension 11, wird die Akkordterz von Am7

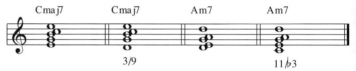

Aufgrund der zahlreichen close und drop Voicings und der ebenso zahlreichen Möglichkeiten an Melodietönen bieten sich eine Vielzahl verschiedener Five Part Voicings an. Die folgenden Abbildungen zeigen uns zu den wichtigsten Akkordtypen die verschiedenen Möglichkeiten an Austauschtönen, die es gibt. In der folgenden Abbildung sind Melodietöne Akkordtöne.

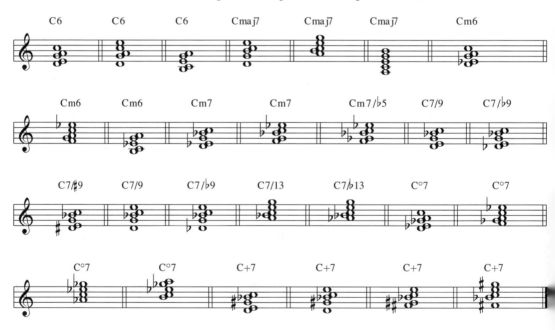

Bei den nächsten Beispielen sind die Melodietöne Tensions.

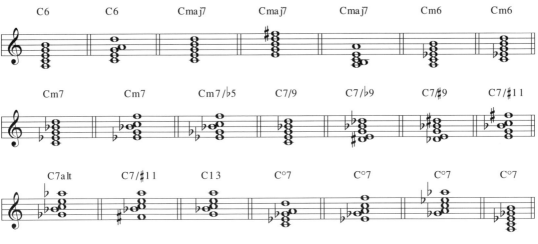

Bei einigen Melodietönen ist ein Austausch nicht möglich, weil der neue Ton entweder schon im Akkord vorkommt oder weil er ein nicht erlaubtes b9 Intervall mit einem anderen Ton im Voicing ergeben würde. Wir haben diese Ausnahmen bei den oben gezeigten Beispielen bereits ausgespart.

Die folgenden fünfstimmigen Voicings sollten ungeachtet der Konstruktions-regeln als Standardvoicings angesehen werden:

Andere Satztechniken

Spread Voicings

Spread Voicings oder Spreads, wie sie auch genannt werden, sind spezielle Voicings in sehr weiter Lage. Sie bilden einen interessanten Kontrast zu den bisherigen Voicings, weil sie eine andere Struktur haben. Spreads werden in speziellen Situationen eingesetzt. Man kann sie als Backgroundvoicings ein-setzen, wenn die Melodie sehr viel zu spielen hat.

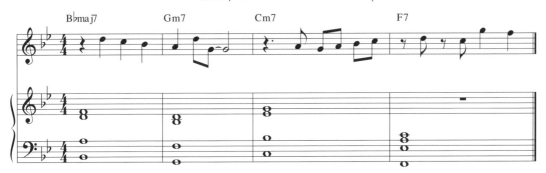

Besteht die Melodie aus langen Tönen, eignen sich Spreads hervorragend, um einen perkussiven Hintergrund zu legen.

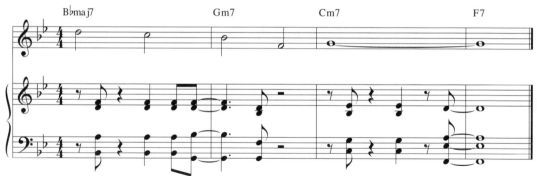

Spreads kann man wie die anderen Voicings in Verbindung zur gegebenen Melodie erstellen.

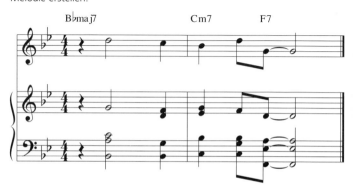

Spreads können aber auch unabhängig von der Melodie konstruiert werden.

Spreads sind im Vergleich zu den bisher besprochenen Voicings nicht ganz so unproblematisch zu handhaben. Sie bieten dem Arrangeur zwar eine ungeheuere Palette an Gestaltungsmöglichkeiten, gleichzeitig lauern aber auch zahlreiche Fehlerquellen, die es zu entdecken und zu verhindern gilt. Im folgenden wollen wir nun die verschiedenen Möglichkeiten der Spreadkonstruktion kennenlernen.

Vierstimmige Spreads mit gegebener Melodie

Als erstes wollen wir Spread Voicings mit gegebener Melodie kennenlernen. Das Voicing, das wir erstellen wollen, hat also den Melodieton an höchster Stelle. Als tiefsten Ton des neues Voicings nimmt man nun den Grundton des gegebenen Akkordes.

Ausgenommen von dieser Regel sind Akkorde, die bereits als Umkehrung notiert sind. In diesem Fall muß der angegebene Basston als tiefster Ton im Voicing auftauchen.

Der Abstand zwischen der höchsten und der tiefsten Stimme eines Spread Voicings sollte mindestens eine Oktave oder größer sein. Man muß natürlich darauf achten, daß der tiefste Ton, den man notiert, auch im Register des entsprechenden Instrumentes vorhanden ist.

Die verbleibenden zwei Mittelstimmen sollten aus Akkordtönen gewählt werden, vorzugsweise Terz und Septime. Hier gibt es einige Regeln bezüglich der Intervalle zwischen den einzelnen Stimmen, die beachtet werden müssen.
a. Man muß ständig kontrollieren, ob zwischen den zwei tiefsten Stimmen die Low Intervall Limits (siehe Seite 162) verletzt werden. Dasselbe gilt für die b9 Intervalle und ihre Ausnahmen.

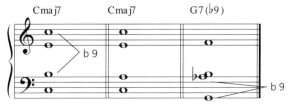

b. Der Intervallabstand zwischen den zwei höchsten Stimmen sollte nicht kleiner als eine große Sekunde sein.

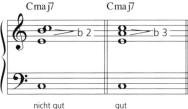

175

c. Die Intervallabstände zwischen den einzelnen Stimmen sollten nicht größer als eine Oktave sein. Ausnahme ist der Abstand zwischen den zwei tiefsten Tönen. Er kann auch eine Dezime betragen.

nicht gut   besser (6/7)

d. Eine Tonverdopplung sollte, sofern es möglich ist, vermieden werden. Ausnahme wäre, wenn der Melodieton gleich Grundton des Akkordes ist.

e. Generell gilt, daß ein großer Intervallabstand, natürlich innerhalb der erlaubten Grenzen, zwischen den einzelnen Stimmen die besten Spreads ergibt.

f. Ein besonders schöner Effekt wird erzielt, wenn man die tiefste und die höchste Stimme, sofern dies möglich ist, in Gegenbewegung notiert.

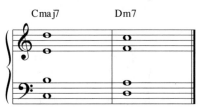

Die Stimmführung zwischen den restlichen Tönen des Voicings sollte möglichst eng und linear sein. Man muß also versuchen, unnötig große Sprünge zwischen den Mittelstimmen zu vermeiden. Aus diesem Grund können in manchen Situationen anstelle von Akkordtönen auch Tensions verwendet werden. Für Tensions sollte aber nur die zweite Stimme von oben reserviert sein.

**Vierstimmige Spreads
ohne gegebene Melodie**

Wenn man einen Background für eine Melodie schreiben möchte und diese Melodie nicht im Voicing auftauchen soll, kann man Spreads auch ohne gegebene Melodie konstruieren. Man macht dies, um eine Melodie harmonisch zu unterstützen oder um einem Solisten eine harmonische Grundlage zu schaffen, die nicht nur von der Rhythmusgruppe getragen wird. Die Vorgehensweise zur Erstellung des Voicings ist im Grunde genommen dieselbe wie bei den Spreads mit gegebener Melodie.

1. Man wählt entsprechend dem Akkord einen tiefen Ton für das Voicing.
2. Man füllt die Mittelstimmen entsprechend den Regeln mit Akkordtönen (Terz und Septime) auf.
3. Man wählt die höchste Stimme aus dem verbleibenden Tonmaterial des Akkordes oder man nimmt eine entsprechende Tension.

An dieser Stelle sei noch einmal daran erinnert, daß eine Tension immer einen Akkordton ersetzt (siehe Seite 157).

Cmaj7/13

Man kann einen solchen "unabhängigen" Background rhythmisieren. Es muß aber darauf geachtet werden, daß der Backgroundrhythmus den Rhythmus der Melodie nicht stört, sondern unterstützt.

**Fünfstimmige Spreads
mit gegebener Melodie**

Um ein fünfstimmiges Spread Voicing mit einer gegebenen Melodie zu bekommen, geht man folgendermaßen vor:

a. Der Melodieton ist die höchste Stimme des Voicings.

Cmaj7

b. Als tiefster Ton wird wie bisher der Grundton des Akkordes verwendet, ausgenommen bei Umkehrungen.

c. Die verbleibenden Stimmen werden aus Akkordtönen gewählt. Nimmt man Tensions, ist die zweite Stimme für solche reserviert. Will man einen Ton verdoppeln, so wird der Melodieton um eine Oktave tiefer gesetzt und zwar in die dritte Stimme von oben.

d. Sieht das gegebene Akkordsymbol einen fünfstimmigen Akkord vor, so sollten alle fünf Töne für das Spread Voicing verwendet werden. Außer natürlich, wenn eine der Ausnahmen vorliegt, wie zum Beispiel: Melodieton ist gleich Grundton des Akkordes. Dann muß dieser Ton natürlich verdoppelt werden.

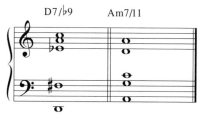

Fünfstimmige Voicings ohne gegebene Melodie

Um ein solches Voicing zu kreieren, muß man lediglich ein vierstimmiges Voicing gemäß den Regeln erfinden. Dieses vierstimmige Voicing wird nun den tiefen vier Stimmen zugeordnet.

Der verbleibende fünfte Ton wird in Anlehnung an den gegebenen Akkord gesucht. Er kann sein:

a. Ein gedoppelter Akkordton aus den Unterstimmen.
b. Eine Tension.

Er sollte in jedem Fall weit genug von der zweiten Stimme weg liegen (Minimum eine große Sekunde). Auch diese Voicings kann man rhythmisieren. Es muß aber auch hier darauf geachtet werden, daß der Backgroundrhythmus den Rhythmus der Melodie nicht stört, sondern unterstützt.

Spread Voicings für Dreiklänge

Bisher haben wir nur die Möglichkeiten untersucht, die sich bieten, wenn ein vier- oder mehrstimmiger Akkord gegeben ist. In vielen Musikstilen wird aber nur mit Dreiklängen gearbeitet. Aus diesem Grund wollen wir zum Schluß dieses Kapitels noch die Möglichkeiten untersuchen, die sich für Dreiklänge bieten.

a. In einem dreistimmigen Voicing mit einem gegebenen Dreiklang darf kein Ton verdoppelt werden.

b. Der Abstand zwischen den zwei tiefsten Stimmen sollte mindestens eine Quinte betragen.

c. Muß ein dreistimmiger Spread auf vier oder mehr Instrumente übertragen werden, müssen Töne verdoppelt werden. Die Terz sollte in jedem Fall nur einmal vorkommen.

Seltene Voicingtechniken

Die nun folgenden Voicingtechniken gehören eher zu den "Exoten". Sie kommen vorzugsweise in Musikrichtungen wie Jazz und Blues vor. Und selbst dort gehen die Arrangeure eher vorsichtig damit um. Aus diesem Grund haben wir auf eine detaillierte Beschreibung verzichtet und nur die wichtigsten Merkmale und Regeln zur Erstellung dieser Voicings erwähnt.

Quarten Voicings

Quartvoicings bestehen, wie der Name schon verrät, aus Quarten. Sie haben einen sehr modernen und offenen Sound, der vor allem im modalen Jazz zu hören ist. Man kann jedoch einem "normalen" Arrangement durch gezielte Plazierung eines solchen Voicings eine interessante Klangfarbe bemischen. Quartvoicings sind sehr einfach zu erstellen. Es gibt kaum Ausnahmen, die dem Arrangeur die Arbeit erschweren. Die Vorgehensweise ist dieselbe wie beim Four Way Close Voicing. Man setzt unter die Melodiestimme die entsprechenden Töne aus der Skala des gegebenen Akkordes und zwar im Quartabstand. Für die folgenden Beispiele haben wir je ein drei-, ein vier- und ein fünfstimmiges Voicing verwendet. Double Lead und Drop Techniken werden bei Quartvoicings äußerst selten angewandt.

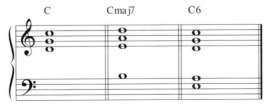

Stößt man bei der Quartschichtung auf eine avoid note muß man auf ein anderes Intervall ausweichen. Diese Ausweichsintervalle sind Terzen und Quinten. Man sollte jedoch darauf achten, daß zwei Terzen oder Terz und Quinte nicht direkt aufeinanderfolgen, weil dies den erwünschten "Quartensound" schmälert.

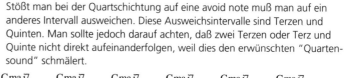

Bei dreistimmigen Voicings sollten nur Quarten verwendet werden. Für den Fall, daß dies nicht geht (avoid note) und man eine Terz verwenden muß, bekommt man in den meisten Fällen einen gewöhnlichen Dreiklang. Dieser ist zwar nicht falsch, er klingt aber nicht nach einem Quartvoicing.

Wählt man die Terz, sollte man darauf achten, daß diese in der Nähe der Melodiestimme liegt. Umgekehrt ist es bei Quinten.

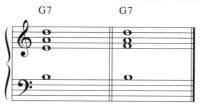

Bei den Quartvoicings ist es nicht von Bedeutung, daß die Terz und die Septime im Akkord vorkommen. Es können theoretisch ausschließlich Tensions sein. Man sollte lediglich darauf achten, daß durch die Wahl der Töne die Funktion des Akkordes nicht verändert wird.

Beispiel 1 sollte ein G7-Akkord sein. Durch die fehlende Septime F klingt dieses Voicings aber eher wie ein Cmaj7 Tonikaakkord. Man kann hier auf eine Quarte verzichten und statt Ton E den Ton F wählen.

Cluster Cluster sind Voicings, bei denen die Töne im Sekundabstand zueinander stehen. Wegen ihres dissonanten Klanges werden sie als reine Satztechnik selten verwendet. Cluster haben eher die Aufgabe, bestimmte klangliche Effekte zu erzielen. Deshalb werden sie gerne in Filmmusiken und anderen dramaturgischen Kompositionen eingesetzt. Zur besseren Stimmführung werden sie auch oft vor offene Voicings gesetzt.
Für die Cluster gilt dasselbe wie für die Quartvoicings. Die Avoidnotes eines Akkordes werden umgangen, indem man eine Terz einbaut. Wird eine Terz verwendet, so sollte sie in den oberen Stimmen auftauchen.

Die folgenden Regeln sollten im Umgang mit Cluster Voicings unbedingt eingehalten werden:

1. Die Melodiestimme kann eine Terz oder sogar eine Quarte vom nächsten Ton des Voicings entfernt liegen.
2. Zwischen den oberen zwei Stimmen sollte keine kleine Sekunde liegen.
3. Clusters sollten nicht zur Harmonisierung von schnellen Passagen verwendet werden.
4. Werden Cluster in zu tiefen Lagen verwendet, wird der Akkordsound matschig und undurchsichtig.

Im folgenden sind ein paar Möglichkeiten für den effektiven Einsatz von Clustern abgebildet.

Upper Structure Triad

Upper Structur Triads gehören gewissermaßen schon zu den Reharmonisationstechniken. Ihre Konstruktion sieht vor, daß ein "normaler Akkord" in zwei Teile unterteilt wird. In eine Oberstruktur (Upperstructur) und in eine Unterstruktur.

Die Oberstruktur sollte dabei aus Tönen der Akkordscala des gegebenen Akkordes bestehen. Ziel ist, daß die Oberstruktur einen Dur Dreiklang und mindestens eine Tension des gegebenen Akkordes enthält. Der Upper Structur Triad kann "zur Not" auch ein Molldreiklang sein.

Als Beispiel nehmen wir einen Cmaj7 Akkord und die dazugehörige Akkordskala ionisch. Wir untersuchen nun die einzelnen Stufendreiklänge der Skala und ihre "Tauglichkeit" als Upper Structur Triad über dem Akkord Cmaj7.

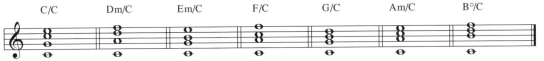

Zu 1. C/C ist kein Upper Structure Voicing, weil keine Tension vorkommt.
Zu 2. Dm/C ist kein Upper Structure Voicing, weil in Dm die avoid Note F vorkommt.
Zu 3. Em/C kann bereits als Upper Structure Voicing angesehen werden. Es enthält den Ton B, der die große Septime von C-Dur ist. Der Ton B ist zwar keine Tension, jedoch hat die maj7 in einem Dur-Dreiklang einen gewissen Spannungsgehalt.
Zu 4. F/C ist kein Upper Structure Voicing, weil in F Dur die avoid note F vorkommt.

Zu 5. G/C ist ein "richtiges" Upper Structure Voicing. Es ist in zweifacher Hinsicht interessant. Erstens weil es ein Dur Dreiklang ist und zweitens, weil es die Tension D enthält.

Zu 6. Am/C ist ein Upper Structure Voicing. Es enthält die Tension A, hat aber nicht denselben Spannungsgehalt wie im Beispiel 5. der Dur-Dreiklang.

Zu 7. Bo/C ist kein Upper Structure Voicing, weil in Bo die avoid note F vorkommt.

Übrig bleiben also die Dreiklänge G Dur, Em und Am als Upperstructur Triads über C-Dur.

Wie wir an den Beispielen sehen, haben die Upper Structure Voicings unterschiedliche Qualitäten. Wir wollen deshalb noch einmal kurz auf die wichtigsten Auswahlkriterien eingehen.

a. Am besten klingt ein Upper Structure Voicing, wenn der obere Akkord ein Dur-Akkord mit mindestens einer Tension ist.

b. Enthält der obere Akkord eine avoid Note, darf er nicht verwendet werden.

c. Moll- oder verminderte Akkorde als Oberstruktur sollten nur dann verwendet werden, wenn keine andere Möglichkeit besteht.

Man kann zu jedem Akkord und zu jeder Akkordskala Upper Structur Triads erstellen. Die folgende Tabelle zeigt uns die Möglichkeiten die übrigbleiben, wenn man aus den wichtigsten Akkordtypen "Upper Structure Triad Voicings" konstruiert. Der Einfachheit halber verwenden wir für jeden Akkordtyp den Grundton C.

Akkordtyp	DUR Upper Structure		MOLL Upper Structure	
C				
Cmaj7	G		Em	Am
Cmaj9 }				
Cmaj13				
(ionisch)				
Cmaj7#11	D		–	
(lydisch)				
Cm6	F		Dm	
(melodisch Moll)				
Cm(maj7)	G			
(harmonisch Moll)				
Cm7	Eb	Bb	Gm	
(dorisch/aeolisch)				
Cm7	Eb			
(phrygisch)				
Cm7b5	Ab		Ebm	
(lokrisch)				
Cm7b5/9	Bb	Do		
(lokrisch 9)				
C7	–		Gm	Am
C9 }				
C13				
(mixolydisch)				

C7b913 (Halbton-Ganzton)	Eb Gb A		–
C7alt (alteriert)	Gb Ab	'	–
C7b9b13 (mixo b9b13)	Eb		–
C7#11 (lydian b7)	A		–
C7sus4 (mixolydisch)	Bb F		Dm
C+7 (Ganzton)	Bb+ D+ F#+		
Co7 (Ganzton-Halbton)	D F Ab B Do	Fo Abo Bo	

Harmonisation von Upper Structure Voicings

Will man in einem Arrangement ein Upper Structure Voicing bilden, muß der gegebene Melodieton gleichzeitig Akkordton 1, 3 oder 5 eines entsprechenden Dur- oder Moll Upper Structer Triads sein. Die restlichen Töne werden entsprechend hinzugefügt. In der folgenden Abbildung sehen wir eine Melodie mit entsprechender Akkordfolge in der Tonart C-Dur.

In der nächsten Abbildung sehen wir dieselbe Melodie, diesmal mit entsprechenden Upper Structur Voicings harmonisiert.

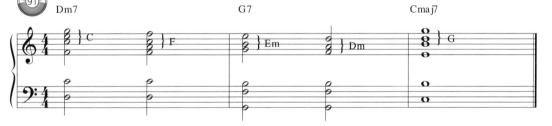

Je nachdem, für wieviele Instrumente ein Upper Structure Voicing gesetzt wird, kann die Unterstimme aus unterschiedlich vielen Tönen bestehen. Ein Upper Structure Akkord für sechs Bläser hätte beispielsweise drei Unterstimmen.
Egal wieviel Töne es letztendlich sind, sollte der Akkord in der Unterstimme immer Töne enthalten, die den Akkordsound deutlich wiedergeben.
Diese Töne sind vorzugsweise Grundton, Terz und Septime. Die folgende Abbildung zeigt Beispiele für sechs-, fünf- und vierstimmige Voicings.

183

Der Abstand zwischen dem oberen und dem unteren Akkord sollte nicht größer als eine Oktave, nicht kleiner als eine Terz sein.

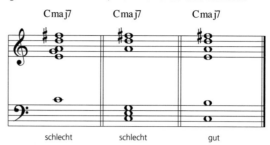

Im Folgenden zeigen wir am Beispiel des Standards Misty, wie man mit Upper Structure Voicings und anderen Satztechniken einen Titel harmonisch interessant arrangieren kann.

Zum besseren Verständnis wollen wir jetzt noch klären, wie wir bei der Reharmonisation und der Voicingkonstruktion vorgegangen sind. Die Originalakkordfolge war die folgende:

Wir haben nun jeden Ton der Melodie mit einem eigenen Akkord versehen und dabei die Akkordfolge gleich reharmonisiert.
Die neue Akkordfolge lautet nun:

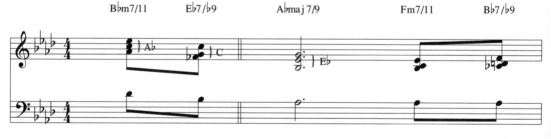

Die Voicings der neuen Akkordfolge sind die folgenden:

1. Aus Bbm7 wird Ab/Bbm7 , also ein Upper Structure Voicing.
   Als Baßton haben wir, gemäß der Regel, einen wichtigen Akkordton aus
   Bbm7, nämlich den Ton Db verwendet.
2. Aus Eb7 wird C/Eb7 , also ein Upper Structure Voicing.
   Als Baßton haben wir, gemäß der Regel, einen wichtigen Akkordton aus
   Eb7, nämlich den Ton Bb verwendet.
3. Aus Abmaj7 wird Eb/Ab, also ein Upperstructur Voicing.
4. Aus Fm7 wird Fm11 als Cluster Voicing.
5. Aus Bb7 wird Bb7b9 als four way close Voicing mit b9/1.
6. Ebm7 wurde als four way close Voicing notiert.
7. Aus F7 wird ein four way close drop two Voicing.
8. Aus Bb7 wird Fm/Bbm7, also ein Upper Structure Voicing.
   Als Baßton haben wir, gemäß der Regel, einen wichtigen Akkordton aus
   Bb7, nämlich den Ton D verwendet.
9. Aus A7 wird ein A+7/9. Dieser Akkord wurde aus der Ganztonskala
   gebildet als four way close drop two Voicing 9/1.
10. Aus Ab7 wird Ab7/9/13 als four way close drop two Voicing 9/1, 13/5.
11. Aus Db7 wird Db+7/9. Dieser Akkord wurde aus der Ganztonskala
    gebildet als four way close drop two Voicing 9/1.
12. Aus Gb7 wird Ab/Gb also ein Upper Structur von Gb7#11.
13. Aus B7 wird B7/9/13 four way close drop two 9/1, 13/5.
14. Dbmaj7 wird als four way close drop two gesetzt.

Harmonisation von Slash Chords

Bei sogenannten "Slash Chord Akkordsymbolen" geht man, was die Harmonisation betrifft, im wesentlichen genauso vor wie bei Upper Structur Triads. Slash Chords sind im weitesten Sinne ja auch nichts anderes. Sie haben eine genau festgelegte Oberstruktur. Unter den Begriff Slash Chords fallen folgende Akkorde:
a, Umkehrungen b, Hybrid Chords und c, Polychords.

Es ist in jedem Fall wichtig, daß die Oberstruktur des Akkordes erhalten bleibt, und die "Unterstruktur" möglichst Töne enthält, die den Akkordsound bestimmen, nämlich 1, 3, und 7.

Freie Voicings

Der Phantasie eines Arrangeurs sind keine Grenzen gesetzt, wenn es darum geht neue Voicings und Akkorde zu "erfinden". Viele bekannte Arrangeure haben sich durch speziell konstruierte Voicings und eigenwillige Akkordstrukturen einen "typischen" Sound zugelegt. Solche Voicing bestehen meistens aus einer Kombination der bekannten Voicingtechniken. Die einzige Regel, die man beachten sollte, sind die Low Intervall Limits.

Wollte man diese Voicings als Akkorde deuten, käme man zu folgenden Lösungen:
1. Bb13 als Cluster mit Grundton eine Quinte tiefer
2. Bbmaj7b9 oder G7/9/#9 ohne Grundton
3. D7 in sehr weiter Lage
4. Cm(maj7)
5. Fmaj7#11

Bevor man solche Voicings in der Praxis einsetzt, sollte man aber zunächst in aller Ruhe experimentieren, um "seine" ganz persönlichen Voicings und Akkordstrukturen herauszufinden. Am besten funktioniert das, wenn man für eine "Scheinbesetzung" einen kleinen Ausschnitt aus einem bekannten Stück arrangiert. Man wird dann sehr schnell selbst hören, ob die Versuche erfolgreich waren und ob man das Ergebnis seinen Mitmenschen zumuten kann. Und nicht vergessen: Solche Satztechniken sind das Salz in der Suppe. Also nicht die Geschmacksnerven strapazieren.

Harmonisation von Anticipation und Delayed Attack

Wir wollen jetzt untersuchen, wie solche rhythmischen Verschiebungen harmonisch behandelt werden. Es gibt folgende Möglichkeiten, eine verzögerte oder eine vorgezogene Note zu spielen:

a. Die gesamte Rhythmusgruppe spielt die Verschiebung gemeinsam mit dem Melodieinstrument. Das nennt man einen "Kick" der kompletten Rhythmusgruppe.

b. Nur die Gitarre bzw. die Keyboards spielen die Verschiebung mit dem Melodieinstrument, während der Bass und die Drums gerade, also auf den nächsten geraden Beat spielen.

c. Die gesamte Rhythmusgruppe mißachtet die harmonische Verschiebung und spielt auf den nächsten geraden Beat, während das Melodieinstrument die Melodie alleine synkopiert.

Was die Harmonisierung solcher Noten angeht, gilt generell, daß eine vorgezogene/verzögerte Note immer mit dem Akkord, der auf den nächsten Taktschlag folgt bzw. der Verzögerung vorausgeht, harmonisiert werden muß.

Orchestration und Satzkombinationen

Auch die Orchestration gehört zu den Aufgaben eines Arrangeurs. Unter Orchestration versteht man im weitesten Sinn die Zuordnung eines Instrumentes zu einer bestimmten Stimme in einem Akkord oder zur Melodie. Bevor wir uns mit dem Satzverhalten der einzelnen Instrumente befassen, wollen wir uns mit den wichtigsten Mechanismen der Orchestration und den damit verbundenen Satz- und Instrumentenkombinationen auseinandersetzen. Die erste Frage lautet:

Was muß orchestriert werden?

Die Regel wird sein:
a. Eine Melodie, die von Akkorden untermalt ist.
b. Mehrere Melodien, die kontrapunktisch zueinander verlaufen (zum Beispiel auch eine Melodie mit einer oder mehreren Guide tone lines).
c. Punkt b. ohne und mit Akkordbegleitung.

Die Auswahl der einzelnen Instrumente und die Zuordnung deren Funktionen, hängt natürlich von der Besetzung ab, die einem zur Verfügung steht. Wir wollen hier aber nicht auf die verschiedenen Besetzungen eingehen, sondern auf die Möglichkeiten, die es gibt, Melodie mit Background zu kombinieren. Hier stehen uns wieder einige Möglichkeiten zur Auswahl:

a. Die Melodie wird Solo gespielt oder ausharmonisiert. Den Background macht die Rhythmusgruppe.
b. Melodic Background:
   Die Melodie wird Solo (von einem oder mehreren Instrumenten) gespielt und von einer Guide tone line (von einem oder mehreren Instrumenten gespielt) begleitet.
c. Harmonic Background:
   Die Melodie wird Solo (von einem oder mehreren Instrumenten) gespielt. Ein harmonischer Background wird von anderen Instrumenten und/oder der Rhythmusgruppe gespielt. Die Töne werden lang gehalten.
d. Percussive Background:
   Die Melodie wird Solo (auch von mehreren Instrumenten) gespielt. Ein harmonischer Background wird von anderen Instrumenten und/oder der Rhythmusgruppe gespielt. Die Töne werden rhythmisiert.

Das ist natürlich nur eine kleine Auswahl von Möglichkeiten. Jede dieser Möglichkeiten kann auch mit einer harmonisierten Melodie ausgeführt werden. Der Phantasie sind hier keine Grenzen gesetzt. Die Entscheidung hängt letztlich von der Besetzung und dem Charakter des Stückes ab.
Die folgenden Techniken, die wir näher erklären wollen, gehören zu den Standard-Orchestrationstechniken. Sie basieren auf mehr oder weniger mechanischen Vorgehensweisen, die von Fall zu Fall variiert werden können. Um einen routinierten Umgang mit größeren Klangkörpern und verschiedenen Instrumentengruppen zu erlangen, sollte man diese Techniken in jedem Fall beherrschen.

Solo und Unisono

a. Die Melodie wird entweder von einem Instrument solo oder von mehreren Instrumenten unisono gespielt.
b. Den Background liefert eine Rhythmusgruppe.
c. Den Background liefern andere Instrumente, die entweder eine Guide Tone Line oder einen Akkord (z.B. Spread) spielen.

Beispiel 1 zeigt eine Variante, bei der Trompete und Tenorsaxophon im Oktavunisono die Melodie spielen. Die Rhythmusgruppe begleitet.

Beispiel 2 zeigt eine Variante, bei der die Trompete die Melodie spielt, während Altsaxophon, Tenorsaxophon und Posaune den Background in Form von dreistimmigen Spreads liefern.

Diese Technik wird häufig für kleine Besetzungen mit nur wenigen Bläsern oder Sängern verwendet. Sie kann allerdings auch für größere Gruppen wie die Big Band verwendet werden.

Soli a. Die Melodie wird harmonisiert und von einem Instrumentensatz gespielt. Ein solcher Satz kann ein reiner Brass- oder Saxophonsatz oder aber auch ein gemischter Satz sein.

b. Eine Rhythmusgruppe begleitet diesen Satz.
Die Soli-Technik ist wie die Unisono- und die Solo-Technik eine typische Orchestrationsform für Combos mit mehreren Bläsern.

Concerted Writing a. Die Melodie wird zunächst für eine Instrumentengruppe harmonisiert. Anschließend wird dieser Satz mit einer oder mehreren anderen Instrumentengruppen nach bestimmten Regeln kombiniert bzw. gekoppelt.
b. Die Rhythmusgruppe begleitet.

Folgende Abbildung zeigt uns am Beispiel einer Big Band Partitur mit vier Trompeten, drei Posaunen und fünf Saxophonen (7 Brass + 5 Reeds) eine typische Concerted Anwendung.

Concerted Writing wird hauptsächlich dann eingesetzt, wenn mehrere Instrumentengruppen aufeinander treffen. Beispielsweise in Big Bands, Stagebands oder Studioorchestern mit Brass-, Reed-, Double Reed- und Stringsection. Aufgrund der vielen Kombinations- und Satzmöglichkeiten wollen wir die Concerted Techniken anhand einer Big-Band etwas genauer unter die Lupe nehmen. Wir beginnen mit der Satzkombination: Vier Brass und vier Reeds (4+4):

Concerted Writing mit 4 + 4

I   Altsaxophon spielt die Leadstimme des Saxophonsatzes
II Tenor
III Tenor
IV Baritonsaxophon

I   Trompete spielt die Melodie
II Trompete
III Trompete
I   Posaune

Die folgenden Schritte sollten generell eingehalten werden:
1. Als Erstes setzen wir die Melodie für den Brass Satz als four way close oder als drop 2 Voicings aus.

2. Um als nächstes die Voicings für den Reed Satz erstellen zu können, müssen wir einen sogenannten Kopplungspunkt festlegen. Dieser Kopplungspunkt ist in der Regel eine bestimmte Stimme im Brass Satz. Am häufigsten verwendet man hierfür die Stimme der dritten Trompete.

Die restlichen Stimmen, die wir für den Reed Satz benötigen, werden wie folgt erstellt:
Tenor I spielt die Stimme der Posaune I mit.
Tenor II spielt die Stimme der Trompete I eine Oktave tiefer mit.
Bariton spielt die Stimme der Trompete II eine Oktave tiefer mit.

Als Ergebnis erhalten wir wiederum four way close Voicings. Um mehr Fülle im Baßbereich zu bekommen, kann man noch die drop 2 Technik anwenden. Voraussetzung ist, daß dabei keine Low Intervall Limits oder die Tensionregel (keine Tension unter dem Ton f) verletzt werden.

Fügt man nun diese beiden Sätze, Brass four way close und Reed drop 2, zusammen, erhält man folgendes Ergebnis:

Als Übung und der besseren Übersicht wegen empfiehlt es sich, die einzelnen Stimmen in Partiturform auszuschreiben. Das heißt: Pro Stimme eine Notenzeile.

Constant Coupling – Variable Coupling

Verwendet man in einem Stück nur einen Kopplungspunkt (zum Beispiel 3. Trompete mit 1. Alt), so nennt man dies - Constant Coupling.
Die zweite Kopplungsmöglichkeit wäre das - "Variable Coupling". Hier wird der Kopplungspunkt nicht von vornherein festgelegt, sondern er kann von Akkord zu Akkord variieren. Man sollte aber darauf achten, daß die Melodie des Kopplungspunktes immer einen logischen Verlauf hat.

Zum besseren Verständnis wollen wir für das vorherige Notenbeispiel die einzelnen Kopplungspunkte jedes Voicings nennen:

Voicing 1: Altsaxophon – 3. Trompete
Voicing 2: Altsaxophon – 3. Trompete
Voicing 3: Altsaxophon – 3. Trompete
Voicing 4: Altsaxophon – 2. Trompete
Voicing 5: Altsaxophon – 2. Trompete
Voicing 6: Altsaxophon – 3. Trompete
Voicing 7: Altsaxophon – 1. Trompete, eine Oktave tiefer
Voicing 8: Altsaxophon – 1. Trompete, eine Oktave tiefer

Concerted Writing mit Spreadvoicings (4 + 4)

Die Concerted Writing Technik, die wir bisher für enge Voicings verwendet haben, kann man auch für Spreadvoicings anwenden. Sie bietet sich dann an, wenn die Melodie wenig Aktivität zeigt. Für die Erstellung und Kopplung der Voicings geht man folgendermaßen vor:
1. Der Brass Satz wird zunächst in four way close oder drop 2 Voicings gesetzt.

2. Als nächstes suchen wir uns wieder eine Melodie aus dem Brass Satz für das 1. Altsaxophon. Diese Melodie sollte im mittleren Bereich des Brass-voicings liegen und möglichst viele Tensions enthalten. Zur Kopplung bietet sich hier die variable coupling Technik an.

3. Die Spread Voicings, die wir nun für den Reed Satz schreiben wollen, werden gemäß den Regeln zur Erstellung von Spreads mit gegebener Melodie gebildet.

Concerted Writing mit 5 + 5

I   Altsaxophon spielt die Leadstimme des Saxophonsatzes
II Altsaxophon
III Tenorsaxophon
IV Tenorsaxophon
V   Baritonsaxophon

I   Trompete spielt die Melodie
II Trompete
III Trompete
I   Posaune
II Posaune

Die folgenden Schritte sollten generell eingehalten werden:
1. Als erstes setzen wir die Melodie für den Brass Satz mit four way close- oder drop 2 Double Lead Voicings aus.

2. Als Kopplungspunkt können constant- oder variable coupling verwendet werden. In unserem Beispiel ist es variable coupling. Die Leadstimme für das 1. Alt haben wir aus Tönen der mittleren Lage des Brass Satzes ausge-wählt.

3. Um den Reed Satz zu bekommen spielt das Baritonsaxophon die Lead-stimme von Alto I eine Oktave tiefer (double Lead). Dieses "Voicing" er-gänzen wir mit den restlichen Stimmen aus den Brass Voicings. Einige Stimmen müssen dabei tiefer oktaviert werden. Als Ergebnis erhalten wir four way close double lead voicings.

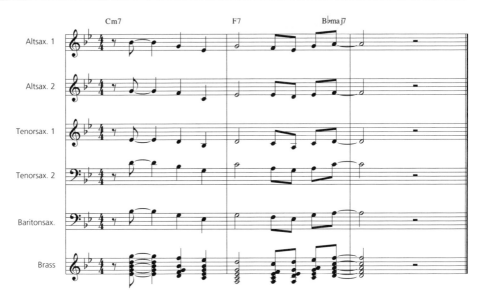

4. Um mehr Fülle im Baßbereich zu bekommen, haben wir die Voicings des Reed Satzes in drop 2 gesetzt. Unter der Berücksichtigung der Low Intervall Limits und der Tensionregel (keine Tension unter dem Ton f) haben wir im sechsten Voicing den Ton d in der Baritonstimme zum c geändert (5/13), weil sich sonst ein b9 Intervall zum Ton eb' in der Alto I Stimme ergeben hätte.

Concerted Writing mit Spread Voicings (5 + 5)

Die Concerted Writing Technik mit Spread Voicings kann, wie schon bei der 4+4 Besetzung, auch für eine 5+5 Besetzung angewendet werden. Sie bietet sich dann an, wenn die Melodie wenig Aktivität zeigt. Für die Erstellung und Kopplung der Voicings geht man folgendermaßen vor:

1. Der Brass Satz wird zunächst in four way close - oder drop 2 double lead Voicings gesetzt.

2. Als nächstes suchen wir uns wieder eine Melodie aus dem Brass Satz für das 1. Altsaxophon. Diese Melodie sollte im mittleren Bereich der Brassvoicings liegen und möglichst viele Tensions enthalten. Zur Kopplung bietet sich hier wieder die variable coupling Technik an.

3. Die Spread Voicings, die wir nun für den fünfstimmigen Reed Satz schreiben wollen, werden gemäß den Regeln zur Erstellung von Spreads mit gegebener Melodie gebildet.

Concerted Writing mit Spread Voicings 7 + 5

Die Standard Besetzung einer Big Band lautet:

Alto I	Trompete I	.Posaune I
Alto II	Trompete II	Posaune II
Tenor I	Trompete III	Posaune III
Tenor II	Trompete IV	
Bariton		

Aus dieser Besetzung ergibt sich die Concerted Variante 7+5. Sieben Instrumente im Brass Satz und fünf Instrumente im Reed Satz. Da wir es eigentlich mit drei verschiedenen Sätzen (Saxophone, Trompeten, Posaunen) zu tun haben, wird jetzt die Kombination der einzelnen Sätze etwas komplizierter.

1. Zunächst setzen wir den Trompeten Satz mit four way close bzw. mit drop 2 Voicings aus.

2. Wenn wir jetzt die oberen drei Stimmen des Trompetensatzes eine Oktave tiefer setzen, bekommen wir die Töne des Posaunensatzes.

3. Wenn wir jetzt prüfen, ob sich b9 Intervalle ergeben haben oder ob Low Intervall Limits verletzt wurden, stellen wir fest, daß im ersten Voicing zwischen dem Ton d' und eb'' ein b9 Intervall auftritt. Wir haben dies vermieden, indem wir den Ton d' zu c' (1/9) geändert haben.

4. Als nächstes wird der Saxophonsatz erstellt. Dafür benötigen wir wieder eine Leadstimme für das Alto I. Es gibt wieder mehrere Möglichkeiten. Zum einen kann man die Stimme der ersten Trompete eine Oktave tiefer verwenden. Ist diese zu tief, wählt man eine andere Stimme aus dem Trompetensatz. Diese wird allerdings nicht oktaviert. Man kann natürlich sowohl die Constant- wie die variable Coupling-Technik verwenden. In unserem Beispiel haben wir die Trompete I 8vb verwendet.

5. Der Saxophonsatz selber entsteht, indem wir die Leadstimme von Alto I vom Baritonsaxophon eine Oktave tiefer doppeln lassen. Die verbleibenden drei Stimmen werden durch Dopplungen aus dem Trompetensatz aufgefüllt. Die folgende Tabelle zeigt uns, welche Töne gedoppelt wurden:

```
Tpt.    I
        II
        III
        IV


Tbn.    I   =  Tpt. I    (8vb)
        II  =  Tpt. II   (8vb)
        III =  Tpt. III  (8vb)


Alto   I   =  Tpt. I    (8vb)
Alto   II  =  Tpt. II   (8vb)
Tenor  I   =  Tpt. III  (8vb)
Tenor  II  =  Tpt. IV   (8vb)
Bariton    =  Alto I    (8vb)
```

Die folgende Abbildung zeigt uns das entsprechende Notenbild.

Der besseren Übersicht wegen haben wir den kompletten Satz noch als Partitur abgebildet.

An folgenden Stellen ergaben sich Verletzungen der Low Interval Limits und der b9-Regel:

1. b9-Intervall im ersten Voicing zwischen Tenor I und Trompete II. Wir ersetzen den Ton d im Tenor I durch ein c.
2. Low Intervall Limit-Verletzung zwischen Bariton und Tenor II im ersten und dritten Voicing des 2. Taktes. Die kleine Sekunde zwischen d und eb liegt zu tief. Wir ersetzen den Ton d im Bariton durch den Ton c.

Die folgende Abbildung zeigt uns nun das richtige Ergebnis.

Concerted Writing mit Spread Voicings (7 + 5)

Die Concerted Writing Technik mit Spread Voicings kann, wie schon bei der 5+5 Besetzung, auch für eine 7+5 Besetzung angewendet werden. Sie bietet sich dann an, wenn die Melodie wenig Aktivität zeigt. Für die Erstellung und Kopplung der Voicings geht man folgendermaßen vor:

1. Der Trompetensatz wird zunächst in four way close – oder drop 2 Voicings gesetzt.

2. Posaune I-III doppelt Trompete I-III 8vb.

Im ersten Voicing taucht wieder eine b9-Intervallverletzung zwischen Posaune III und Trompete II auf. Wir tauschen den Ton d in der Posaune durch den Ton c aus.

3. Als nächstes suchen wir uns wieder eine Melodie aus dem Trompetensatz für das 1. Altsaxophon. Diese Melodie sollte im mittleren Bereich des Trompetenvoicings liegen und möglichst viele Tensions enthalten. Zur Kopplung bietet sich hier wieder die variable coupling Technik an. Unsere Leadstimme sieht daher folgendermaßen aus:

4. Die Spread Voicings, die wir nun für den fünfstimmigen Reed Satz schreiben wollen, werden gemäß den Regeln zur Erstellung von Spreads mit gegebener Melodie gebildet. Das Ergebnis sieht wie folgt aus:

Auch dieses Beispiel wollen wir der besseren Übersicht wegen in Partiturform abbilden.

Wir haben jetzt eine ganze Reihe von Möglichkeiten kennengelernt, wie man Instrumentensätze kombinieren kann.

Der Einfachheit halber haben wir nur die Gängigsten erwähnt. Das betrifft sowohl die Wahl der Instrumente als auch der Besetzungen. Es gibt in der Praxis natürlich noch weitere Möglichkeiten, mit den verschiedensten Satzkombinationen und Instrumenten gut klingende Arrangements zu erstellen. Zum Vertiefen der Studien empfehlen wir deshalb, entsprechende Partituren zu analysieren und Fachliteratur zu diesem Thema zu lesen. Entsprechende Quellen finden sich im Anhang bei Buch- und Notentips.

Bisher kennen wir die Kombinationen 4+4, 5+5 und 7+5. Des weiteren gibt es noch größere und kleinere Satzkombinationsformen wie zum Beispiel 3+5, 4+5, 8+5, 10+5 etc. Bei der Erstellung der Voicings wird in der Regel genauso verfahren wie bei den bisher gezeigten Beispielen.

a. Man erstellt zuerst die Brassvoicings.
b. Man isoliert eine Melodielinie für ein Saxophon nach den bekannten Techniken constant- oder variable coupling.
c. Man macht die entsprechenden Voicings für die restlichen Instrumente, indem man Stimmen doppelt oder eventuell neue Töne einbringt.
d. Man untersucht die Voicings auf b9-Intervall und Low Interval Limits und verbessert die entsprechenden Stellen.

Folgende Punkte fassen noch einmal zusammen, welche Kriterien bei der Kombination und bei der Voicingkonstruktion beachtet werden müssen:

1. Man sollte auch immer den Sound vor Augen bzw. vor Ohren haben, den man anstrebt. Soll er dicht und kräftig klingen oder eher transparent und klar? Das hängt jeweils von der Stimmung ab, die vermittelt werden soll.
2. Die Wahl der Orchestrationsform – Soli, Concerted, Tutti – hängt zum einen von der Besetzung ab, die einem zur Verfügung steht, zum anderen vom Charakter des Stückes bzw. der Melodie.
3. Man sollte darauf achten, daß bei Dopplungen keine zu dichten Stellen im Gesamtvoicing entstehen. Diese Gefahr tritt dann auf, wenn zum Beispiel Tensions oder Töne in tieferen Registern zu oft vorkommen. Im Zweifelsfall sollte deshalb die Melodiestimme gedoppelt werden.
4. Das gilt auch dann, wenn Instrumente hinzugenommen werden, die im eigentlichen Satz nicht vorkommen, wie zum Beispiel Flöten oder Klarinetten im Saxophon-Satz oder French-Horns im Brass-Satz. Solche neuen Klangfarben sollten immer ihrem Tonumfang entsprechend eingesetzt werden und entweder eine Stimme (Leadstimme) ersetzen oder in einem neuen Register auftauchen. Wir werden auf das Verhalten solcher Instrumente noch näher eingehen, wollen aber vorab schon ein paar Beispiele für deren Einsatz zeigen.

So können Flöte oder Flötensatz in ein Voicing eingefügt werden:

1.) Soloflöte

Die Flöte, es kann auch eine Piccoloflöte sein, spielt in Beispiel 1 die Melodie eine Oktave über der Trompete I. Sie spielt also in einem ganz neuen Register, das im bisherigen Voicing noch nicht vorkam.

2.) Flötensatz für drei Flöten

Die drei Flöten in Beispiel 2 doppeln Alto I, Alto II und Tenor I zwei Oktaven höher. Auch dieser Flötensatz liegt eine Oktave über dem bisherigen Register. In Beispiel 1 und 2 funktionieren die Flöten als selbständige Instrumente. Man kann die Flöte(n) aber auch Unisono mit Trompete(n) und/oder Saxophon(en) spielen lassen. Wichtig: Mit jedem weiteren Instrument muß man mit einer Low Intervall Limit- oder b9-Regelverletzung rechnen.

3.) French Horn im Brass-Satz

In Beispiel 3 übernimmt das French Horn die Leadstimme von Posaune I.

Es gibt dem Brass Satz eine zusätzliche Färbung, wird aber nicht besonders auffallen. Hörner sind deutlich leiser als andere Blechbläser. Ein besseres Ergebnis erhält man, wenn man drei oder vier Hörner, falls sie zur Verfügung stehen, Unisono spielen läßt. Man kann diese auch im Satz spielen lassen, indem sie die Posaunen doppeln.

Tutti   Steht man vor der Aufgabe, eine schnelle und stark synkopierte Melodie auszusetzen, wendet man häufig die sogenannte Tutti-Technik an. Tutti ist italienisch und heißt "alle". Mit der Tutti Technik erhält man einen "vollen" Akkordsound als Background zu einer "aktiven" Melodielinie. Zur Erstellung einer Tutti-Passage geht man folgendermaßen vor:

a. Die Melodie wird unisono oder oktav-unisono von einem oder mehreren Instrumenten gespielt. In der Regel wählt man Instrumente aus einer Instrumentengruppe, am häufigsten die Trompeten und die Posaunen.

b. Der oder die anderen Instrumentensätze liefern den Background in Form von Spread Voicings. Diese Voicings werden so rhythmisiert, daß sie die Melodie an markanten Stellen unterstützen. Zum Beispiel an "vorgezogenen" Stellen und bei Akkordwechseln.

c. Die Rhythmusgruppe spielt diese Akzente mit.

d. Wem die Melodie im Unisono-Sound eines ganzen Satzes zu dominant oder zu aufdringlich klingt, der kann diesen Satz nochmals aufsplitten. In unserem Beispiel spielt dann nur die Trompete I und II die Melodie, während Trompete III und IV mit den Saxophonen den Background übernehmen. Dasselbe funktioniert auch in den Posaunen. Posaune I spielt mit Trompete I und II die Melodie, während die restlichen Posaunen den Background spielen. Als Satztechniken eignen sich closed- und drop-Voicings.

Zur Erstellung der Brassvoicings geht man folgendermaßen vor: Trompete I und II und Posaune I spielen die Melodie. An den entsprechenden Stellen (rhythmische Akzente der Reeds) wird der jeweilige Melodieton, den Trompete I und II spielen, in closed- oder drop-Voicings ausgesetzt. Trompete III und IV und Posaune II und III spielen diese Akkordtöne.

Wir haben jetzt zahlreiche Möglichkeiten kennengelernt, wie man verschiedene Instrumentengruppen miteinander kombinieren kann. Wie schon gesagt, gibt es neben den hier erwähnten noch viele weitere gutklingende Techniken. Durch Experimentierfreude oder aus Mangel an verfügbaren Instrumenten sind viele Arrangeure auf immer neue Techniken gestoßen.

Satz- und Soloverhalten der Instrumente

Bisher haben wir Instrumente und Instrumentensätze anhand von Satztechniken kombiniert, ungeachtet ihrer klanglichen Eigenschaften. Wir kommen nun deshalb zur Klärung der Frage:
Wie verhalten sich die Instrumente klanglich zueinander?
Die folgenden Punkte werden dabei besonders unter die Lupe genommen:

1. Welche Instrumente (Klänge) lassen sich gut und welche weniger gut oder gar nicht kombinieren?
2. Welcher Klang dominiert in einer Instrumentenkombination?
3. Welche Instrumentengruppen lassen sich kombinieren und welche nicht?

Des weiteren hängt eine gelungene und geschmackvolle Auswahl der Instrumente von folgenden Faktoren ab:
1. Bei der Wahl der Instrumente sollte immer auf Transparenz geachtet werden. Klänge sollten nicht so "gemischt" werden, daß sie "dick" oder undurchsichtig werden.
2. Man sollte bei der Instrumentenauswahl auf Abwechslung achten, um das Interesse beim Zuhörer zu wecken. Man sollte jedoch gleichzeitig darauf achten, daß man durch zuviel Abwechslung Verwirrung beim Zuhörer stiften kann.

Da es keine allgemeingültigen Regeln zu dieser Thematik gibt, können wir nur solche "Gesetze" erwähnen, die auf bekannten Erfahrungswerten beruhen und sich dadurch im Laufe der Zeit etabliert haben.

Außerdem ist die Wahl der Klangfarben davon abhängig, für welchen Zweck sie gewählt werden. Folglich wird ein Arrangeuer anders instrumentieren, wenn er für eine "normale" Besetzung in einer gängigen Stilistik schreibt, als wenn er für eine Filmmusik spezielle Stimmungen erzeugen muß.

Da es den Rahmen gesprengt hätte, alle Hörbeispiele mit echten Instrumenten aufzunehmen, haben wir nach einem Titel gesucht, der uns möglichst viele interessante Klangkombinationen bietet. Wir sind dabei auf den berühmten Bolero von Maurice Ravel gestoßen. Wer also aus der Praxis lernen möchte, sollte sich von diesem Titel die Taschenpartitur und eine Aufnahme besorgen.

Bolero von Maurice Ravel

Das Stück ist auf Grund seiner relativ einfachen Struktur sehr gut zu verfolgen und nachvollziehbar. Es besteht eigentlich nur aus zwei Themen, die sich ständig abwechseln. Wir nennen diese Themen A-Teil und B-Teil.

A-Teil

B-Teil

Um den Verlauf der beiden Melodien besser verfolgen zu können, empfiehlt es sich, diese mit verschiedenfarbigen Leuchtstiften zu markieren. Und zwar immer in allen Instrumenten, in denen sie gerade vorkommen. So kann man auch gleich die Instrumentierung sehen.

Der Bolero hat neben den zwei Melodien noch eine kurze Intro und eine Art Coda, die beim Anhören sofort auffallen. Auch diese sollten deutlich markiert werden. Unterlegt wird das ganze Stück von einem Monorhythmus, der außer am Ende nie unterbrochen wird. Auch dieser Monorhythmus ist unterschiedlich instrumentiert.

Die einfache aber deutliche Harmonik unterstützt das melodische Geschehen. Dieses steigert sich durch immer dichter werdende Harmonisierung und Instrumentierung zum Ende des Stückes hin.

Der Reiz des Titels liegt also eindeutig in seinem Aufbau. Die Steigerung resultiert einzig aus Ravels Instrumentierung. Außerdem hat man hier die seltene Gelegenheit, Saxophone in einer sinfonischen Besetzung zu hören und das auch noch in Kombination mit anderen Holzbläsern.

Viel Spaß beim Hören und beim Partiturlesen.

Es empfiehlt sich, noch weitere Partituren zu studieren. Im Anhang bei den Buchtips sind die wichtigsten Bezugsadressen aufgeführt. Im Folgenden wollen wir noch auf ein paar konkrete Beispiele hinweisen, welche Interpreten in welcher Sparte besonders interessant sind. Alle Beispiele gibt es auf Tonträger, und zu den meisten Aufnahmen gibt es auch Noten bzw. Partituren.

Big Band – Jazz und Unterhaltung

Bob Minzter Big Band - Jazz
Hugo Strasser Big Band - Unterhaltung
James Last - Unterhaltung
Duke Ellington - Jazz
Count Basie - Jazz
Rob McConnell's Boss Brass
Thad Jones/Mel Lewis Big Band - Jazz
Glenn Miller Big Band - Jazz

Orchesterwerke und E-Musik

Igor Stravinsky - Feuervogel, Le Sacre du Printemps
Gustav Holst - Die Planeten
Béla Bartók - Orchesterwerke
Arnold Schönberg - Diverses
Hans Werner Henze - Diverses

Combos – Jazz und Unterhaltung Bei Advance Music gibt es interessante Combo Packs für die verschiedensten Stilrichtungen. Arrangeur Frank Mantooth.

Vocals Manhattan Transfer
The Nylons
Take 6
Andrew Sisters
John Hendriks Singers
King Singers

Brass Canadian Brass
German Brass

Woodwinds Kölner Saxophon Mafia
World Saxophon Quartett
Ichy Fingers

Mixed Art Ensemble of Chicago
Rebirth Brass Band (mit Saxophonen)

Satz- und Soloverhalten
der Woodwinds
(Non- und Double Reeds)

Piccolo-Flöte Die Piccolo-Flöte als Melodieinstrument einzusetzen ist zwar möglich, aber nicht unbedingt üblich. Der Grund hierfür ist die extrem hohe Tonlage der Piccolo-Flöte. Wird dennoch eine Melodie mit einer Piccolo-Flöte besetzt, sollte das Klangergebnis dem Charakter der Melodie entsprechen. Das können sowohl heitere und lustige Themen wie auch spannungsreiche Motive sein.

Obwohl sie sehr klein ist, hat die Piccolo-Flöte ein enormes Durchsetzungsvermögen gegenüber anderen Instrumenten. Diese Eigenschaft und ihr Klang machen sie deshalb zu einem beliebten Dopplungsinstrument. Egal ob unisono, oktavunisono oder doppeloktavunisono, die Piccolo-Flöte verleiht jedem Instrument eine interessante Färbung.
Eine weitere "Stärke" der Piccolo-Flöte liegt im Produzieren von speziellen Sounds. Man kann mit ihr alleine oder in Kombination mit anderen Instrumenten eine ganze Reihe raffinierter Effekte erzeugen. Zum Beispiel sorgt eine Piccolo-Flöte, in extrem hoher Lage geblasen und mit hohen Flageoletts der Violine kombiniert, für gespenstische und "eisige" Spannung.

Man kann eine Melodie auch von mehreren Piccolo-Flöten, unisono oder in Terzen gesetzt, spielen lassen. Andere Satztechniken sollten vorher ausprobiert werden.

Gutklingende Kombinationen:
4 Piccolo-Flöten unisono.
4 Piccolo-Flöten in Terzen (2+2).
Piccolo-Flöte und Xylophon (Vibraphon) in unisono.
1-4 Piccolo-Flöten mit Streichern in unisono oder oktavunisono.
2 Piccolo-Flöten in Terzen, gedoppelt mit 2 Oboen 8vb.
Piccolo-Flöte und C-Flöte in unisono oder Oktavunisono.
(Siehe auch andere Instrumente)

C-Flöte Die C-Flöte ist innerhalb der Flötenfamilie das gebräuchlichste und somit meistverwendete Melodieinstrument. Der Grund dafür ist ihr angenehmer Ton und ihre Wendigkeit. Sie klingt am besten im mittleren und hohen Register. Ihr "Durchsetzungsvermögen" ist dem der Piccolo Flöte ähnlich. Spieltechnisch gesehen ist sie die vielseitigste aller Flöten. Große Sprünge, schnelle Läufe, große Intervalltriller können auf ihr problemlos gemeistert werden.

Doppelt man sie sinnvoll mit anderen Instrumenten, wird man immer ein gutes Klangergebnis bekommen. Die C-Flöte ist in allen Stilen beheimatet und zeichnet sich dadurch aus, daß sie den Stücken, in denen sie die Melodie spielt, eine fröhliche, lustige oder romantische Atmosphäre verleiht. Man kann mit ihr auch ähnliche Effekte wie mit der Piccolo-Flöte erzielen, indem man sie überbläst oder in extremen Registern spielt. Selbst in der Rockmusik kam sie durch den Flötenvirtuosen Ian Anderson zu Ehren. Weitere "populäre" Flötisten sind der deutsche Musiker Lenny McDowell und die amerikanischen Jazzmusiker Herbie Mann und Jeremy Steig. Spielt man eine Melodie mit mehreren C-Flöten unisono oder mehrstimmig, erhält man noch mehr Klangfülle.

Gutklingende Kombinationen:
C-Flöten unisono oder mehrstimmig.
C-Flöte(n) mit anderen Holzbläsern unisono oder oktavunisono.
C-Flöte(n) mit Streichern unisono oder oktavunisono.
C-Flöte(n) mit Blechbläsern (offen oder gedämpft) unisono oder oktavunisono.
C-Flöte mit Flügelhorn (Latinsound)
(Siehe auch andere Instrumente)

Alt-Flöte Die Alt- oder G-Flöte ist etwas tiefer als die C-Flöte und wird seltener als Melodieinstrument verwendet. Sie klingt am besten im tiefen und mittleren Register, besitzt aber kein so starkes Durchsetzungsvermögen wie die C-Flöte und ist auch nicht ganz so wendig wie diese. Als Melodieinstrument und als Dopplungsinstrument wird sie speziell in Balladen eingesetzt. Die sinnvolle Kopplung mit anderen Melodieinstrumenten wird diesen einen warmen, vollen Flötensound als Basis hinzufügen. Man kann eine Melodie auch von mehreren Alt-Flöten unisono oder mehrstimmig spielen lassen, wobei sie einen schönen, warmen "jazzigen" Sound entwickeln.

Gutklingende Kombinationen:
Alt-Flöte(n) unisono oder mehrstimmig (z.B. 4 way close)
Alt-Flöte(n) und Alto Sax in unisono
Alt-Flöte(n) und C-Flöte(n) unisono, oktavunisono oder mehrstimmig
Alt-Flöte und Fagott unisono
(Siehe auch andere Instrumente)

Bass-Flöte Die Bass-Flöte wird nur selten als Melodieinstrument verwendet. Man kann sie nur relativ leise spielen (pp bis mf) und ihre technischen Möglichkeiten sind sehr begrenzt. Am besten klingt sie in ihrer tiefen Lage. Kurze Staccato-Töne sind ebenso schwer zu spielen wie schnelle Läufe oder größere Sprünge. Sie hat ihren Platz als Bassinstrument im mehrstimmigen Flöten-Satz oder im Oktavunisono mit anderen Flöten.

Gutklingende Kombinationen:
2 Bass-Flöten und 2 Bass Klarinetten 8vb und ein Fagott 8vb oktavunisono
Bass-Flöte und Fagott unisono
(Siehe auch andere Instrumente)

Oboe Die Oboe ist als Melodieinstrument hervorragend geeignet. Sie hat ein sehr gutes Durchsetzungsvermögen. Weitere Pluspunkte sind ihr Klang und ihre dynamische und technische Wendigkeit. Schnelle Staccato-Passagen, Läufe, Triller und Sprünge bereiten der Oboe keine Probleme.

Ihren schönsten Ton entfaltet die Oboe im mittleren Register. Ihr Klang ist vor allem für romantische und lyrische Themen geeignet. In hohen und tiefen Tonlagen verändert sich der Klang der Oboe. Bei langen Tönen in diesen Tonlagen können außerdem Intonationsprobleme auftreten. Man sollte beim Schreiben der Oboenstimme immer wieder Pausen lassen, da sie dem Spieler sehr viel Druck und Luft abverlangt. Die Oboe hat sich nicht nur in der sinfonischen Musik ihren Platz erspielt. Auch in der populären Musik (David Bowie, Roxy Music, Tanita Tikaram) ist sie ein beliebtes Soloinstrument. Zusammenfassung der effektivsten Anwendungsmöglichkeiten der Oboe als Satz- und Melodieinstrument:

Oboe(n) und Piccolo-Flöte(n) oktavunisono
Oboe(n), Piccolo-Flöte(n) und Xylophon oktavunisono
Oboe(n), Piccolo-Flöte(n) und Fagott doppeloktavunisono
Oboe(n), C-Flöte und Piccolo-Flöte oktavunisono oder mehrstimmig
Oboe, Streicher und C-Flöte unisono oder mehrstimmig
Oboe und Sopran-Saxophon unisono
Oboe und Cor Anglais unisono oder zweistimmig
(Siehe auch andere Instrumente)

Englisch Horn (Cor Anglais) Vieles von dem, was wir über die Oboe schrieben, gilt auch für das Cor Anglais. Es ist ebenfalls ein gutes Melodieinstrument und verfügt über ähnliche positive Eigenschaften bezüglich Durchsetzungsvermögen, Klang und dynamische/technische Wendigkeit. Aber das Cor Anglais klingt tiefer als die Oboe und ist als "Bariton-Oboe" anzusehen. Es klingt am besten im tiefen und mittleren Register und fügt bei Dopplungen, besonders mit Oboen, der Melodie einen schönen, tiefen, warmen Klang hinzu.

Gutklingende Kombinationen:
Cor Anglais und Oboe unisono oder zweistimmig
Cor Anglais und Fagott unisono
(Siehe auch andere Instrumente)

Fagott Das Fagott liegt noch tiefer als das Cor Anglais. Man kann es als "Bass-Oboe" betrachten. Es wird sowohl im Bass- wie auch im Tenorschlüssel notiert. Man sollte jedoch nicht zu oft zwischen den beiden Schlüsseln wechseln. Es empfiehlt sich deshalb, ausschließlich im Bereich des Bass-Schlüssels zu bleiben. Seinen schönsten Klang entwickelt das Fagott im mittleren Register. Ähnlich wie bei Oboe und Cor Anglais verändert sich der Sound in sehr hohen oder tiefen Tonlagen. Es treten auch die selben Intonationsprobleme auf. Das Fagott ist nicht so wendig wie beispielsweise die C-Flöte oder die Oboe. Deshalb sollte man darauf verzichten, schnelle chromatische Läufe, Triller und große Sprünge zu schreiben. Die Stärke des Fagotts liegt im Spiel schneller Staccato-Passagen, Tonleitern und Arpeggien. Sein Klang eignet sich sehr gut für spezielle Stimmungen und Effekte. Zum einen wird es häufig für komödiantische und "lustige" Themen verwendet, zum anderen kann es auch, in extrem tiefer Lage gespielt, sehr bedrohlich klingen.

Gutklingende Kombinationen:
Fagott und Klarinette unisono
Fagott und Bass Klarinette(n) unisono oder oktavunisono
Fagott und Alt-Flöte unisono
Fagott und Bass-Flöte unisono
Fagott und Cor Anglais unisono
(Siehe auch andere Instrumente)

Kontra-Fagott Das Kontra-Fagott ist als Melodieinstrument weniger gut geeignet. Es klingt sehr tief und kann nicht sehr laut gespielt werden, setzt sich jedoch in tiefen Lagen besser als die Kontrabass-Klarinette durch. Zwar erreicht man mit dem Kontra-Fagott hervorragende Staccato-Klänge, dennoch ist es eher ein "lahmes", weil sehr langsam und schwer ansprechendes Instrument. Es klingt im mittleren und mittelhohen Register am besten. In tieferen Tonlagen bekommt es einen Tuba-ähnlichen Klang und ist vor allem für die tiefen Töne in einem Holzbläser-Satz geeignet.

Generell gilt für alle Instrumente, daß eine Melodie immer im günstigsten Tonbereich liegen sollte. Im Zweifelsfall muß man auf ein anderes Instrument ausweichen oder aus der gleichen "Familie" ein Instrument mit einer günstigeren Tonlage wählen.

1. Egal in welcher Kombination und in welcher Satztechnik mit Non- und Double Reed gearbeitet wird, man muß immer darauf achten, daß sie nicht zu laut spielen müssen, um sich gegen ein anderes Instrument zu behaupten.
2. Außer beim Solospiel, und auch hier nur bedingt, sollte der normale Tonumfang nicht verlassen werden. Ausnahme sind die Flöten.
3. Vorsicht bei der Kombination mit Instrumenten, die ähnliche Probleme haben (z.B. Intonation, Ansprache, Lautstärke), wie zum Beispiel das French Horn. Hier müssen die Punkte 1. und 2. noch sorgfältiger beachtet werden.
4. Obwohl sie zur selben Familie gehören, vertragen sich viele Holzbläser nicht mit Saxophonen. Ausnahmen sind die Flöten und die Klarinetten. Also keine Saxophone im Holzbläsersatz einbauen, außer man kennt und wünscht das Klangergebnis.

Satz- und Soloverhalten

der Woodwinds (Reeds)

Bb-Klarinette Die Klarinette ist ein sehr beliebtes und daher in vielen Stilen verwendetes Soloinstrument. Ihre Stärke ist ihr Tonumfang und ihre Flexibilität. Die Klarinette entwickelt in allen Registern einen brauchbaren Klang. In tiefer Lage klingt sie warm und voll, ähnlich wie ein Double Reed Instrument. In der mittleren Lage kommt der typische Klarinettensound voll zur Geltung. Auch in höheren Lagen klingt sie noch brilliant und voll. Erst ab dem c''' beginnt sie schrill und unangenehm zu klingen.

Auch im Satz vermag sie Außergewöhnliches zu leisten. Im reinen Klarinettensatz klingen sie am besten in Unisono, in Oktaven, in Terzen und in offenen Voicings. Als Leadinstrument in einem Saxophonsatz in Closed Voicings (siehe "Glenn Miller-Satz") gibt sie diesem eine besonders schöne Färbung. Viele Unterhaltungsbands verwenden diesen "Trick" in ihren Arrangements. Duke Ellington und andere Bandleader setzten die Klarinette an die höchste Stelle eines Saxophonsatzes in Quart Voicings. Der individuelle Sound der Klarinette und der markante Klang der Quarten ergeben ein sehr interessantes Ergebnis.

Eine weitere Möglichkeit ist es, die Klarinette mit einem F-Horn zu doppeln und über einen Saxophonsatz in enger Lage zu legen.

Überhaupt hat die Klarinette die Eigenschaft, wenn sie mit anderen Instrumenten gekoppelt wird, ihren eigenwilligen Sound zu verlieren und eher eine untergeordnete Rolle zu übernehmen. Dadurch sind Kombinationen mit allen Instrumenten möglich und die Ergebnisse fast immer gut.

Da ein Tenor-Saxophonist meistens auch Bb-Klarinette spielt, kann man davon ausgehen, daß dieses Instrument in den meisten Fällen verfügbar sein wird.

Gutklingende Kombinationen:
Klarinette(n) Solo, unisono, oktavunisono und im Satz: Klarinette unisono mit
French Horn oder Trompete

Klarinette im Non- und Double Reed-Satz sollte immer unter den Flöten und
Oboen liegen.

Einen kleinen Streichersatz kann man mit Klarinetten mittels
Unisonodopplung verstärken:
Klarinette mit Violine 1
Klarinette mit Violine 2
Klarinette mit Viola
Bass Klarinette mit Cello

Bass-Klarinette Auch die Bass-Klarinette ist ein gutes Dopplungsinstrument. Sie verträgt sich
mit nahezu allen Instrumenten. Auch ist sie trotz ihrer tiefen Lage noch sehr
wendig. Sie klingt am besten im tiefen Register. Dort hat sie ähnliche Quali-
täten wie das Fagott, was Staccatopassagen angeht. In höheren Lagen wird
sie ziemlich laut. Man kann aber in diesen Lagen spezielle Sounds erzielen.
Als Soloinstrument sollte man sie nur dann einsetzen, wenn man einen
bestimmten Effekt erreichen will (siehe Fagott).
Gutklingende Kombinationen:
Bassklarinette als Baßinstrument im Klarinettensatz
Bassklarinette mit Oboe
Bassklarinette mit French Horn
Bassklarinette im Saxophonsatz (ersetzt das Bass-Saxophon)
(Siehe auch andere Instrumente)

Das Woodwind Ensemble Im folgenden haben wir ein paar Beispiele für gutklingende Woodwind
Ensembles aufgeführt. Für solche Ensembles zu schreiben, macht ungemein
Spaß, weil die Ergebnisse fast ausschließlich gut klingen.

Flöte	Flöte	Flöte	Cor Anglais
Oboe	Flöte	Flöte	Alt-Flöte
Klarinette	Cor Anglais	Oboe	Klarinette
Fagott	Fagott	Fagott	Bassklarinette
Bassklarinette	Fagott	Bassklarinette	Fagott

Saxophon Ob Jazz, Fusion, Soul, Folk, Blues, Rock oder Pop, das Saxophon hat sich in
vielen Stilen einen festen Platz erspielt und ist mit Sicherheit das populärste
Soloinstrument. Allen voran das Tenorsaxophon. Wir werden die Saxophone
nicht einzeln besprechen, weil sich ihre Eigenschaften sehr ähnln.
Der Grund für die Beliebtheit des Saxophones als Satz- und Soloinstrument ist
sein voller, vielseitiger und runder Sound. Ein guter Saxophonist kann, was
Dynamik und Effekte angeht, immer aus dem Vollen schöpfen. Die Probleme
die das Saxophon bereitet, wenn man es mit anderen Instrumenten kombinieren will, werden jetzt zum Vorteil. Ein Saxophon setzt sich gegen jedes
Instrument durch und wird in den meisten Fällen seinen charakteristischen
Klang behalten.
Als Soloinstrument hebt sich das Saxophon von jedem Background deutlich
ab. Deshalb sollte man einen Background wählen, der stabil genug ist, Saxophone zu stützen. Am besten dafür geeignet sind reine Blechsätze oder
gemischte Sätze aus Blech und Reeds. Streicher und Double Reeds dagegen
sollten anderen Backgroundsätzen nur "beigemischt" werden.
Der Saxophonsatz, von Sopran bis Baß, ist einer der wenigen Instrumentensätze, der ohne Einschränkung gut klingt. Abgesehen davon, daß der
Saxophonsound mehr als bei anderen Instrumenten Geschmacksache ist.
Ein Grund für den homogenen Klang eines solchen Satzes ist die Ähnlichkeit

in der Bauweise der Instrumente. Der Saxophonton ist zudem reich an Obertönen und die Schwingungen der Instrumente ergänzen sich sehr gut.

Ein Saxophonsatz sieht folgendermaßen aus:
Sopransaxophon
Altsaxophon
Tenor Saxophon
Baritonsaxophon
Bass-Saxophon

Im Satz wird allerdings meistens auf Sopran- und Bass-Saxophon verzichtet. Vor allem dann, wenn sich noch andere Instrumente wie Streicher oder Blechbläser dazugesellen.
Für den Saxophonsatz kann generell jeder Voicingtyp verwendet werden. Enge Voicings werden für schnellere Passagen bevorzugt. Es muß dann aber besonders darauf geachtet werden, daß die einzelnen Stimmen logische Melodieverläufe haben. Offene Voicings in mittleren bis langsamen Tempi werden auch gerne als Background für andere Soloinstrumente verwendet. Die Kopplung mit anderen Instrumenten ist zwar möglich, bringt aber das schon erwähnte Problem der Klangdominanz des Saxophones mit sich.
Zum reinen Saxophonsatz können auch andere Instrumente hinzugefügt werden. Vor allem in Jazz-, Fusion-, Blues-, Rhythm & Blues und Rockbesetzungen spielt die sogenannte Horn Section (Bläsersatz) eine bedeutende Rolle.

Horn Section

Für die Horn Section, wie sie in vielen populären Stilen vorkommt, werden Saxophone mit Trompeten und Posaunen gekoppelt. Viele bekannte Bands haben einen fest integrierten Bläsersatz. Die bekanntesten sind die Blues Brothers, Chicago, Earth Wind & Fire, Blood Sweat & Tears und Tower of Power. Andere Bands und Künstler "mieten" sich Bläsersätze für die Bühne und für's Studio. Die folgenden Beispiele sind die gängigsten Kombinationen von Brass und Reed:

Trompete (Flügelhorn)	Trompete	Trompete	Trompete
Altsaxophon	Altsaxophon	Trompete	Trompete
Tenorsaxophon	Tenorsaxophon	Tenorsaxophon	Tenorsaxophon
Posaune	Tenorsaxophon	Posaune	Posaune
Baritonsaxophon	Baritonsaxophon	Posaune	
Trompete			
Tenorsaxophon			
Posaune			

Trompete und Tenor- oder Altsaxophon gekoppelt mit E-Gitarre oder Keyboard ist in vielen Bands eine beliebte Alternative zur kompletten Horn Section. Zu hören ist diese Kombination auf zahlreichen Fusionproduktionen von Bands wie The Brecker Bros., Al Jarreau und David Sanborn.

Satz- und Soloverhalten

der Blechblasinstrumente (Brass)

Die Bb-Trompete ist neben dem Tenorsaxophon das ideale Melodieinstrument. Sie ist technisch wendig und hat eine breite Palette an Sounds zu bieten. Sie ist auch, mehr noch als das Saxophon, in den meisten Musikstilen beheimatet. Sie wird sowohl in der E-Musik wie in der Volks-, Unterhaltungs- und Jazzmusik gern als Melodie- oder Satzinstrument verwendet. Der Grund ist sicherlich ihr angenehmer und vielseitiger Ton. Die Eigenschaften, was Soundpalette, Dynamik und Effektvielfalt angeht, sind bei der Trompete im wesentlichen die gleichen wie bei den Saxophonen.

Bb-Trompete   Die Trompete läßt sich gut mit allen Instrumenten kombinieren. Sie wird sich, wie die Klarinette, in den meisten Fällen dem Gesamtsound unterordnen. Voraussetzung dafür ist, daß sie in der tiefen und mittleren Lage gespielt wird und daß die Dynamik dem jeweiligen "Partner" entsprechend angeglichen wird. Die Trompete ist eines der wenigen Instrumente, das in jeder Tonlage gut klingt. In der tiefen und mittleren Lage klingt sie relativ weich. Ab dem c'' wird sie deutlich brillanter, kann aber schon hier nicht mehr richtig leise gespielt werden.

Die Trompete klingt auch in extrem hohen Lagen noch gut. Man kennt diesen Sound der "pfeifenden" Trompeten von Big Bands und Horn Sections, wenn der sogenannte "High Note Player" meistens am Ende eines Riffs oder am Schluß des Titels noch eine extrem hohe Note "draufsetzt". Einige Trompeter, wie zum Beispiel Jon Fadis und Cat Anderson, spielen in diesen extremen Registern sogar noch Melodien.

Für Trompeten kann man problemlos jeden Voicingtyp nehmen. Bei engen Voicings gilt aber das gleiche wie bei den Saxophonen, die Stimmführung der einzelnen Stimmen sollte logisch verlaufen.

Bei offenen Voicings empfiehlt es sich, noch eine Posaune oder ein anderes tiefes Instrument hinzuzufügen, um so mehr Klangfülle zu erzielen. Trompeten sind nicht so obertonreich wie Saxophone und decken auch nur einen relativ kleinen Tonbereich ab.

Flügelhorn   Das Flügelhorn ist mit der Trompete nahezu identisch. Einziger Unterschied ist die Bauweise. Das Flügelhorn hat eine weite Mensur und gehört deshalb wie die Posaunen und die Tuben zur Hornfamilie. Folglich ist das Flügelhorn etwas weicher im Klang und langsamer in der Ansprache. Es ist trotzdem ein ausgezeichnetes Melodieinstrument, vor allem für lyrische und balladenhafte Melodien. Im Satz kann es ohne Probleme die Trompete ersetzen oder ergänzen. Es kann auch mit jeder Instrumentengattung kombiniert werden. Der weiche Ton des Flügelhorns mischt sich fast noch besser als der Ton der Trompete.

Gutklingende Kombinationen:
Flügelhorn mit Oboe
Flügelhorn mit Altflöte (Latinsound)
Flügelhorn mit Cello
Flügelhorn mit Tenorsaxophon
Flügelhorn mit French Horn

Posaune   Weil die Posaune schon relativ tief liegt, wird sie nicht so oft als Melodieinstrument verwendet. Obwohl sie durchaus noch die Qualitäten eines solchen hat. Sie hat einen enormen Tonumfang und kann auch schnellere Tempi meistern. Es gibt genügend Beispiele aus der Jazzpraxis, wo Posaunisten wie J.J.Johnson, Albert Mangelsdorff oder Bob Brookmayer schnelle Bebop Themen spielen und sogar Solokonzerte geben. Die Posaune hat eine Reihe sehr tiefer Pedaltöne und ihre Spitzentöne reichen weit in das Register der Trompeten. Sie ist auch ein guter Unisono- und Satzpartner für andere Instrumente. Gemeinsam mit Trompete und Flügelhorn bildet sie die Brassabteilung der verschiedenen Horn Sections. Sie ist im reinen Brass-Satz das Bindeglied zwischen hohen und tiefen Blechbläsern. In vielen Fällen gibt sie im unisono und im oktavunisono dünnerklingenden Instrumenten etwas mehr Fundament.

Gutklingende Kombinationen:
Posaune und Flügelhorn (Trompete) unisono
Posaune als Fagott-Ersatz im Double Reed-Satz
Posaune und Klarinette
Posaune und Tenor- oder Altsaxophon

French Horn

Das French Horn ist, was Ansprache und Intonation angeht, noch empfindlicher als beispielsweise das Flügelhorn oder die Posaune. Es läßt sich daher in der mittleren Tonlage am leichtesten spielen. Das French Horn ist zwar ein hervorragendes Melodieinstrument, aber die gespielte Melodie wird immer einen weicheren Charakter haben, als wenn sie von einem Flügelhorn oder einer Trompete gespielt wird.

Im Satz, vorzugsweise im reinen Brass Ensemble, wirkt das French Horn wie ein Dämpfer. Es nimmt vor allem den Trompeten etwas von ihrer "Schärfe". Es läßt sich auch gut mit Reed- und Double Reed Instrumenten mischen. Man muß allerdings berücksichtigen, daß gerade die Double Reeds genau die gleichen Intonationprobleme haben wie das French Horn.

Es können auch nicht alle Voicingtypen für French Hörner verwendet werden. Enge Voicings klingen aufgrund der eben angesprochenen Intonationsprobleme nicht besonders gut.

Hier empfiehlt es sich als "Stabilisator" ein Flügelhorn oder eine Posaune beizumischen. Dasselbe gilt bei tensionsreichen Akkorden. Am besten klingen Hörner unisono oder in einfachen Dreiklängen gesetzt. Ist eine Stimme oder ein Voicing mit mehreren Hörnern besetzt, erhält man einen typischen Hornsatz, der sehr mächtig und kraftvoll klingen kann.

Tuba

Die Tuba ist als Melodieinstrument ungeeignet. Schlechte Ansprache und Intonationsprobleme machen ihr zu viele Schwierigkeiten. Sie ist deutlich schwerer zu "kontrollieren" als alle anderen Blechbläser. Trotzdem gibt es auch hier, vorzugsweise im Jazz, einige Ausnahmen. Alle Tuben sind aber hervorragende Satzinstrumente, die den gesamten Baßbereich gut abdecken. In den verschiedenen Horn Sections haben wir die Kombination von Reeds mit Trompeten und Posaune bereits kennengelernt. Das French Horn und die verschiedenen Tuben gesellen sich eher zu den Double Reeds. Es gibt natürlich auch reine "Blechbläser Ensembles". Gruppen wie die "Canadian Brass" haben gezeigt, daß die Bandbreite des Repertoires solcher Besetzungen von klassischer Musik bis hin zu Jazzstandards reicht. Der Filmkomponist Michael Colombier hat für seinen Soundtrack zum Film "The Couch Trip" mit Blues Brother Dan Aykroyd ausschließlich mit Canadian Brass gearbeitet. Es ist eindrucksvoll zu hören, was man mit einer solchen Besetzung alles bewerkstelligen kann.

Beispiele für verschiedene Brass Sections:

Trompete	Piccolotrompete	French Horn
Trompete	Trompete	French Horn
Flügelhorn (French Horn)	French Horn	French Horn
Posaune	Posaune	Tenorhorn (Posaune)
Baßposaune	Baritonhorn	
	Tuba	

Satz- und Soloverhalten der Streichinstrumente

Alle Streichinstrumente sind hervorragende Satz- und Melodieinstrumente. Wenn man als Arrangeur das Vergnügen hat, für Streichinstrumente zu schreiben, wird man sehr bald feststellen, daß es ungemein Spaß macht, mit diesen Instrumenten zu arbeiten. Das Ergebnis wird immer gut sein, vorausgesetzt, man beherzigt ein paar Regeln.

Zunächst sollte man sehr genau über die verschiedenen Artikulations- und Klangmöglichkeiten der Streicher Bescheid wissen.

Man darf Streicher nie wie Bläser "behandeln", vor allem was Phrasierung und Artikulation betrifft. Der Grund dafür ist, daß eine Streicherstimme selten von nur einem Instrument gespielt wird, außer vielleicht im reinen Streichquartett und in kleinen Jazz- und Folklore Combos als Soloinstrument.

Je nach Orchestergröße werden Streicherstimmen immer mehrfach besetzt. Die Stimmen werden unter die verfügbaren Streicher aufgeteilt. Das gilt sowohl für das Melodie- wie für das Satzspiel. Die folgende Abbildung zeigt einige gut klingende Beispiele für kleine bis mittelgroße Streichersätze:

4 x Violinen	3 x Violine I	4 x Violine I	6 x Violine I
2 x Violas	3 x Violine II	4 x Violine II	6 x Violine II
1 x Cello	2 x Viola	3 x Viola	4 x Viola
1 x Kontrabass	2 x Cello	2 x Cello	3 x Cello
	1 x Kontrabass	1 x Kontrabass	2 x Kontrabass

Streicher lassen sich sehr gut unisono und oktavunisono setzen. Auch andere Satztechniken können ohne weiteres verwendet werden. Man kann auch nahezu jede Stimmung mit Streichern erzeugen. Die Palette reicht von "kitschigen" bis zu "avantgardistischen" Klängen.

In jedem Fall muß aber darauf geachtet werden, daß die Streicherstimmen richtig verteilt werden. Man darf auf keinen Fall die Stimmen eines Akkordes mit nur jeweils einem Instrument besetzen. Genausowenig sollte man eine Stimme mit allen Violinen besetzen. Die Violinen werden daher in der Regel in Violine I und Violine II geteilt. Bei großen Orchestern wird innerhalb dieser Stimme nochmals geteilt. Die Teilung innerhalb einer Stimme wird mit Divisi oder abgekürzt div. vermerkt.

Streichinstrumente lassen sich auch sehr gut mit allen anderen Instrumenten kombinieren. Sie entwickeln dabei ganz besondere Eigenschaften. Man kann sagen, sie fungieren als eine Art "Dämpfer". Ein reiner Blechbläsersatz wird durch das Zumischen von Streichern weicher und "sinfonischer" klingen. Holzbläser verlieren etwas von ihrem trockenen, spröden Klang.

Es empfiehlt sich in jedem Fall viele Partituren zu studieren, um die verschiedenen Instrumentengruppen und ihre nahezu endlosen Kombinationsmöglichkeiten besser kennenzulernen.

Wichtige Regeln im Umgang mit Instrumenten

Hier sind noch einmal die wichtigsten Regeln im Umgang mit Instrumenten. Es ist zu empfehlen, sie immer wieder zu lesen, denn meistens sind es die kleinen Unachtsamkeiten, die im Arrangement eine große Wirkung haben können.

1. Man muß immer darauf achten, daß jedes Instrument, für das man schreibt, die Stimme auch wirklich spielen kann. Das bezieht sich in erster Linie auf den Tonumfang und auf Griffe und Griffkombinationen bei Melodien und Akkorden. Im Zweifelsfall immer die Griff- und Tonumfangstabellen studieren.
2. Man muß immer bedenken, das einige Instrumente eine Oktave höher bzw. tiefer als notiert klingen. Zum Beispiel die Piccoloflöte und der Kontra- oder E-Bass.
3. Wenn man Klangfarben der verschiedenen Instrumente mischt, muß man sich über das Ergebnis im klaren sein. Also keine unnötigen Experimente, es sei denn, man hat die Möglichkeit mit einer Besetzung zu experimentieren. Das wäre der Idealfall, denn dabei lernt man meisten.
4. Kein Mensch im Publikum hört, ob die Stimme, die ein Musiker spielt, schwer oder leicht ist. Schwierigkeit ist kein Kriterium für Qualität. Also nach Möglichkeit darauf achten, daß die Stimmen spielbar sind. Und immer daran denken, daß der Saxophonist, der sich verspielt, schlecht aussieht und nicht der Arrangeur.
5. Klingt ein Satz zu dünn, hat eine zusätzliche Klarinette schon manchmal ein Wunder vollbracht.
6. Bläser müssen atmen können. Eine Melodie für Bläser sollte immer so konzipiert werden, daß diese genügend Zeit haben, um Luft zu holen.
7. Das gleiche gilt für Dämpferwechsel und ähnliches.

8. Ein Instrument klingt immer am besten in der mittleren Lage seines Tonumfanges. Extremlagen sollten nur dann verwendet werden, wenn man das Klangergebnis und den Musiker, der es spielen muß, kennt.

9. Die Dynamik der Instrumente muß ausgewogen gewählt werden. Eine Flöte im mp hat gegen eine Trompete im forte kaum eine Chance.

10. Dasselbe gilt für die Anzahl der Instrumente. Vier Trompeten gegen eine Oboe, wird kaum das gewünschte Ergebnis bringen.

Regeln für den Aufbau eines Arrangements

Da es ja die unterschiedlichsten Formen von Arrangements und Stilistiken gibt, wollen wir an dieser Stelle nur auf ein paar allgemeingültige Regeln eingehen. Es kann leicht passieren, daß man sich beim Arrangieren verzettelt. Aus diesem Grund sollte man sich eine relativ genaue Skizze erstellen, die das Arrangent in groben Zügen umreißt. Anhand einer solchen Skizze kann man sich einen Überblick über die vorgesehene Form, Formteile, Tonart- und Rhythmuswechsel, Soloteile und dergleichen, verschaffen. Des weiteren kann man in der Skizze bereits Ideen für die vorgesehene Instrumentierung festhalten. Die gleich folgende "Checkliste" führt alle Punkte auf, die man in die Arrangementskizze einbauen kann und sollte.

Ein weiterer wesentlicher Punkt für gutes Gelingen ist die "Arbeitsrichtung". Ein Arrangement sollte immer von unten aufgebaut werden. Das heißt, man beginnt mit der "Basis", also beispielsweise mit der Rhythmusgruppe. Steht das Rhythmusgruppenarrangement, kann man die vorgesehenen Instrumentensätze für den Background einbauen. Anschließend kommen die Melodie- oder Soloinstrumente. Diese Vorgehensweise kann in den meisten Fällen eingehalten werden und ist fast schon ein Garant für gute Arbeit.

Checkliste für den Arrangeur

Die folgende Liste zeigt in nichtchronologischer Reihenfolge eine Vielzahl von Punkten, die vor Beginn der Arbeit bedacht und berücksichtigt werden müssen. Diese Liste kann und soll natürlich ergänzt werden und sollte über jedem Schreibtisch hängen.

1. Für welchen Zweck muß das Arrangement erstellt werden? Liveaufführung, CD, Sendung, Druck.

2. Für welche Besetzung muß arrangiert werden? Sind alle Stimmen ausreichend besetzt? Müssen Stimmen gedoppelt werden? Im Studio ist das Doppeln von Stimmen kein Problem, auf der Bühne dagegen schon.

3. Wie soll mein Ablauf aussehen. Skizze erstellen, in der bereits die wichtigsten Formteile wie Intro, Hauptteile, Soloteile etc. berücksichtigt sind.

4. Wie lang wird das Arrangement?

5. In welcher Stilistik soll das Arrangement stehen? Die entsprechenden Stilmittel müßen recherchiert, ausgewählt und in das Arrangement eingebaut werden.

6. In welcher Tonart soll das Arrangement stehen? Falls es sich um ein Vocal-Arrangement handelt, muß die Stimmlage der Vocalisten überprüft werden. Bei Bläsern sollte ebenfalls eine günstige Tonart gewählt werden.

7. Findet eine Modulation, also ein Tonartwechsel statt?

8. Welches Tempo wird festgelegt? Sollen oder müssen Tempowechsel eingebaut werden? Wie sieht es mit Taktwechseln oder einem Rhythmuswechsel aus?

9. Welche Satztechniken sind die besten für die gewählte Stilistik und die vorhandene Besetzung?

10. Wie soll der Schluß des Arrangements gestaltet werden? Soll es ein Fadeout geben oder einen ausnotierten Schluß?

Diese "Checkliste" sollte jeder Arrangeuer entsprechend seiner Erfahrungen ergänzen.

Der Arrangeur als Produzent

Es kommt in der Praxis häufig vor, daß der Arrangeur bei der Aufführung oder Aufnahme seiner Arbeit als Produzent oder Co-Produzent bestellt wird. Der Grund ist naheliegend. Er ist derjenige, der seine Arbeit am besten kennt und somit die musikalische Seite der Produktion am ehesten überwachen kann. Da ist es natürlich sehr hilfreich, wenn er sich auch noch mit den wichtigsten Studiobelangen auskennt. Wir wollen deshalb die Arbeit des Produzenten etwas genauer unter die Lupe nehmen. Die Fachausdrücke, die wir dabei verwenden werden, sind im Anhang erläutert.

"Die Sache mit dem Hit"

Eine relativ kleine Gruppe etablierter Erfolgsproduzenten scheint den Musikmarkt fest im Griff zu haben. Sie produzieren einen Hit nach dem anderen. Man denke dabei nur an Leute wie Phil Collins oder Giorgio Moroder. Wer kein Branchenkenner ist, hat deshalb fälschlicherweise oft den Eindruck ‚daß "Produzent" und "Hit" zusammengehören.
Einerseits stimmt das, da hinter jedem Hit ein Produzent steht. Aber andererseits landet natürlich nicht jeder Produzent automatisch einen Hit. Denn eines kann auch der beste Produzent nicht, nämlich aus einem schwachen Song einen Hit basteln. Obwohl einige Ausnahmen diese Regel bestätigen. Der Erfolg solcher Hits spricht also eher für die Qualität der Promotionabteilung einer Plattenfirma. Diese "erfolgsverwöhnten Produzenten" haben die unterschiedlichsten Arbeitsphilosophien. Hier ein paar Beispiele: Quincy Jones, Produzent von Michael Jackson, vergleicht seinen Job mit dem Malen eines Gemäldes. So wie ein Maler seine Bilder langsam aufbaut und füllt, verfährt er mit seinen Songs, die er Spur für Spur auf Band "aufzeichnet". Dieter Dirks (Scorpions, Accept) geht die Sache bodenständiger an. Für ihn ist es wichtig, den Punkt zu finden, wo der Musiker sich wohlfühlt, er aber als Produzent noch die Möglichkeit hat, die Produktion zu steuern und im positiven Sinne auf die Musiker einzuwirken. Kontrollierte Kreativität also.

Beruf: Produzent

Den Berufswunsch Produzent gezielt zu planen und dann auch zu realisieren gelingt in den wenigsten Fällen. Die meisten Produzenten sind in ihren Job langsam hineingewachsen. Einige sind über den Umweg des Studiomusikers zum Produzenten geworden wie z.B. Curt Cress (Uwe Ochsenknecht). Harold Faltermeyer (Donna Summer) beispielsweise war Studiomusiker und Arrangeur. Sein Freund und Kollege Giorgio Moroder (Donna Summer, Mary Rose) war zunächst Songwriter und Studioassistent. Andere Produzenten waren schon vorher hinter dem "Pult", als Toningenieure wie Udo Arndt (Nena, Rainbirds). Die Frage wie man ein Produzent wird hat Udo Arndt sehr realistisch beantwortet: "Indem man zufällig mal was gemacht hat, das erfolgreich ist. Werden wollen kann man das nicht." (Fachblatt Musikmagazin 8/90). Hier gilt also wieder einmal mehr die alte Geheimformel der Musikbranche: "Right Time/Right Place", also im richtigen Moment an der richtigen Stelle sein. Hat man erst einmal Erfolg gehabt, kommen die Plattenfirmen und die Künstler von alleine auf einen zu.

Wie bekommt man einen Produktionsauftrag?

Bekannte Produzenten werden meistens von den Plattenfirmen direkt beauftragt, einen Künstler zu produzieren. Die Firma übernimmt dabei alle Kosten für Studio, Studiomusiker, Hotel etc. Über einen Produzentenvertrag werden die Honorare und Lizenzbeteiligungen geregelt. Honorare werden vorher ausgehandelt, während die Lizenzen von Verkaufserlösen eines Tonträgers abhängig sind. Wie hoch die Lizenzbeteiligung ist, hängt unter anderem vom "Marktwert" des Produzenten ab. Wer schon auf diverse Erfolge verweisen kann, kann höhere Prozente verlangen als jemand, der gerade seine erste Chance als Produzent erhält. Der Produzent ist natürlich auch an den Erlösen von "Kopplungen" beteiligt. Wird ein von ihm produzierter Song z.B. auf dem Sampler "Greatest Summer Hits" veröffentlicht, so ist er auch an diesen Einnahmen gemäß des Produzentenvertrages beteiligt.

Arbeitet man als selbständiger Produzent, ist das Risiko etwas größer. Zuerst muß ein Künstler/in oder eine Band gefunden werden, deren Musik hinsichtlich kommerzieller Verwertbarkeit Aussichten auf Erfolg verspricht. Zwei Dinge sollten sichergestellt sein:

Es muß gutes Songmaterial vorhanden sein, das ein möglichst hohes Maß an Originalität aufweist, und die Künstler müssen eine positive Ausstrahlung, sprich "Charisma" haben.

Sind diese Voraussetzungen erfüllt, werden die Künstler mittels eines Künstlervertrages vom Produzenten unter Vertrag genommen. Der Produzent wird sich hierbei möglichst viele Rechte zusichern lassen, schließlich trägt er das komplette finanzielle Risiko.

Er wird bei der Produktion seinen Vorstellungen und seinem Instinkt folgen, um ein marktgerechtes Produkt herzustellen, welches gute kommerzielle Chancen hat. Da kann es im Studio schon mal vorkommen, daß der Produzent auf der Umsetzung einer musikalischen Idee besteht, obwohl Künstler oder Band nicht seiner Meinung sind. Ein geschickter Produzent wird aber in solchen Situationen behutsam vorgehen, um die Stimmung und somit das Arbeitsklima nicht zu trüben.

Ein zusätzliches Honorar erhält der Produzent übrigens von der Verwertungsgesellschaft GVL. Hier gibt man einmal pro Jahr den Gesamtbetrag der erhaltenen Lizenzen an. Die GVL schüttet dann zum Jahresende einen bestimmten Prozentsatz dieses Betrages nochmals an den Produzenten aus.

Die Aufgabe des Produzenten

Viele Produzenten haben ein ganzes Team beschäftigt. Dazu gehören im günstigsten Fall Arrangeure, Agenten, Toningenieure und Komponisten. Hat man dann einen Künstler gefunden, geht es zunächst darum, geeignetes Songmaterial zu finden oder vorhandene Songs zu arrangieren. Es müssen also zuerst die ganzen "Rohdemos" durchgehört und die besten Songs ausgewählt werden. Hier ist vor allem der Arrangeur gefordert. Er prüft die Tonarten der Songs, ob sie beispielsweise für die vorhandene Besetzung funktionieren (siehe "Checkliste" Seite 216). Dasselbe gilt für die Tempi. Diesem Punkt sollte man größte Aufmerksamkeit schenken. Nichts ist schlimmer als eine Ballade, die zu schnell gespielt wird und dadurch unruhig klingt, oder ein Rocksong, der zu langsam gespielt wird und dadurch nicht den nötigen Drive hat.

Als nächstes wird die Form des Songs festgelegt. Wie lang ist die Intro, kommt der Vers zweimal vor dem Refrain oder nur einmal, wann kommt die Bridge, wie lange ist das Solo etc? Alle diese Fragen sollten geklärt werden, bevor man in ein Studio geht. Ist das erledigt, kann man ein Arrangement des Songs erstellen und mit der Instrumentierung beginnen.

Der Produzent macht sich als nächstes Gedanken über die Wahl des Studios. Das Studio wird unter Berücksichtigung der aufzunehmenden Stilistik ausgewählt. Ein auf Heavy Metal spezialisiertes Studio muß für eine Schlagerproduktion nicht unbedingt das optimale Studio sein und umgekehrt. Genauso verhält es sich übrigens mit den Studiomusikern, denn auch hier gibt es Spezialisten für jede Musikrichtung. Steve Lukather ist mit Sicherheit der angesagte Gitarrist in Los Angeles wenn es darum geht, ein amtliches Rocksolo zu spielen. Benötigt man eine akustische Gitarre, dann wird unter Garantie Tommy Tedesco angerufen.

Ist das alles getan, beginnt die eigentliche Arbeit des Produzenten im Studio. Diese kann sehr unterschiedlich aussehen. Anhand zweier gegensätzlicher Beispiele möchten wir kurz zeigen, wie verschieden der Aufgabenbereich des Produzenten sein kann.

Bei kommerziellen Massenproduktionen, wie z.B. Hintergrundmusik für Supermärkte, Archivproduktionen, Tanzplatten des Jahres, Evergreens im Big Band Sound etc. zählt nur eines: Zeit ist gleich Geld. Der Produzent hat hier die Funktion, den schnellen und reibungslosen Ablauf der Produktion zu gewährleisten und in kürzester Zeit möglichst viel Musik auf Band zu bringen. Eine komplett eingespielte CD pro Tag ist hier die Regel.

Besonders kreative Leistungen werden da von den bestellten Studiomusikern meistens nicht erwartet. Was aufgenommen werden soll, steht in den einzelnen Stimmen jedes Musikers und das sollte er nach zweimaligem Proben auch fehlerfrei einspielen können. Der Ausdruck "musikalische Fließbandarbeit" trifft den Charakter einer solchen Produktionen am ehesten.

Ganz anders die Situation, wenn es um den Megastar einer Plattenfirma geht. Da die Plattenfirma weiß, daß der Künstler mit Sicherheit wieder Millionen Tonträger verkaufen wird, hat der Produzent hinsichtlich Produktionskosten relativ viel Spielraum. Entspannte Studioatmosphäre, ein erstklassig ausgestattetes Studio mit einem Topmann an den "Reglern", die besten Studiomusiker und ausreichend Zeit machen die Arbeit des Produzenten sehr angenehm. Aufnahmesessions von einjähriger Dauer und länger, sind hier keine Seltenheit. Die Produktion der Fleetwood Mac LP "Tusk", erschienen 1979, hatte zum Beispiel zwei Jahre in Anspruch genommen.

Ausgestattet mit dem nötigen musikalischen Background, um in jeder kniffligen Situation ein paar Lösungsvorschläge parat zu haben, wird der Song auf Band aufgenommen. Wie das im Detail funktioniert sehen wir gleich.

Der komplette Aufgabenbereich eines Produzenten läßt sich leider nicht vollständig eingrenzen. In erster Linie geht es darum, wie eingangs schon erwähnt, einen guten Song zu produzieren. Neben rein musikalischen Aufgaben können aber auch Dinge wie psychologische Hilfestellung, wenn der Sänger unter Liebeskummer leidet, dazugehören, oder man geht mit der Band abends noch ein Bier trinken, um sich einfach so zu unterhalten. Wir werden nun die nötigen Schritte besprechen wie ein Produzent vorgeht, um einen Songs auf Band zu bekommen.

Der Demosong Ein eigenes Heimstudio ist für dieses Vorhaben sehr hilfreich. Hier kann man vieles in Ruhe ausprobieren. Für das Demo braucht ein Song noch nicht im Detail ausgearbeitet sein. Akkorde, Melodie und die Drum- und Baßbegleitung sind ausreichend, um dem Toningenieur und den Musikern einen Eindruck vom Song zu geben. So ein Heimstudio muß auch nicht unbedingt sehr aufwendig sein. Manche Leute nennen zwar ein 32-Spur Digitalstudio ihr "Heimstudio", aber es geht auch kleiner. Ein Vierspurrecorder mit extra Eingängen für Keyboards, ein digitales Hallgerät, ein paar gute Boxen, ein HiFi Verstärker, ein Mikro, ein Rockman und ein paar Kopfhörer sind alles was man braucht. Stehen Computer und Miditechnologie zur Verfügung, kann man bei den späteren Studiokosten schon noch etwas Geld sparen. Die Songs lassen sich dann, was Keyboards und Drumcomputer betrifft, zuhause komplett fertigstellen. Den Computer nebst angeschlossenem Synthesizer und Drumcomputer kann man dann im Studio mit Hilfe einer vorher aufgenommenen Synchronspur zum Band mitlaufen lassen. Die Bandmaschine übernimmt die Steuerung der an den Computer angeschlossenen Geräte. So eine Arbeitsweise empfiehlt sich immer dann, wenn im Studio wenig Bandspuren und wenig Zeit zur Verfügung stehen. Im Studio werden dann nur noch die akustischen Instrumente aufgenommen.

Ein Hinweis zum Heimstudio, Computer- und Miditechnologie sei uns noch gestattet. Die ganze Technik erleichtert einem zwar die Arbeit, aber an der eigentlichen kompositorischen Arbeit ändert sich nichts. Wenn man nicht die harmonischen, melodischen und rhythmischen Zusammenhänge kennt, und diese richtig anzuwenden weiß, wird man über musikalische Zufallstreffer selten hinauskommen. Die Komposition entsteht im Kopf, und nicht am Bildschirm. Übrigens gibt es ja auch Leute, die zum Komponieren nur zwei Dinge brauchen: Einen Bleistift und ein Notenblatt.

Produktion und Preproduktion

Eine Produktion unterteile man in die zwei Bereiche: Preproduktion (Vorproduktion) und Produktion. Die Produktion ist die Aufnahme des Songs in seiner endgültigen Form. Die Vorproduktion dient zur Vorbereitung der eigentlichen Studiosession. Eine sorgfältige Vorbereitung hilft, die Kosten für die Produktion gering zu halten. Je genauer man sich Gedanken über alles Musikalische und den Ablauf der Studiosession macht, umso effektiver kann man im Studio arbeiten. Bei täglichen Studiokosten zwischen DM 500 und DM 4.000, je nach Ausstattung, für ein 24 Spur-Studio empfiehlt sich genaueste Planung.

Jede unötig "verplemperte" Minute kostet Geld. Folgende Dinge müssen geklärt sein: Komposition und Arrangement sollte vollständig abgeschlossen sein. Noten oder ein Leadsheet, erleichtern allen Beteiligten die Arbeit. Man sollte sich nicht erst im Studio den Kopf darüber zerbrechen, ob zu dem Song nun eine E-Gitarre besser paßt oder ob die akustische Gitarre nun die bessere Wahl ist. Keyboardsounds sollten ebenfalls vorher festgelegt werden, um nicht die teure Studiozeit mit dem Suchen nach geeigneten Sounds zu verbringen.

Möchte man den Song mit einem Drumcomputer aufnehmen, muß natürlich der Drumpart stehen. Die einzelnen Drumsounds müssen festgelegt sein und diese, wenn möglich, den Einzelausgängen des Drumcomputers zugeordnet sein. Man sollte sich dann auch notieren, welche Instrumente auf welchen Ausgang gelegt wurden. Hier noch ein Tip: Falls der Drumcomputer nicht über genug Einzelausgänge für alle Instrumente verfügt, sollten zumindest Baßdrum und Snaredrum auf separate Ausgänge gelegt werden. So können diese beiden für den Sound eines Songs sehr wichtigen Instrumente klanglich getrennt bearbeitet und dem Sound des Songs angepaßt werden. Bevor man ins Studio geht, sollte man sich auch Gedanken über die im Studio zur Verfügung stehenden Spuren machen und welche Instrumente auf welcher Spur aufgenommen werden sollen. Hierfür ist ein Spurenplan von Nutzen.

Bei der Auswahl des Studios sollte man immer berücksichtigen, was man eigentlich aufnehmen will. Für eine Produktion mit dem Megastar einer Major Company ist das Beste natürlich gerade gut genug: 48 Digitalspuren, ein Solid State Logic Mischpult und das ganze natürlich noch auf den Bahamas. Ich erinnere nur an den Produzenten Quincy Jones, der für die Michael Jackson Produktion "BAD" ein knappes Dutzend 24-Spurmaschinen miteinander synchronisierte. Möchte man aber eine CD für eine dreiköpfige Rockband aufnehmen, genügt auch ein kleines Achtspur-Studio.

Wichtig ist natürlich die technische Ausstattung des Studios hinsichtlich Qualität des Mischpultes, Anzahl der Kanäle und der Effektgeräte etc. Letztere spielen bei der Mischung eine entscheidende Rolle.

Neben der Technik eines Studios sind auch die Räumlichkeiten nicht ganz unbedeutend. Bei reinen Synthiproduktionen, bei denen nur Keyboards und Drumcomputer zum Einsatz kommen, braucht man auf den Klang der Aufnahmeräume keinen Wert legen. Eine solche Produktion läßt sich auch in einem räumlich kleinen Studio durchführen. Wichtig ist hierbei nur die Qualität des Abhörraumes. Will man hingegen echte Streicher aufnehmen, werden diese nur gut klingen, wenn man sie in sehr großen und speziell für diesen Zweck vorgesehenen Räumen aufnimmt. Auch bei Rockproduktionen sind die Räume von großer Bedeutung. Speziell der Drumsound steht und fällt mit der Qualität des Raumes. In großen Studios, wie zum Beispiel dem Pilot Studio von Curt Cress in München, können Wände unterschiedlichster Beschaffenheit aufgestellt werden. So gibt es reine Spiegelwände, reine Steinwände etc., die den Sound eines Drumsets vollkommen verändern.

Dann ist da noch die Frage des Preises. Das billigste Studio ist oft nicht das Beste. Studio ist nicht gleich Studio. Selbst wenn zwei Studios dieselbe Technik haben hängt das Ergebnis immer noch von dem Mann ab, der hinter dem

Mischpult sitzt. Bei der Wahl des Toningenieurs gibt es einige Dinge zu beachten. Er muß sich mit seinen Geräten bestens auskennen, in der Lage sein die Wünsche des Produzenten direkt umzusetzen und auch mal Ratschläge geben können, und er braucht natürlich ein gutes Gehör.

Das Aufnahmeverfahren   Für jedes Instrument, das man aufnehmen möchte, hat man im Idealfall eine Bandspur zur Verfügung. Auf dieser Bandspur wird immer nur ein Instrument aufgenommen. So kann man den Klang jedes Instrumentes später bei der Mischung getrennt beeinflussen. Bei den Drums werden manchmal, um Bandspuren zu sparen oder wenn man nur eine begrenzte Anzahl von Spuren zur Verfügung hat, mehrere Instrumente wie zum Beispiel die Tom Toms oder die Becken auf zwei Spuren in Stereo zusammengefaßt. Nachteilig hierbei ist, daß man den Klang der zusammengefaßten Instrumente beim Mix nur noch gemeinsam verändern kann.

Alle Instrumente werden in der Regel immer roh aufgenommen, also ohne Effekte wie Hall, Chorus oder ähnlichem. Diese Effekte werden erst später bei der Endmischung hinzugefügt. Das Aufnehmen jedes Instruments auf eine eigene Spur gibt einem auch die Möglichkeit, sogenannte "Overdubbs" zu machen. Das bedeutet, daß man Teile des Songs oder eine komplette Spur des Songs ausbessern kann. Gefällt einem die Gitarrenspur nicht mehr, kann man die Spur komplett löschen und nochmal neu aufnehmen. Ist die Aufnahme, abgesehen von einem kleinen Fehler in Ordnung, hat man die Möglichkeit, nur diese Stelle auszubessern. Das geschieht folgendermaßen:

Vor der erneuten Aufnahme werden zwei Punkte festgelegt. Der Einstiegspunkt, ab dem neu aufgenommen werden soll, und der Ausstiegspunkt, bis zu dem neu aufgenommen werden soll. Der Toningenieur läßt nun das Tonband zum ersten Punkt laufen und drückt dann den Aufnahmeknopf (Punch In), um die zuvor falsch gespielte Stelle zu löschen und gleichzeitig das neu Gespielte aufzunehmen. Ist der Austiegspunkt erreicht, wird die Aufnahme beendet (Punch out).

Der Mix   Hat man endlich alles auf Band, ist es Zeit für den Mix. Hierbei wird jede aufgenommene Einzelspur über einen Kanal des Mischpults geschickt, der Klang eingestellt und das Instrument, falls nötig, mit einem Effekt versehen. Des weiteren wird "räumliche" Anordnung des Instruments im Stereobild mit dem Panoramaregler festgelegt. Die Stimme bekommt Hall, um mehr Fülle zu erhalten, der Synthesizer wird mittels Chorus "breitgezogen" und Stereo gemacht und der Sound der Gitarre wird durch ein Stereoecho verbessert. Der Klang der Drums wird erst durch einen simulierten Raumhall so richtig "bombastisch". Das Ganze wird dann auf zwei Spuren zusammengemixt und auf einem DAT Recorder aufgenommen, bzw. gemastert.

Die Möglichkeiten die man beim Mix zur Verfügung hat, sind enorm. Allerdings ist die Gefahr sehr groß, daß man sich zu verzettelt. Es ist überhaupt kein Problem, Tage oder auch Wochen an der Mischung eines Songs herumzubasteln. Irgendetwas wird einen an der Mischung immer stören. Man sollte sich daher für die Mischung ein zeitliches Limit setzen.

Wie schon erwähnt gilt im Studio die Regel: Zeit gleich Geld. Das gilt auch für übertriebenen Perfektionismus. Man wird immer versuchen, alles hundertprozentig zu machen: Das Tempo darf nicht schwanken, das Zusammenspiel muß stimmen, die Phrasierung muß bei allen Musikern perfekt und gleich sein. Bei bestimmten Arten von Musik, wie den anfänglich erwähnten kommerziellen Produktionen, ist das auch richtig. Will man aber eigene Songs aufnehmen, um einen Plattendeal zu bekommen ist es wichtiger, dafür zu sorgen, daß die Musik lebt und nicht steril klingt. Es muß heutzutage nicht mehr alles hundertprozentig perfekt sein. Ein Song darf auch seine kleinen Ecken und Kanten haben, solange sie musikalisch nicht wirklich stören. Die Musik sollte in der Lage sein, Stimmungen zu vermitteln. Manchmal ist in einer Aufnahme mit kleinen Fehlern mehr Leben und musikalisches Potential als in einer fehlerfreien und perfekten Aufnahme. Wenn man sich mal die größten Hits der vergangenen dreißig Jahre anhört, wird man erstaunlich wenige dieser perfekten und sterilen Songs darunter finden. Meistens sind es Songs, die neben guten Akkorden und einer eingängigen Melodie auch noch eine bestimmte Stimmung vermitteln.

Wie werden die einzelnen Instrumente aufgenommen?

Eigentlich ist das die Aufgabe des Toningenieurs. Aber auch für den Produzenten und den Arrangeur ist es hilfreich zu wissen, wie welche Instrumente am besten aufgenommen werden.

Beginnen wir mit den Drums, denn für den Drumsound muß im Studio die meiste Zeit kalkuliert werden. Im Idealfall wird jede Trommel, wie Baßdrum, Snare und Toms, mit einem Mikro abgenommen und auf je einer Bandspur aufgenommen. Die Hihat bekommt auch ein eigenes Mikro und die Becken werden mit zwei über dem Set montierten Mikros, den Overheadmikros abgenommen. Manche Toningenieure nehmen die Snare sogar mit zwei Mikros ab. Mit einem Mikro wird die Snare auf die herkömmliche Art und Weise von oben und mit dem zweiten Mikro von unten abgenommen.

Um den Gesamtsound des Drumsets mit dem Klang des Aufnahmeraums auf Band zu bekommen, wird das Drumset meist noch mit zwei Raummikros aufgenommen, die in einigen Metern Entfernung vom Drumset stehen. So wie jeder Raum den Klang des Drumsets verändert, macht dies auch jedes Mikrophon. Jeder Toningenieur hat da seine speziellen Marken und Vorlieben.

Will man einen wirklich guten Drumsound aufs Band bekommen, muß man schon einen Drumsoundcheck von einer Stunde einkalkulieren. Mit den anderen Instrumenten geht der Soundcheck zwar schneller, er sollte aber nicht weniger gewissenhaft gemacht werden. Manche Toningenieure behaupten zwar, daß man das alles auch noch bei der Endmischung optimal einstellen kann, nach dem Motto: "We fix it in the Mix". Das ist dann aber nur noch begrenzt möglich. Je gewissenhafter der Soundcheck gemacht wird, umso besser klingen die Instrumente auf Band und umso besser klingt das Instrument dann auch in der Mischung.

Etwas einfacher als die Aufnahme der Drums ist die Aufnahme des Basses, vorausgesetzt es ist ein E-Baß. Hier hat man drei Möglichkeiten. Die erste Methode ist, den Baß ans Mischpult anzuschließen und direkt auf's Band zu gehen. So bekommt man einen trockenen und sauberen Baßsound.

Die zweite Methode ist, den Baß über die Baßanlage zu spielen und mit einem oder mehreren Mikros abzunehmen. Dadurch ist der Sound nicht mehr so sauber und klingt etwas "erdiger". Eine weitere Möglichkeit ist: Die Kombination von beiden Methoden und eine Mischung von beiden Signalen auf Band zu bringen. Wenn man genug Spuren zur Verfügung hat, lassen sich auch beide Signale getrennt aufnehmen und man kann das endgültige Mischungsverhältnis von Direktsignal und Ampsignal erst in der Endmischung festlegen.

Auch die Keyboards werden immer direkt ans Mischpult angeschlossen. Man muß aber darauf achten, daß die internen Hallprogramme abgeschaltet werden. Die E-Gitarre optimal aufzunehmen, ist eine ziemlich knifflige Angelegenheit. Eine cleane, also unverzerrte Gitarre, nimmt man am besten auch direkt übers Pult auf. Effekte wie Chorus Delay etc. sollte man weglassen und erst im Mix einsetzen.

Eine verzerrte Gitarre direkt ans Mischpult anzuschließen ist so ziemlich das Schlimmste, was man machen kann. Das klingt unter Garantie absolut schrecklich. Für den Gitarrensound sind, vom Gitarristen mal' abgesehen, verschiedene Dinge ausschlaggebend: Verstärker und Lautsprecher, Lautstärke, Wahl des oder der Mikros und die Position der Mikros im Aufnahmeraum. Einen druckvollen Gitarrensound erzielt man nur, wenn der oder die Verstärker richtig laut aufgerissen" sind. Man braucht es ja nicht unbedingt wie Eddie van Halen zu machen, der bis zu sieben Gitarrenanlagen verwendet, um den Druck und die Power zu bekommen, die er sich wünscht. Bei dieser Lautstärke im Aufnahmeraum neben den Amps zu stehen, ist nicht zu empfehlen. Sinnvoller ist es, die Lautsprecherboxen im Aufnahmeraum stehen zu lassen und den Amp in den Regieraum zu stellen und auch von dort aus einzuspielen. So kann man den Sound der Gitarrenanlage jederzeit schnell verändern.

Die Wahl des richtigen Mikros und die Position des Mikros vor dem Amp entscheiden mit über den Sound. Viele Toningenieure schwören auf das gute alte Shure SM 57, das sich bei Millionen von Aufnahmen bewährt hat. Oft werden auch bei Gitarrenaufnahmen zusätzliche Raummikros aufgestellt, um den Klang des Aufnahmeraumes dem Originalsignal zuzumischen. Wo die Mikros genau stehen müssen und wie das Mischungsverhältnis untereinander sein muß, um den optimalen Gitarrensound zu erzielen, kann man auch hier nur durch Experimentieren herausfinden. Da gibt es keine Regeln.

Eine akustische Gitarre kann man mit Mikro oder speziellen Tonabnehmern aufnehmen. Kommen aber in einem Song Passagen vor, wo die akustische Gitarre solo gezupft wird, muß man darauf achten, daß die Atemgeräusche des Gitarristen nicht zu hören sind. Eine einfache Atemschutzmaske aus dem Baumarkt schafft die nötige Abhilfe. Die Abnahme der akustischen Gitarre mittels Tonabnehmer macht die Arbeit bedeutend einfacher und die Soundergebnisse sind meist sehr gut.
Arbeitet man mit kompletten Instrumentensätzen wie Bläser oder Streicher, dann sollte man diese nach Möglichkeit auch zusammen einspielen lassen. Auf diese Weise fällt es ihnen leichter gleichmäßig zu phrasieren, richtig zu intonieren und das Gespielte homogener klingen zu lassen.
Bei der Aufnahme von Vocalisten sollte man immer darauf achten, daß die Stimme über genügend Ausdruck und Charakter verfügt und so der Song richtig interpretiert wird. Darauf zu achten, daß die Aussprache klar und verständlich ist, versteht sich von selbst.

Man sollte generell trotz Zeitdruck darauf achten, daß alle Beteiligten ausreichend Zeit haben, sich gründlich einzuspielen, bevor mit der Aufnahme begonnen wird. Man kann die eventuell schon fertigen Basic Tracks zu Übungszwecken ein oder zweimal durchlaufen lassen. Der Toningenieur sollte dabei immer aufnehmen. Oft ist schon beim "First Take", also der ersten Aufnahme, viel Spontanes und Kreatives dabei, das sich bei einem erneuten Versuch nicht mehr so exakt wiederholen läßt. Prinzipiell sollte man der Version, die zwar nicht 100prozentig perfekt ist, aber in Ausdruck und Feeling sehr gut ist, immer den Vorzug vor einer richtig gesungenen, aber sterilen Version geben. Das gilt für alle Instrumente ebenfalls.

Basic Track und Overdub –
Die Reihenfolge bei der Aufnahme

Bevor eine Aufnahmesession beginnt, sollte man immer eine Synchronspur bespielen. Mit dieser Spur kann man beispielsweise einen Track aus einem Drumcomputer ansteuern. Man braucht sie auch für andere Midigeräte wie Synthesizer. Arbeitet man ohne "Sync Spur", muß der Click Track auf Band aufgenommen werden. Er fungiert als Metronomspur, die das Tempo des Songs angibt. So kann man Temposchwankungen beim Einspielen des Songs weitestgehend vermeiden. Ein solches Aufnahmeverfahren setzt aber voraus, daß die beteiligten Musiker mit einem Click Track spielen können. Ein deutlicher Einzähler am Anfang des Songs darf natürlich auch nicht vergessen werden. Der schnellste Weg einen Song auf Band zu bekommen ist, die komplette Band den Song zusammen einspielen zu lassen. So bekommt das Ganze einen echten Livecharakter und klingt lebendig.

Problematisch kann dieses Aufnahmeverfahren allerdings werden, wenn Fehler ausgebessert werden müssen, da hier das Problem der "Übersprechung" auftauchen kann. Übersprechung kann immer dann stattfinden, wenn mit Mikrofonen aufgenommen wird. So nehmen zum Beispiel die Schlagzeugmikrofone immer auch die anderen akustischen Instrumente mit auf, die im selben Raum mitspielen. Hat sich nun jemand verspielt, kann man zwar die Stelle ausbessern, aber der Fehler ist auf der Schlagzeugspur immer noch vorhanden und, wenn man Pech hat, auch deutlich zu hören.

Abhilfe kann der Toningenieur schaffen, wenn er die akustischen Instrumente mittels Trennwänden gegeneinander abschirmt oder die Instrumente zur Aufnahme in verschiedenen Räumen unterbringt. Eine gute Alternative zu der gerade beschriebenen Möglichkeit ist es, zunächst die Rhythmusgruppe zusammen einspielen zu lassen. Zu diesen sogenannten "Basic Tracks" werden dann später Bläser, Streicher, Gesang, Fill in, Soli und dergleichen als "Overdubbs" aufgenommen.

Die Rhythmusgruppe mit Drums, Bass, Rhythmusgitarre und eventuell Keyboard nimmt den Song ein paarmal hintereinander auf und man wählt dann die beste Version aus. Es nützt allerdings nichts, wenn man die Rhythmusgruppe den Song zwanzigmal spielen läßt, nur weil einem jedesmal eine Kleinigkeit störend auffällt. Wird der Song zu oft gespielt, ist meistens schnell die Luft raus. Oft ist auch hier die erste Aufnahme, der "First Take", die beste Aufnahme. Das Problem der Übersprechung gibt es hier in der Regel nur, wenn eine verzerrte Gitarre oder ein akustisches Klavier aufgenommen wird.

Basic Track mit Overdubb ist die am weitesten verbreitete Art der Aufnahmetechnik und führt in der Regel auch zu den musikalisch besten Ergebnissen. Arbeitet man mit Computer, Sequenzer und Keyboards und möchte im Studio nur noch ein paar akustische Instrumente und den Gesang aufnehmen, kann man die im Sequenzer aufgenommenen Instrumente auf das Band überspielen, oder den Computer und die daran angeschlossenen Geräte über die Sync Spur zum Band mitlaufen lassen. Von einer Überspielung der Sequenzeraufnahme auf Band ist allerdings abzuraten, da das Keyboard als digitale Klangquelle auf analoges Band überspielt wird, was zu unnötigem zusätzlichen Rauschen führt.

Einzelaufnahme mit einer Pilotspur

Die letzte Möglichkeit einen Song aufzunehmen ist die, daß jedes Instrument einzeln aufgenommen wird. Dieses Aufnahmeverfahren wird meistens dann angewandt, wenn die Musiker aus irgendeinem Grund nicht gemeinsam im Studio sein können, vor allem auch dann, wenn hier in Deutschland mit Musikern aus Übersee gearbeitet wird. Man schickt dann das Band um die halbe Welt und jeder Beteiligte spielt seinen Part nach genauen Vorgaben auf's Band. Bei dieser Arbeitsweise empfiehlt es sich, eine Pilotspur aufzunehmen. Diese dient den Musikern als Orientierung für den Ablauf des Songs. Eine Piano- oder Gitarrenversion des Songs, mit Gesang auf eine Spur aufgenommen ist dafür schon ausreichend. Ein Click Track ist hier ebenfalls von größter Bedeutung. Baß und Drums spielen den Song zunächst alleine ein, alle weiteren Instrumente werden nacheinander einzeln oder auch in Gruppen, wie zum Beispiel die Bläser, aufgenommen.

Man sollte sich in jedem Fall mit den entsprechenden Musikern vorher darüber absprechen, welches Bandformat verwendet wird und wie die Bandmaschine "eingemessen" ist, auf der man arbeitet. Bei dieser Produktionsweise wird es sich aber immer um eine "High Budget Produktion" handeln. Es ist daher ratsam, daß sich der Produzent selber in den Flieger setzt, das Band im Gepäck, und die Aufnahme überwacht. Außerdem hat er in dieser Phase der Arbeit bestimmt schon Urlaub nötig.

So, das waren ein paar Grundgedanken zur Studio- und Aufnahmetechnik. Zum Abschluß des Buches kommen jetzt noch ein paar Tabellen und Buchhinweise.

Fachausdrücke in der Studiosprache

Abhörraum Wird auch Regieraum genannt. Der Raum im Tonstudio, in dem das Mischpult steht und wo die Aufnahmen abgemischt werden

Analog Speicherverfahren für Tonsignale. Die Information wird auf Magnetband aufgezeichnet und mit entsprechendem Qualitätsverlust wiedergegeben

Aufnahmeraum Raum im Tonstudio, wo aufgenommen wird. Dieser Raum ist in der Regel nach außen hin schallisoliert

Basic Tracks Grundspur einer Aufnahme mit Drums, Baß, Gitarre und eventuell Keyboards

Click Track Metronomspur für exaktes rhythmisches Spiel

DAT Recorder Digitaler Recorder

Digital Speicherverfahren für Tonsignale. Die Information wird digital gespeichert und nahezu 100%ig reproduziert

GVL Verwertungsgesellschaft, die die Leistung der Musiker und Produzenten honoriert, die bei Aufnahmen für Funk, Fernsehen oder Tonträger mitwirkten

High Budget Produktion Produktion mit hohem finanziellen Aufwand. Das Gegenteil wäre die Low Budged Produktion

Honorare Einmalig bezahlte Gagen für Musiker, Arrangeure oder Produzenten

Kopplungen Weiterverwertung eines Songs. Z.B. Kopplungen von "Best of.." CD's

Lizenzen Gagen, die vom Verkauf eines Produktes abhängig sind.

Major Company Große bzw. bedeutende Plattenfirma

Mischpult Konsole mit mehreren Kanälen. Jeder Kanal funktioniert wie die Klangregeleinheit eines Verstärkers. Jedes Pult und jeder Kanal hat je nach Größe noch weitere Funktionen

Mix Fertigstellung einer Mehrspuraufnahme. Die einzelnen Spuren werden zusammengemischt. Die Lautstärken werden dabei eingestellt. Des weiteren wird der Klang der Instrumente verfeinert und mit Effekten angereichert

Overdubbing Aufnahme von Instrumenten auf eine bereits vorgefertigte Aufnahme

Panoramaregler Stereoregler, mit dem das Signal anteilmäßig nach links oder rechts gelegt werden kann

Pilotspur Spur, die später gelöscht wird. Sie dient bestimmten Instrumenten zur Orientierung

Promotion Werbung

Punch in Einstieg in eine bereits fertige Aufnahme zu Korrekturzwecken.

Punch out Ausstieg aus der korrigierten Aufnahme

Sequenzer Computer, der MIDI-Information aufnehmen kann. Im wesentlichen wie ein Tonband

Soundcheck Soundeinstellung vor der Aufnahme

Spur Bezeichnung für die Unterteilung eines Tonbandes in verschiedene Abschnitte

Studioassistent Gehilfe des Toningenieurs

Studiomusiker Musiker die darauf spezialisiert sind, in Tonstudios bei Aufnahmen mitzuwirken

Synchronspur Spur des Tonbandes, auf die ein sogenannter Timecode gespielt wird. Ein Timecode funktioniert wie die Perforation eines Filmes. Er steuert andere Geräte im absoluten Gleichlauf an

Toningenieure Aufnahmeleiter im Tonstudio

Übersprechung Signale, die auf anderen Spuren mitzuhören sind

In manchen Fällen ist es von großem Nutzen, wenn der Arrangeur mehr über das Instrument weiß als nur den Tonumfang. Oft genügt es, wenn er sehen kann, wie welche Töne gegriffen werden, um eine Stimme spielbar zu gestalten. Aus diesem Grund haben wir ein paar Griff- und Zugtabellen der wichtigsten Instrumente erstellt.

Bass

Tabelle 1 zeigt uns den möglichen Tonumfang eines 24-bündigen E-Basses. Dieser Tonumfang ändert sich entsprechend der Bundierung. Der Tonumfang eines Kontrabasses ist pro Saite um etwa eine Oktave größer (Extremlagen). Beim Bass ist zu berücksichtigen, daß er eine Oktave tiefer klingt als notiert.

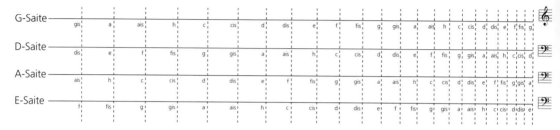

Cello

Der Cello-Tonumfang kann auf der A-Saite durch das Spielen in Extremlage um eine Septime erweitert werden. Die Viola hat die selben Leersaiten und in etwa den selben Tonumfang, klingt aber eine Oktave höher.

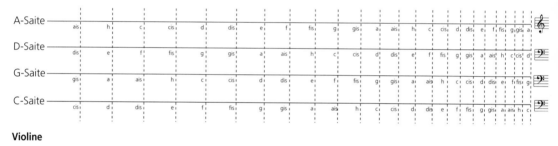

Violine

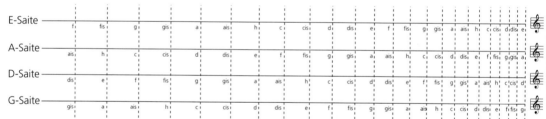

Gitarre

Der Tonumfang entspricht dem einer 24-bündigen E-Gitarre. Da die meisten Gitarren eher weniger Bünde haben, muß der Tonumfang je nach Instrument verändert werden. Auch die Gitarre klingt eine Oktave tiefer als notiert.

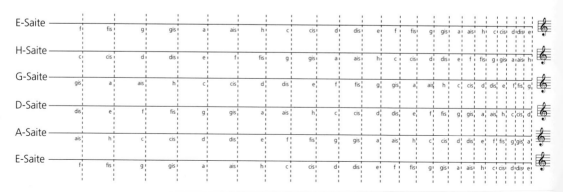

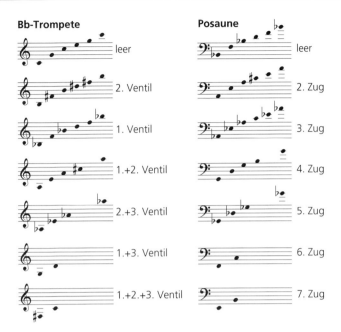

Bb-Trompete

leer
2. Ventil
1. Ventil
1.+2. Ventil
2.+3. Ventil
1.+3. Ventil
1.+2.+3. Ventil

Posaune

leer
2. Zug
3. Zug
4. Zug
5. Zug
6. Zug
7. Zug

Pianovoicings für die linke Hand

Die folgende Abbildung zeigt Griffbilder für die linke Hand, mit denen die wichtigsten Akkordtypen gegriffen werden können. Die Zahlen entsprechen den Intervallen im jeweiligen Akkord.

	Grifftyp A				Grifftyp B			
maj7	3	5	6/j7	9	6/j7	9	3	5
m7	b3	5	7	9	7	9	b3	5
dom7	3	6	7	9	7	9	3	6
m7b5	b5	7	1	11	1	11	b5	7

Internationale Abkürzungen

Ac. Guit.	– acoustic guitar		Fr.Hrn	– french horn – Waldhorn in F
Alto	– alto Sax (-ophone)		Guit.	– guitar
Alto Fl.	– alto Flute – Altflöte		Hrn.	– horn – Horn
B./D.B.	– Bass/Double Bass – (Kontra-) Bass		Hrns.	– horns – Hörner
B.Cl./ Bass Clar.	– bass clarinet		Mar.	– marimba
			Ob.	– oboe
B-Tbn	– bass trombone		Perc.	– percussion
Bari.	– baritone sax		Picc.	– piccolo flute
B.D./ Bass D.	– bass drum		Pno.	– Piano
			Tamb.	– tambourine
Bsn.	– bassoon – Fagot		Tbn	– trombone – Posaune
C.A.	– Cor Anglais – Englisch Horn		Trmb.	– trombone – Posaune
			Ten	– tenor sax
C.B.	– contra bass		Timp.	– timpani – Pauke
Cel.	– celesta		Tpt	– trumpet
Cl./Clt./ Clar.	– clarinet		Snare D.	– snare drum – kleine Trommel
Contra Bsn.	– contra bassoon – Kontrafagott		Sop	– soprano sax
			Synth.	– synthesizer
cym.	– cymbal – Becken		Va./Vla.	– viola – Bratsche
Dr.	– drums		Vc.	– violoncello
E.B.	– electric bass		Vibra.	– vibraphone
E.H./Engl.Hrn.	– english horn		Viol./Vl./Vln.	– violin
Flgl.Hrn.	– flügelhorn – Flügelhorn		Xyl.	– xylophone

Intervalltabelle

Name	Beispiel	Akkord
Prim		keine
kleine Sekunde		b9 - 9
große Sekunde		9 add9
kleine Terz		m - #9
große Terz		keine
Quarte		sus4 11
Tritonus		#11 b5
Quinte		keine
kleine Sexte		b6 b13 #5
große Sexte		6 13
kleine Septime		7
große Septime		maj7 j7
Oktave		keine

Empfehlenswerte Bücher für weitere Studien

Arranged by "Nelson Riddle", Warner Bros. Publications
oder Advance Music

Sounds & Scores by Henry Mancini, Advance Music

Praxis Jazz Harmonisation, Axel Jungbluth, Schott Verlag,
Mainz 1989

Formenlehre der Musik, Clemens Kühn, Dtv/Bärenreiter,
Kassel 1987

Der Musikalische Satz, Walter Salmen & Norbert Schneider
(Hrsg.), Edition Helbling, Innsbruck 1987

Arrangieren mit dem Computer, Alex Merck,
GC Gunther Carstensen Verlag, München 1992

Harmonielehre und Songwriting, Peter Kellert & Markus
Fritsch, LEU Verlag Bergisch Gladbach 1995

Rhythmik und Polyrhythmik, Peter Giger, Schott Verlag,
Mainz 1992

Jazz & Pop Musiklehre - Advance Music, Sigi Busch,
Rottenburg am Neckar 1984

The Jazz Theory Workbook - Advance Music, Jerry Coker &
Mark E. Boling, Rottenburg am Neckar 1990

Jazz Theory, Andrew Jaffe, Wm. C. Brown Company
Publishers, Dubuque 1983

Die Musikausbildung II - Harmonielehre, Erich Wolf,
Breitkopf & Härtel, Wiesbaden 1983

Die Notenschrift, Albert C. Vinci, Bärenreiter Verlag,
Kassel 1988

Dtv-Atlas Zur Musik - Band I und II - DTV-Verlag,
München 1986

Wörterbuch der Musik, Heinrich Lindlar, Suhrkamp
Verlag, Frankfurt am Main 1989

Musikhandbuch 1, Heinrich Lindlar (Hrsg.), Rowohlt
Taschenbuchverlag GmbH, Reinbek bei Hamburg 1986

Musikhandbuch 2, Heinrich Lindlar (Hrsg.), Rowohlt
Taschenbuchverlag GmbH, Reinbek bei Hamburg 1988

Sachlexikon Popularmusik, Wieland Ziegenrücker & Peter
Wicke, Schott Verlag, Mainz 1987

Reclam Jazzführer, Carlo Bohländer, Karl Heinz Holler,
Christian Pfarr, Reclam Verlag, Stuttgart 1990

Brockhaus Riemann Musiklexikon, 5 Bände,
Schott Verlag, Mainz 1989

Die eigene Musik auf CD, Bert Gerecht, LEU Verlag,
Bergisch Gladbach 1992

Das neue Rocklexikon I & II, Barry Graves & Siegfried
Schmidt-Joos, Rowohlt Taschenbuchverlag GmbH,
Reinbek bei Hamburg 1990

Sachlexikon Popularmusik, Bernward Halbscheffel & Tibor
Kneif, Rowohlt Taschenbuchverlag GmbH,
Reinbek bei Hamburg 1992

Jazzlexikon I & II, Martin Kunzler, Rowohlt Taschenbuchverlag Gmbh, Reinbek bei Hamburg 1988

Die Praxis im Musikbusiness, Robert Lyng,
PPV Presse Project Verlag, München 1990

Music In Advertising, Fred Miller, Amsco Publishing,
New York 1985

Empfehlenswerte Lehrbücher

Ein empfehlenswertes Sortiment an Lehrbüchern für alle
Instrumente bietet der Schott Verlag in 55116 Mainz,
Weihergartenstraße. Es empfiehlt sich daher den Gesamt-
katalog anzufordern.

– 101 Hits For Buskers - Blue Note Notenversand
– The Musicians Choice: 100 Exceptional Standards
  Vol. I - Advance
– Music The Ultimate Jazz Fake Book - Advance Music
– The New Real Book Vol. I - Advance Music
– The New Real Book Vol. II - Advance Music
– The World's Greatest Fake Book - Sher Music Co.
– The Great Rock Fake Book - Over 250 Songs -
  Warner Brothers
– The Ultimate Pop/Rock Fake Book - Hal Leonard Pub.
– The Masters Of Pop/Rock Guitar - Hal Leonard Pub.
– 1987-1988 Chartbuster Fake Book - Hal Leonard Pub.
– 70's & 80's Chartbuster Fake Book - Hal Leonard Pub.
– 1st German Realbook - Advance Music

Wichtige Bezugsadressen

Advance Music (Bücher, Songbooks, Noten)
Veronika Gruber GmbH
Maieräckerstraße 18, 72108 Rottenburg am Neckar
Telefon 07472/1832, Telefax 07472/24621

Notenversand Kurt Maas (Bücher, Songbooks, Noten)
Rohrauerstraße 50, 81477 München
Telefon 089/7852800, Telefax 089/7855310

Musikversand Udo Kamjunke (Songbooks, Noten)
Diepenbeekallee 4, 50858 Köln
Telefon 02234/79672, Telefax 02234/4611

Blue Note Notenversand (Songbooks, Noten)
Poststraße 25, 20354 Hamburg
Telefon 040/346273

Hal Leonard Publications (Songbooks) über:
Musikverlag B. Schott's Söhne
Postfach 3640, 55116 Mainz
Telefon 06131/ 24 68 32, Telefax 06131/ 24 62 11

Musik & Video Versand (Songbooks)
Klaus Scheller
In der Schmalemicke 6, 57489 Drolshagen-Berlinghausen
Telefon 02761/ 7 16 00

Warner Brothers GmbH (Songbooks)
Ismaninger Str. 21, 81675 München
Telefon 089/ 4 70 80 31, Telefax 089/ 4 70 80 30

Sonstige Adressen

GEMA, Generaldirektion Berlin
Bayreuther Straße 37/38, 10787 Berlin
Telefon 030/21041, Telefax 030/2104347

GVL
Gesellschaft zur Verwertung von Leistungsschutzrechten
Heimhuderstraße 5, 20148 Hamburg
Telefon 040/4117070, Telefax 040/4103866

Zum Schluß möchten wir wie immer ein paar Mitmenschen
für ihren unermüdlichen Einsatz und ihr Vertrauen danken.
Als da wären:
Iris Geiger und Claudia Fritsch, den Leupelts (wir haben's
doch noch geschafft), Martina Seefeld für einige Nacht-
schichten, Wolfram Seifert ("gnadenlos")

Des weiteren danken wir für Tips, Fotos und sonstige
Unterstützung:
Bärbel Schmitt, Fa. Hohner, Musikhaus Kliemann Bamberg,
Musikhaus Thomann, Musik Central Schwäbisch Gmünd,
Bodo Schopf, Stefan Spielmannleitner, Andi Hug, Reinhold
Koch,Gary Levinson, Reinhold Uhl, Fa. Heckel Wiesbaden,
Fa. Premier, Fa. Keilwerth, Fa. Alexander

Professional Music

Musikarbeitsbücher zu den Themen Arrangieren, Produzieren, Harmonielehre, Songwriting, verständlich und praxisnah dargestellt.

Markus Fritsch /
Peter Kellert /
Andreas Lonardoni

ARRANGIEREN UND PRODUZIEREN (mit CD)

Ein Musikarbeitsbuch, das die Grundlagen und Techniken des Arrangierens und Produzierens umfassend darstellt und mit den Beispielen auf der CD zielorientiert zum eigenen, professionellen, Arrangement und zur standardgemäßen Produktion führt. Grundlagen/Stilistikkatalog/ Satztechniken/Rhythmusgruppe/ Background und Solist/ Groovekatalog/Partitur/Studio- und Bühnenalltag/Das Produzieren eines Projektes.

Markus Fritsch /
Peter Kellert /
Andreas Lonardoni

HARMONIELEHRE UND SONGWRITING

Endlich verständlich – auch für Einsteiger – stellen die Autoren die Harmonielehre und die Praxisübertragung für das Songwriting in übersichtlichen Einzelschritten dar. Die Nutzanwendungen des musikalischen Gefüges und der Akkordzusammenhänge werden an den Songbeispielen gezeigt. Stilistik- und Songwriterkatalog. Ein Song wird komplett dargestellt.

„The Point of no Return – Das in Aufbau und Konzept sehr gelungene Werk bietet Tipps, Tricks und umfangreiches Informationsmaterial fürs arrangierfreudige Musikerherz" (Musikmagazin Workshop 10/1995 zu „Arrangieren und Produzieren").

Markus Fritsch /
Peter Kellert /
Andreas Lonardoni

IMPROVISIEREN

Lehrbuch mit CD

Techniken: Pentatonik, Modale Improvisation, Inside-Outside, Approach Technik, Melodic Structures, Melodische Analyse, Harmonische Analysen, Phrasieren und Artikulieren. Playbacks zu allen Techniken!

ISBN 3-928825-22-4

240 Seiten, Fotos, mit CD

ISBN 3-928825-23-2

260 Seiten, Fotos

ISBN 3-89775-019-8

Mit 2 CDs